晚期现代社会的危机

Spätmoderne in der Krise

Was leistet die
Gesellschaftstheorie?

Andreas Reckwitz
Hartmut Rosa

社会理论能做什么？

[德] 安德雷亚斯·莱克维茨
[德] 哈特穆特·罗萨
————著

郑作彧
————译

上海人民出版社

目录

译者导读：实践理论与批判
理论的相遇，以及理论的意义

一

2021 年 5 月，德国苏尔坎普（Suhrkamp）出版社预告当年底即将出版这本《晚期现代社会的危机》之时，便引起全德国学界，乃至于一般大众读者的热议与关注。2021 年 10 月此书甫一出版，果不其然马上冲上德国畅销书排行榜冠军宝座，并且在榜单上停留了一段时间。之所以有这样的风潮，完全是由这本书的两位作者极为响亮的名声所致。莱克维茨（Andreas Reckwitz）和罗萨（Hartmut Rosa）可谓是德国当代社会学界最闪亮的"理论双星"，两位都是现在少见的扎实且系统性地发展出颇具影响的原创理论思想的社会学家，并且同时在学术界与社会公共领域都有非凡的成就。这样的"理论双星"竟然合写了一本书，这很容易令人联想到哈贝马斯（Jürgen Habermas）与卢曼（Niklas Luhmann）在 1971 年出版的 [1]、

---

[1]　Jürgen Habermas and Niklas Luhmann, *Theorie der Gesellschaft oder Sozialtechnologie-Was leistet die Systemforschung*？Frankfurt am Main：Suhrkamp，1971.

或是弗雷泽(Nancy Fraser)与霍耐特(Axel Honneth)在 2003 年出版的非常精彩且堪为不朽经典的辩论文集。[1] 也难怪这本著作会如此受到世人关注。

不过,虽然有这样的背景,但这本书不是大众读物,而是专业学术著作,并且读者们若要充分"享受"这本书,必须要具备一些背景知识。这样的阅读门槛至少有两重。(一)与罗萨在国内已经有较高的知名度相比,中国学界目前对莱克维茨的理论还所知甚少;而若对莱克维茨的理论 [例如在本书中被频繁提到的"知识秩序""(创造性的)部署""独异性""文化化"等在莱克维茨的思想中非常重要,但本书预设读者们都知道所以没有被专门解释的概念] 没有基本的了解,对这本书的掌握必然会大打折扣。(二)虽然很容易让人联想到以前一些经典的大师辩论著作,但这本书本质上并非如此。之所以我会想翻译这本书,是因为我觉得它有引进国内、向国内学界分享的重要价值。为了帮助读者跨越这两道可能的门槛,我以下将先简单交代这本书两位作者的基本理论思想,尤其会以莱克维茨的理论介绍为主;接下来则会分享在我看来这本书的重要性何在。虽然这本书的精彩之处当然绝对不会只有我所介绍的这些内容而已,读者们想必都可以找到自己的乐趣(或不满);但作为完整读过且相对充分了解这本书的读者与专业学者,我的一些阅读体会应该还是有一些可参考之处。不过这篇译者导读篇幅有点长,读者们可以根据自己的需要决定是否要略过不读。

二

即便相比于莱克维茨,罗萨可能在中国已较为人知悉,但这里

---

[1] 弗雷泽、霍耐特:《再分配,还是承认? 一个政治哲学对话》,周穗明译,上海人民出版社 2009 年版。

还是先简单介绍一下罗萨。

1965 年生于德国黑森林里一个小村庄罗拉赫（Lörrach）的罗萨现为耶拿大学社会学系教授，同时兼任埃尔福特大学的马克斯·韦伯文化与社会研究院（Max-Weber-Kolleg für kultur- und sozialwissenschaftliche Studien）院长。罗萨最初醉心于政治哲学，尤其是加拿大哲学家泰勒（Charles Taylor）的思想，因此拜入在德国与泰勒相当熟识，且当时还没有退休的霍耐特门下进行泰勒思想研究。后来罗萨也的确因为各种因缘际会（包括导师的帮忙）结识了泰勒，至今都与之保持亦师亦友的亲密情谊。由于霍耐特除了是泰勒的好朋友之外，也是哈贝马斯的弟子、法兰克福学派批判理论第三代领军人物，因此受其亲炙的罗萨当然也第一手吸收了批判理论的思想精髓并深受其影响。1998 年出版了博士论文著作《认同与文化实践：泰勒的哲学思想研究》后[1]，罗萨带着泰勒哲学与批判理论的"时代诊断"的关怀，继续在霍耐特的指导下撰写了社会学教授资格论文，即 2005 年出版的《加速：现代社会中时间结构的改变》。[2] 在《加速》中，罗萨将"加速"界定为现代社会最重要的特征之一，指出现代社会因为时间的经济化、未来不确定性的化约、功能分化等原因，造成了科技加速、生活步调的加速、社会变迁的加速，并且这三个面向不断相互循环推动，最终造成整体社会的加速现象。由于敏锐地捕捉了现代人的确普遍体会到，但学界始终没有详细分析的社会加速现象，因此《加速》大获成功，让罗萨在国际学界崭露头角。

不过《加速》虽然成功，但也时常被指责仅局限于时间社会学的现象描述、缺乏批判分析。于是在此之后，罗萨开始大幅转向

---

[1] Hartmut Rosa, *Identität und kulturelle Praxis. Politische Philosophie nach Charles Taylor*, Frankfurt am Main/New York：Campus, 1998.

[2] 罗萨：《加速：现代社会中时间结构的改变》，董璐译，北京大学出版社 2015 年版。

批判理论研究。经过《新异化的诞生》等过渡性的研究之后[1]，他在 2016 年出版的巨著《共鸣：世界关系社会学》正式提出了一套以"共鸣"概念为核心的批判理论。[2] 在共鸣理论中，罗萨首先指出人必然是一种"在世存有"，亦即必须身在世界中，并与世界处于相互开放、相互聆听与回应的关系中，才能存在与持存下去。这种相互聆听与回应的世界关系，即罗萨所谓的共鸣。[3] 然而在现代社会中，共鸣的世界关系却在两方面遭到破坏了。其一是**结构方面**的"动态稳定"现象。罗萨宣称，所谓的"现代"本质上就是一种基于提升逻辑而必须不断保持动态才能持存下去的社会形态。这种结构状态最具体的表现形式就是"加速"。这里可以看到罗萨将他之前独立的社会加速理论转化成规模更大的共鸣理论当中的一个构成部分。不过除此之外，现代社会在**文化方面**的"扩大对世界的作用范围"（Weltreichweitenvergrößerung）的社会心理逻辑也是破坏共鸣关系的肇因。这种社会心理逻辑使得现代人有强烈的欲望想要（或恐惧不能）对世界进行全面的掌控，但这种对于掌控的欲望与恐惧却扼杀了世界聆听与回应我们的能力，同时也扼杀了我们聆听与回应世界的能力，反而造成我们与世界之间如同怪物一般的不受掌控的关系。[4] 结构上的动态稳定与文化上的扩大对世界的作用范围，最

---

[1] 罗萨：《新异化的诞生：社会加速批判理论大纲》，郑作彧译，上海人民出版社 2018 年版。

[2] Hartmut Rosa, *Resonanz：Eine Soziologie der Weltbeziehung*, Berlin：Suhrkamp, 2016.

[3] 共鸣关系不是同质的，罗萨以类型学的方式区分出了不同的共鸣范畴，这种共鸣范畴被罗萨称为"共鸣轴"。在《共鸣》中，罗萨区分出垂直共鸣轴（与神、宇宙、永恒等超越性的范畴之间的共鸣关系）、水平共鸣轴（人际之间的共鸣关系）、对角共鸣轴（与物的共鸣关系）。不过罗萨最初在进行共鸣轴分类时，就提到这种分类不是穷尽的，而仅是一种用于启发的可能参照（见：Rosa, *Resonanz*, S. 332）。因此在各位读者面前的这本《晚期现代社会的危机》中我们可以看到，罗萨将原本三分的共鸣轴修改成了四个，亦即将水平的改成社会的共鸣轴，垂直的改为存在的共鸣轴，对角的改成物质的共鸣轴，并且再加入了"自我共鸣轴"。见本书罗萨部分的第四章第二节。

[4] 关于文化方面破坏了共鸣关系的"扩大对世界的作用范围"的社会心理逻辑，罗萨在《共鸣》之后另外写了一本小书进行了专门的讨论，见：罗萨：《不受掌控》，郑作彧、马欣译，上海人民出版社 2022 年版。

终造成了人类社会的严重的异化危机。

凭借这一套批判理论，罗萨在学术界获得了极高的国际声誉，也成为批判理论第四代的代表人物。2022 年 12 月，罗萨获得了德国 2023 年度的莱布尼茨奖。这是德国学界最高荣誉奖项，其奖金高达 250 万欧元，也是世界上奖金额度最高的学术奖项。自 1986 年该奖项设立以来，获得过该奖项的社会学家仅有 5 位，这次获奖足以证明罗萨的学术成就。除了《加速》《共鸣》这样大部头的学术著作之外，罗萨还写了像《新异化的诞生》《不受掌控》等面向社会大众的具有科普性质的小书，这也让他的理论受到社会大众的欢迎，他每一次的文字作品或专题演讲都受到人们的关注。

不过，获得莱布尼茨奖、享誉社会理论界的不只罗萨一人。获得 2019 年度莱布尼茨奖的莱克维茨就是在德国可与罗萨平起平坐的另一位重量级学者。

莱克维茨 1970 年生于鲁尔工业区中的一个中大型城市维滕（Witten）。与在黑森林小镇出生、长大，因此也热爱大自然的罗萨不同，莱克维茨的青年时期是在多特蒙、汉堡等繁华大城市度过的。另外，与一般一路都在德国学习的大多数德国学者不同，莱克维茨在硕士阶段负笈英国剑桥大学拜入吉登斯（Anthony Giddens）门下，1994 年在其指导下完成硕士论文。虽然后来他返回德国，于 1999 年在德国社会学家米勒（Max Miller）的指导下以文化理论的总体梳理为主题撰写了《文化理论的转型》一书，并于汉堡大学获得博士学位 [1]，但他时常表明吉登斯的实践理论对他的影响始终是巨大且根本的，多多少少以吉登斯的弟子自居。2005 年，在完成了奠定莱克维茨后来整个理论思想基石的教授资格著作《混合的主体》之后，莱

---

[1] Andreas Reckwitz, *Die Transformation der Kulturtheorien：zur Entwicklung eines Theorieprogramms*, Weilerswist：Velbrück Wissenschaft, 2000.

5

克维茨在康斯坦茨大学、奥德河畔法兰克福欧洲大学等地任教。在这段时期，他继续出版了《创造性的发明：论社会的美学化过程》《独异性社会：现代的结构转型》等专著与其他一些论文集。其中，2017 年出版的《独异性社会》极为成功，不仅在学术界备受重视，也因为这本书虽然颇有篇幅、但内容贴近一般生活且文字顺畅好读，所以也受到一般大众的欢迎，2017 年获巴伐利亚图书奖、2018 年获得莱比锡欧洲图书奖提名，最后这本书甚至让莱克维茨获得了莱布尼茨奖，一跃而成为德国最顶尖的社会理论家之一，他的著作也开始陆陆续续以很快的速度被译成英文。2020 年夏天，似乎更熟悉大城市生活的莱克维茨转至柏林洪堡大学任教，可以想见接下来很长一段时间他都将定居柏林。

从 2005 年的《混合的主体》开始，莱克维茨就一直在追问一个问题：身处当今时代的人是（或被认为该）如何自处、过活的？用更学术的问法来说，即：现代社会的主体是什么样子的？关于这个问题已有汗牛充栋的文献，应该不难从中找到答案，但莱克维茨在回顾这些文献时却发现当中没有单一标准答案。最初在马克思（Karl Marx）那个时代所设想的处于阶级张力中的主体，以及后来韦伯（Max Weber）时代所认为的理性化主体，再到莱克维茨自己（也是我们大家现在）所处时代所期待的能活出自我的主体，都有很大的差异。对此，莱克维茨提出了一套基本命题：人不是自然而然就会是主体的，主体也没有必然的单一本质，**主体必须在特定社会条件下经由"主体化"、建立起该社会所承认的主体内涵（Subjekthaftigkeit），才得以获得主体性。**任何时代的主体都是各种规则与条件之下的产物，因此主体从来不是本质性的、不是单一纯粹的，而是混合性的。当然，这不是说主体完全是由社会决定的，主体毕竟是由每个人自己实践出来的，但重点是我们不能将主体脱离所处的社会而仅单纯哲学地进行讨论。同时，今天人们时常提到的"现代"并非同质的。韦伯的那个汽车刚发明没多久的现代，跟我们今天人手一部智能手机、有钱人还可以上太空的现代，即便多少有共通之处，但无论如何显然不能一概而论。所谓的"现代"的这种人类生活方式，自兴起至今已经持续至少250年了，将这个不算短的时代视为同质的显然不合适。社会学家有必要界定出现代各种可能的不同阶段，并进行相互比较，只有如此，才能彰显出当代主体化方式的特质。从这个命题开始，莱克维茨一直到今天都在一贯地从事一项理论任务：基于文化社会学，以实践理论作为工具探讨人在不同阶段的现代有着何种不同的主体化方式。

这样一套命题至少为莱克维茨提出了四个需要回答的问题：什么是文化社会学？什么以及为什么是实践理论？现代有哪些阶段？不同阶段（尤其是当代阶段）的主体化方式或主体形式为何？

莱克维茨之所以特别强调文化社会学，甚至他还宣称他所强调的是一种"新的文化社会学"，是因为莱克维茨想与德国传统主流的文化科学取向保持距离。德国的"文化"概念与相应的文化科学或文化社会学，时常将文化视为一种基于民族性（当然对德国人来说主要是日耳曼民族）而能提升心灵的精神气质，因此对其的讨论与分析容易基于新康德主义、诠释学或现象学等德国哲学传统来对人类精神状态进行诠释。[1] 但莱克维茨想仰赖的是法国与美国在20世纪70年代之后发展出来的文化社会学。[2] 与德国传统将文化视为

---

[1] Andreas Reckwitz, "Kulturkonflikte als Kampf um die Kultur: Hyperkultur und Kulturessenzialismus", in Andreas Reckwitz, *Das Ende der Illusionen. Politik, Ökonomie und Kultur in der Spätmoderne*. Berlin: Suhrkamp, 2019, p.32.

[2] Andreas Reckwitz, "Die 'neue Kultursoziologie' und das praxeologische Quadrat der Kulturanalyse", in Andreas Reckwitz, *Kreativität und soziale Praxis. Studien zur Sozial- und Gesellschaftstheorie*. Bielefeld: transcript, 2016, p.28. 关于德国传统的文化概念（或是莱克维茨所谓的"旧的文化社会学"），可参阅如：埃利亚斯：《文明的进程》，第一卷，王佩莉译，生活·读书·新知三联书店1998年版；或是：霍克海默、阿多诺《启蒙辩证法：哲学断片》，渠敬东、曹卫东译，上海人民出版社2006年版。

涵养的观点不同,法美近代的文化概念虽然相对宽泛模糊,但核心内涵不外乎意指一种基于特定意义与价值系统而进行物质实践的整体表现过程。文化不是本质性的或超越性的精神气质,而是社会实践的总和,任何文化表现都是人们基于某种观念之上而"做出来"的现象。这种将各种社会文化现象视为实践而进行分析的实践学(Praxeologie)观点在吉登斯和布迪厄(Pierre Bourdieu)的理论中都看得到,但在莱克维茨看来,这些前辈的实践理论都缺乏足够长时段的历史变迁分析,因此都忽略现代的历史性。为了弥补这个缺陷,莱克维茨结合福柯(Michel Foucault)的系谱学的视角,尝试以话语分析方法来探讨这 250 年来现代社会的变迁与推动个体进行主体实践、进行主体化的各种相应的知识型 [épistémè,莱克维茨更倾向于将之称为"知识秩序"(Wissensordnung)],以了解为什么不同现代阶段中的人们会有不同的"做出主体"的方式。[1] 与吉登斯宏观、也因此过于宽泛的结构化理论,以及与布迪厄相对缺乏长时段历史向度、多半仅聚焦分析共时场域中各主体如何基于惯习而运用各项资本以进行斗争的实践理论不同,**莱克维茨的文化社会学式的实践学旨在通过长时段的知识秩序变迁维度,分析各种不同的社会现象、生活形式与主体内涵是如何被人们在不同时代的社会条件下"做出来"的。**

从这样的理论基础出发,莱克维茨在他大部头的奠基之作《混合的主体》中经过详细的研究指出所谓的"现代"至今的发展可以被区分为三个阶段:18—19 世纪的"资产阶级现代"(bürgerliche Moderne),其基于浪漫主义文化而建立起一种讲求道德、自主

---

[1] Andreas Reckwitz, "Praktiken und Diskurs. Zur Logik von Praxis-/Diskursformationen", in Andreas Reckwitz, *Kreativität und soziale Praxis. Studien zur Sozial- und Gesellschaftstheorie*, Bielefeld: transcript, 2016, pp.49—66.

地自我控制的、个体性的主体；20 世纪 20—80 年代的"工业现代"（industrielle Moderne）［莱克维茨有时也将之称为"组织现代"（organisierte Moderne）］，对应的是以科层组织、消费主义、齐平的中产阶层的生活形态，和以强调跨越边界的先锋文化为基础而建立起来的工薪主体（Angestelltensubjekt）；1980 年至今则进入了"晚期现代"（Spätmoderne）阶段，在这个现代阶段中，重视欲望、富有情感、创造性地实现自我的人才会被视为有主体性。[1]

关于《混合的主体》中现代的这三阶段区分，及其相应的主体文化与主体实践，在本书莱克维茨篇的第四章即有莱克维茨自己精炼的介绍，读者们可自行阅读，此处就不再详细介绍。这里需要额外一提的是，在《混合的主体》中最近的现代阶段被莱克维茨称为"后现代"（Postmoderne），但他在后来的作品中一律将之改称为"晚期现代"。不论是后现代、晚期现代，还是有些学者称为"第二现代"[2] 或"高度现代"，虽然名称不太一样，但这些理论家提出这些概念的动机其实差不多都是相同的，皆尝试指出我们当今所处的"现代"与 19 世纪左右人类史上首次（于西欧）出现的"现代"不能混为一谈。不过"不能混为一谈"是什么意思，不同的学者可能有不同的看法。由利奥塔（Jean-François Lyotard）在社会科学界中奠定的"后现代"概念，是对现代进行历史区分的做法中较早有重大影响力的。利奥塔认为基于宏大真理叙事的现代已经结束了，当代只有百家争鸣的语言游戏。[3] 也就是说，利奥塔不仅指出"现代"是有历史变迁的，他还认为现代与后现代是断裂的两个阶段，"后现

---

[1] Andreas Reckwitz, *Das hybride Subjekt. Eine Theorie der Subjektkulturen von der bürgerlichen Moderne zur Postmoderne. Überarbeitete Neuauflage*, Berlin：Suhrkamp, 2020.

[2] 例如贝克（Ulrich Beck）就曾在德国主编一套名为"第二现代汇编"（Edition Zweite Moderne）的丛书，红极一时。

[3] 利奥塔尔：《后现代状况：关于知识的报告》，车槿山译，生活·读书·新知三联书店 1999 年版。

代"严格来说已经不是现代了。后来很多学者虽然同意我们应该对现代进行历史区分，但不是所有学者都认为现代已经结束了，而是以前与当今的现代依然有共同的核心，只是可能处于不同的发展阶段而已。因此这些学者不喜"后现代"这个词，而是尝试另造一些至少字面上看起来可能比较中性的概念。"第二现代""高度现代""晚期现代"就是在这样的情况下被提出来的。它们原则上都是同义的（就是指我们现在所处的这个现代），至于各理论家会使用哪个词汇，几乎就仅取决于他们自己看哪个词汇比较顺眼、比较想用哪一个词汇而已（虽然他们除了"顺眼"之外，可能多多少少还会尝试提出一些表面上似乎比较具有科学正当性的理由）。像是在吉登斯那里，"高度现代""晚期现代"是混用的 [1]；而批判性地继承了吉登斯思想的莱克维茨后来则比较喜欢并决定一律使用"晚期现代"这种说法。[2] 罗萨基于同样的理由，在一些时候不约而同地也会使用"晚期现代"这个词汇。[3] 因此各位读者面前的这本书才会以"晚期现代"作为书名。[4]

莱克维茨虽然在《混合的主体》中通过扎实的论证界定出现代的不同阶段与不同的主体化形式，但平心而论，该书对资产阶级现代与工业现代的讨论远远比晚期现代还要扎实得多。虽然他指出晚

---

[1] 例如吉登斯的知名著作《现代性与自我认同》，该书的副标题为"晚期现代的自我与社会"，但第一章的标题名为"高度现代性的轮廓"。甚至他直接就说"晚期的现代世界，即我所称的高度现代性的世界"。见：吉登斯：《现代性与自我认同：晚期现代的自我与社会》，赵旭东、方文译，生活·读书·新知三联书店 1998 年版，第 4 页。

[2] Andreas Reckwitz, "Vorwort zur Neuauflage", in Andreas Reckwitz, *Das hybride Subjekt. Eine Theorie der Subjektkulturen von der bürgerlichen Moderne zur Postmoderne. Überarbeitete Neuauflage*, Berlin：Suhrkamp, 2020, p.14.

[3] 例如罗萨的《新异化的诞生》德文版书名副标题即为"晚期现代时间性的批判理论大纲"（Entwurf einer Kritischen Theorie spätmoderner Zeitlichkeit）。

[4] 不过也不是所有学者都同意将现代进行历史区分的做法。例如拉图尔（Bruno Latour）认为我们根本从未现代过，又何来其他阶段的现代可言？见：拉图尔：《我们从未现代过——对称性人类学论集》，刘鹏、安涅思译，苏州大学出版社 2010 年版。另外也有不少学者认为现代并没有进入到新的阶段，或是现代并非单一、线性的，因此质疑对现代进行线性历史区分的必要性。参阅：约阿斯、克诺伯：《社会理论二十讲》，郑作彧译，上海人民出版社 2021 年版，第 421 页。

期现代的特质在于讲求创造性，然而这种特质是怎么建立起来的，它的内涵又是什么，《混合的主体》里并没有充分的交代。对这两个问题的回答，便成为莱克维茨接下来两本主要专著的研究内容。

首先在 2012 年出版的《创造性的发明》中，莱克维茨旨在回答"晚期现代对创造性的追求是怎么被建立起来的"这个问题。对创造性的重视当然并不是直到晚期现代才出现的新鲜事。不过在晚期现代之前，例如在工业现代中，多半只在艺术领域中才会强调创意[1]，在这之外的日常生活领域更多还是在韦伯所谓的理性化的发展趋势下讲求确定性；而讲求全面掌控、"只要我们想，任何时候我们都能了解"[2]的客观理性态度，与不受掌控、仰赖主观认知的创意灵感，在一定程度上被认为是对立的，也因此在工业现代中创造性并不是一种多么备受重视的事情。例如在工业现代中，人们多半认为工业产品重要的是它有什么功能、是否耐用，若对创意、艺术性过于讲究，可能很容易被质疑是华而不实而被嗤之以鼻。然而在晚期现代中，创造性的重要性已经不仅局限在艺术领域了，而是成为整个社会几乎所有领域的基本实践态度，尤其集中在对新颖与美感的要求上。例如一部新款的手机、一辆新款的汽车，我们今天不仅要求能打电话、能驾驶，还要求要有不同于不久前的上一代的新功能，以及要有充满美感的设计，甚至耐用度可以完全让位给创造性，反正这些产品没过几年就会被淘汰了。就连人都被要求要有创造性，充满创意的主体在晚期现代被认为是健康、而不是奇怪的，反而缺乏创意的人可能没多久就会被社会淘汰了。在晚期现代社会中，"生活

---

[1] "创造性"与"创意"在各位读者面前的这本书里头都是对应于德文的 Kreativität（名词）与 kreativ（形容词），因此是同义的，只是我会根据中文语句的顺畅度而采用不同的译法。

[2] 韦伯：《马克斯·韦伯全集：第 17 卷，以学术为业/以政治为业》，吕叔君译，人民出版社 2021 年版，第 89 页。

要过得有创意"俨然成了一套无所不包的价值规范。

这种全面要求新颖与美感的情况，绝不是单一种观念或制度就能形成的，而是必然由无数机制环环相扣才能造就而成的。也就是说，追求不断进行发明的创造性本身也是在晚期现代中被发明出来的。而发明出创造性的**复杂的总体社会机制网络，被莱克维茨援用福柯的概念称为"部署"**（Dispositiv）；晚期现代最具代表性的则是让创造性成为总体社会实践方针的"创造性的部署"（Kreativitätsdispositiv）。[1] 莱克维茨对他所谓的部署有直接的定义：

> 部署不仅是诸多制度、封闭的功能系统、价值模式与文化模式、或一整套话语，而是由含括了散布在社会中的实践、话语、造物系统、主体化方式所构成的一整套社会网络。这套社会网络虽然不是完全同质的，但会通过某种知识秩序得以协调起来，因此可以被同一地指认出来。[2]

通过这个定义，莱克维茨对晚期现代的研究基本上都是以话语（或是福柯所谓的知识型、莱克维茨所谓的知识秩序，即相应时代下的社会主流观念或思想指导方针）、造物系统（科技发展）、主体化方式（差不多等同于布迪厄所谓的惯习）这三大要素的分析作为讨论框架来呈现社会实践模式。而创造性的部署意味着"创意"这种照理来说可遇不可求的事在晚期现代却是以理性的方式建设起来的。手机或汽车被要求每几年，甚至是每一年就要发布极具创意的新款

---

[1] Andreas Reckwitz, "Das Kreativitätsdispositiv und die sozialen Regime des Neuen", in Werner Rammert et al. (eds.), *Innovationsgesellschaft heute：Perspektiven，Felder und Fälle*, Wiesbaden：VS Verlag für Sozialwissenschaften, 2016, pp.133—153.

[2] Andreas Reckwitz, *Die Erfindung der Kreativität. Zum Prozess gesellschaftlicher Ästhetisierung*, Berlin：Suhrkamp, 2012, p.49.

产品，就连学术科研人员也必须每个聘期，甚至每学期都要发表数篇被期待要有创新性的期刊论文。并且产品的发布必须基于系统性的管理与营销方式来进行，学术研究则通过绩效考核或人才奖励头衔来控管与促发。而新颖与否以及是否具有美感，主要取决于主观认知与情感上的迷恋（例如各种粉丝文化，而且不只演艺明星有粉丝，就连工业产品——例如苹果手机或电脑——也相当仰赖粉丝），这也让**晚期现代社会中情感与认知成为非常重要的资本或商品，以撩动情感与认知为重要任务的"认知—文化资本主义"（kognitiv-kultureller Kapitalismus）成为晚期现代的主要经济形态。**[1]

在《创造性的发明》中，莱克维茨以创造性的部署为概念工具，对晚期现代的许多经济生产领域乃至城市规划建设（尤其是，城市在今天已经是各种创意经济与创意生活的重要基地，"创意城市"甚至成为当代城市规划的重要方向之一[2]）进行经验分析，指出创造性是如何成为晚期现代的一项重要规范。虽然莱克维茨的经验分析相当细致（甚至细致到有点琐碎的程度），足以说服人们创造性的确是晚期现代社会的主要特征，但在理论层面上莱克维茨却给自己带来了一个问题：如果晚期现代社会极为讲究"新颖"，那么究竟什么是新颖、怎么样才算新颖呢？[3] 在《创造性的发明》里莱克维茨初步区分出新颖的三种意思：尚未发生的未来阶段（例如接续这学期之后即将到来的"新"学期），取代原先事物的更进步的事物，以及能在

---

[1] Andreas Reckwitz, "Jenseits der Industriegesellschaft: Polarisierter Postindustrialismus und kognitiv-kultureller Kapitalismus", in Andreas Reckwitz, *Das Ende der Illusionen. Politik, Ökonomie und Kultur in der Spätmoderne*, Berlin: Suhrkamp, 2019, pp.135—202.

[2] Andreas Reckwitz, "Die Selbstkulturalisierung der Stadt: Zur Transformation moderner Urbanität in der 'creative city'", in Andreas Reckwitz, *Kreativität und soziale Praxis. Studien zur Sozial- und Gesellschaftstheorie*, Bielefeld: transcript, 2016, pp.185—194.

[3] 如前文所述，除了新颖之外，晚期现代社会的创造性的部署还将"美"建立成一种重要的范畴律令。不过从文化社会学式的实践理论对美的讨论在莱克维茨之前就已经有许多研究了（例如布迪厄的许多经典著作）。也因为有较充足的文献，因此关于美的问题莱克维茨在《创造性的发明》里就已经有较为充分的处理了。

认知或情感上吸引注意力、令人觉得有趣而独特的差异性。而晚期现代重视的主要是第三种意义上的新颖性。[1] 但莱克维茨显然对自己的初步区分还不满意,因此他在《创造性的发明》出版五年后写就的《独异性社会》中进一步专门讨论这个问题,并且他将这第三种新颖性正式称为"独异性"(Singularität),同时还大胆宣称晚期现代社会就是一个"独异性社会"(Gesellschaft der Singularitäten)。[2]

通过前文的介绍,读者们应该不难猜到或不难理解,莱克维茨宣称的晚期现代的独异性社会,是与工业现代讲求普适性的理性化社会相对照而彰显出来的。并且独异性不是社会事物的性质,而是人所实践出来的社会事实本身,亦即莱克维茨主要探讨的人们是如何"做出"独异性的。在《独异性社会》中,莱克维茨如同在《创造性的发明》里一样非常细致(而且也一样细致到有点琐碎)地考察各个社会领域中人们是如何做出独异性的。不过,虽然独异性是与普适性相对立的一个概念,但这不是说独异性意指前所未闻、完全不具可比性的标新立异,所以当然也不是说独异性社会的来临表示普适而齐平的理性社会就完全被取代而消失了。**莱克维茨明确将独异化(亦即"做出独异性")定义为"增加原有事物内在厚度的自身复杂性"**[3],意思是独异性意指原先普遍化的事物被再增添上该事物原先不具有的价值,使之拥有能吸引注意力、与其他同类事物区别开来的差异性。用最通俗的表述方式来说,独异性或独异化不是"人无我有",而是"人有我优、人优我特、人特我精"。

---

[1] Reckwitz, *Die Erfindung der Kreativität*, 2012, p.44ff.

[2] Andreas Reckwitz, *Die Gesellschaft der Singularitäten: Zum Strukturwandel der Moderne*. Berlin: Suhrkamp, 2017. 此书已有中译本,可见:莱克维茨:《独异性社会:现代的结构转型》,巩婕译,社会科学文献出版社 2019 年版。

[3] Reckwitz, *Die Gesellschaft der Singularitäten*, 2017, p.52.

在晚期现代社会的创造性的部署背景下，独异化存在于各个社会领域中的一切事物（包括人本身）中。而社会的独异化也会带来一些后果。首先，独异化就是价值的赋予，同时莱克维茨指出，当某事物被赋予价值，也意味着其他事物的价值被剥夺了（例如某品牌的手机一旦成功被赋予价值而独异化了，就表示其他品牌的同类手机同时会变得平庸、没有价值）。而价值的赋予与剥夺就是文化内涵的产生或失去，因此莱克维茨将**价值的添加或剥夺过程称为"文化化"**（Kulturalisierung）。莱克维茨指出，独异化是一种社会各领域都极度讲求文化化的过程。此外，由于文化化一定程度上是一种零和游戏，因此独异性社会中很容易产生"赢家通吃、输家全无"的极端现象。例如在独异性社会的学术界中，一个人要成为学者，不只要符合普遍的要求（像是必须获得博士学位、要有学术发表能力），并且学术界还期待这个人能有独异性（例如拥有的不只是博士学位，而且还是绝大多数人无法获得的顶尖名校博士学位；不只要能发论文，而且还要在绝大多数学者都发不上的顶尖期刊上发论文）。而有独异性的学者，很容易将所有研究课题、人才头衔全数拿下，名利双收；至于"普通的"学者则什么都不会有，甚至在非升即走的制度下连工作都可能会失去。

在独异化或文化化的情境下，莱克维茨发现**当代的现代人所面临的最大危机，可能就是社会中绝大多数人都会遭遇到一种负面的失去感**。因为当一切事情都不再以普世价值为基础，而是凡事皆讲求创新、独异，并且对创新与独异的讲求实质上是以理性的方式强逼出明明不受掌控的事，那么在这样充满剧烈张力的社会中绝大多数人都会系统性地被迫成为不断遭遇失去与落败的失败者。人们不再期待"明天的世界将会更进步"，因为明天可能不会更进步，相反，对于独异性的要求门槛只会更高，竞争压力更剧烈、生活更辛苦。对于"明天必然会更好"的进步幻想在晚期现代已经终结了。[1]因此莱克维茨近来将研究焦点放在"失去"这个概念的探究上。[2]可以想见,不久后他也许将会为我们呈现出一套"失去理论"。

读者们也许会发现,莱克维茨的"独异性"与"失去"(或失败者)概念一定程度上也正是对人们在今天普遍面临的内卷困境的一种解释与诊断。因此就像以"加速""异化""不受掌控"等概念获得社会大众普遍共鸣的罗萨一样,莱克维茨那颇具独异性的社会理论也广获德国一般社会大众的喜爱。这也使得——如这篇译者导读开头所述——莱克维茨和罗萨合写著作的消息在德国一公布就引起广泛注意。虽然莱克维茨的理论内容非常丰富,仅仅一篇译者导读不可能给出完整的呈现,只能提供一些基本轮廓和重要概念的说明;但这篇译者导读至此的一些介绍,应该足够对读者们理解这本书提供些帮助了。

三

不过,虽然我尝试为读者们大致介绍了莱克维茨与罗萨,希望能跟各位分享在德国,乃至国际上影响力与日俱增的前沿社会理论,但这两人的重要性并不是我翻译这本书的原因。事实上,我也不会轻易说这两位理论家很"重要"。任何社会理论或理论家是否重要,很多时候不在于其思想内容本身是否优异或其在某些时间地点的影响力,而是在社会背景下和历史洪流中无数因素交织而成、多少带

---

[1] 莱克维茨最近的著作便因此题为《幻想的终结》。见:Andreas Reckwitz, *Das Ende der Illusionen. Politik, Ökonomie und Kultur in der Spätmoderne*. Berlin:Suhrkamp, 2019。这本书的中文版权已卖出,相信中译本不久后便会面世。

[2] Andreas Reckwitz, "Verlust und Moderne-eine Kartierung", *Merkur*, 76, 2022, S. 5—21.

有偶然性的结果。可能有的理论家明明文笔不佳，论证内容也并不严谨，甚至不乏矛盾，但却因为各种社会或历史原因让无数后人即便读不懂，甚至没读过这位理论家的作品也依然前仆后继地赞扬、追捧这位理论家，使之变成不朽的经典大师；或有的理论家明明思路清晰创新、文笔优美好读，但却不知何故就是乏人问津，甚至总是遭遇到批评，最终默默消失在历史洪流中。因此某社会理论（家）重要与否，不是我自己一个人在一篇译者导读中说了算，而是只能由历史或无数读者来决定。而且这本书也并非没有缺点。这本书虽然上市之后位列德国畅销书榜单一阵子，但没过多久也遭遇一些批评。其中最常见的指责（而且也的确是这本书的问题）是，许多读者都期待在这样一部由德国当代"理论双星"合写的著作中莱克维茨和罗萨会有激烈论战，并从中迸出灿烂的思想火花；然而事实上除了书末的"面对面对谈"有一些不那么严谨的辩论以及开头的导论是两人合写的之外，全书就只是莱克维茨和罗萨各自撰写自己的部分而已，双方在一部号称合著的书中几乎没有任何交集。[1] 对于不熟悉两位作者的读者来说，这样一本需要有背景知识的著作很可能读了却只得一知半解；对于熟悉这两位作者的读者来说，这样一本著作又只是在简介两位作者自己过往已经提出过的理论而已，并没有什么新东西。

既然如此，这本书还值得读吗？可能它对德国读者来说的确有一些硬伤吧，但在我看来这本书对中国社会科学界来说却有非常大

---

[1] 例如在德国发行量最大、影响甚巨的《法兰克福汇报》(*Frankfurter Allgemeine Zeitung*) 在 2022 年 1 月 21 日刊登了一篇知名评人瓦格纳 (Gerald Wagner) 为这本书写的评论，当中对这本书虽然不乏赞美，但也明确对此书各说各话的情况提出不满。不过，我在与本书作者私下交流后得知，其实两位作者原先曾规划对对方撰写的部分进行正式的相互批判，而且这部分是已经写成的。但出于一些原因，两位作者最终决定抽掉已经写好的相互批判的部分。对我们读者来说，这样的决定当然无比可惜，只能期待未来也许我们能在其他地方看到这些被抽掉的内容。

的引进价值，因为它并非只是两位学者单纯在介绍他们的理论，而是两位作者很直接地展示他们是怎么发展理论的，亦即两位**当代广获国际认可的欧陆社会理论家在示范他们是怎么进行理论研究的。**

在美国的实用主义与实证主义霸权下，近年来社会学的理论研究在国际上很多地方都逐渐消沉了。当然中国作为一个文化底蕴深厚、重视思想的国家，对于学术的要求没有那么肤浅，而是依然非常重视社会理论。然而就算国内外许多社会学的学者或学子对社会理论的研究很感兴趣，但首先可能都会在多少受到美国霸权主导的学术评价体系中怀疑致力于理论研究的价值或可行性。虽然很多社会理论研究者——至少例如我——都感受到这种理论研究的低迷气氛，但可能也并没有认真思考过（该如何回应）关于理论研究的价值与可行性问题。而莱克维茨和罗萨在这本书的导论中相对罕见地直面这个问题，并且以或多或少可被视为学术界成功人士的过来人的身份直接、清楚地提供了回答，并且他们的回答（至少在我看来）的确为当今的理论研究提供了非常有说服力的正当性，对社会理论爱好者来说不啻是一剂强心针。这样的强心针是非常罕见的，也因此这样的导论非常值得推荐给处于低迷时代中的理论爱好者。

不过，对理论有兴趣、找到做理论的意义是一回事，但该怎么进行理论研究是另外一回事。我常听到身边有些社会学人与无数社会学子对理论研究有一种先入为主的想象：经典理论家都是思想深厚、著作庞杂且行文晦涩的伟人；所谓的理论研究就是一字一句地去苦读这些理论大师所撰写的著作、参透他们的智慧。是，没错，有这样一类"诠释经典"的理论研究，而且这类理论研究的确可以非常重要、非常有价值。例如韦伯的社会理论在今天实际上已经影响许多学科（至少有例如社会学、政治学、哲学、法学、经济学）的许多研究次领域，但一方面韦伯因为各种原因并没有直接将其诸多著作明确联系起来，另一方面今天各学科的各研究领域由于专业分工因而彼此多多少少闭门造车，使得社会科学的各项研究结果支离破碎。要知道，无数视野狭隘的研究结果凑在一起并不会自动变成广博的知识，而只是一大堆视野狭隘的研究结果而已。如果能有"诠释经典"的研究将韦伯的所有论述一以贯之地联系起来，那么想来也就有助于为各学科的各领域提供一个相互联系、乃至于联结的桥梁，让支离破碎的诸多研究成果有好的基础与可能性统合成一个有系统的知识网络。**然而，理论研究不是只有"解读经典"这一种类型。莱克维茨与罗萨正是想用这本书告诉所有读者，且向所有读者示范，社会理论研究除了"精致地读懂文本"这种做法之外，还有其他更具创造性，且更符合当今现代人需求的打开方式。这也许是这本书最值得大家阅读的优点之一。**

在本书中，莱克维茨将"解读经典"的理论研究类型称为将理论视作体系的"理论主义"（Theoretizismus），将之对立于他更偏好的"实验主义"（Experimentalismus），它包含"社会事物理论"与"社会体理论"两种研究模式，并认为实验主义的目的在于可以让我们有充分的概念工具来理解与分析当下社会。这也是莱克维茨在面对"社会理论能做什么？"这个问题（这亦是本书的副标题）时给出的答案。他也直接示范他如何基于这样的方针来发展出他的文化社会学式的实践理论。而且读者们只要读过本书之后就会发现，莱克维茨的"实验主义"式的理论研究并非意指像美式的中层理论那样仅在各社会学次领域中提出服务于实证研究的零散概念，而是一种尝试把握住社会深层运作原理，且因此能跨越或是运用于各社会学次领域的整体知识网络。罗萨则同样认为社会理论研究该做的不是仅对着经典著作抠字眼，而是为我们当下的生活提供一个"最佳说明"（best account）[或是用更专业的批判理论术语来说，为我们当下的生活提供一个"时代诊断"(Zeitdiagnose)],好让我们能思考什么是晚期现代社会的危机,以及面对危机时我们该怎么自处,并且罗萨也同样呈现出他如何基于这种理念发展出他的第四代批判理论。也就是说,这本书可以让我们不只看到理论本身,而且还能很罕见地看到理论家告诉我们他们是为什么,以及用什么方式发展出这些理论的。他们显然并不是因此就不读书,但他们都明确表现出理论研究并不是只有"解读经典"这种类型,或必须先做好解读经典的工作才能更进阶地发展原创理论,而是**诠释经典与理论原创是两种不同的研究类型,有不同的提问与进行方式**(所以莱克维茨才会把理论主义与实验主义区分开来,甚至对立起来)。由此,我们不仅可以看到莱克维茨和罗萨如何成为富有原创性的当代国际知名理论家,而且也可以想见其他我们今天所谓的理论大师是怎么发展出理论的[例如身为罗萨"师祖"的阿多诺之所以能够成为所谓的"法兰克福学派"的创始人(之一)并提出了许多原创的哲学理论思想,显然不是因为他抠尽了所有经典著作中的所有字眼,而是因为他以自己的方式为他所身处的时代提供了一个"最佳说明"]。

虽然理论研究的类型想来也不是只有社会事物理论、社会体理论、时代诊断这三种,例如美国社会理论家阿本德(Gabriel Abend)在他一篇相当知名的期刊文章《理论的含义》中甚至提出了七种理论研究的类型[1];但本书中这三种理论研究方式得到了两位理论家更详细的解说与示范,而且这两位欧陆社会理论家的理论研究方式,以及他们对社会理论的批判任务的强调,与美式的那种参照自然科学解释模型、讲究解释形式的精致度但鲜少考虑道德价值和意义问题的所谓"理论化"的做法,完全大相径庭,因此也许可以为各位读

---

[1] Gabriel Abend, "The meaning of 'theory'", *Sociological Theory*, 2008, 26 (2): 173—199.

者提供更丰富的养分。[1] 事实上，我翻译这本书还有一个动机，就是觉得这本书很适合当作社会理论研究与写作的相关课程的示范性文献，甚至是教材。不过在这里，我最后再为各位读者多说明一下莱克维茨所区分的"社会事物理论"（Sozialtheorie）与"社会体理论"（Gesellschaftstheorie）。虽然莱克维茨自己有明确的解说，但我觉得他解说的似乎还不足够清楚。这两个词汇基本上都可以中译为"社会理论"（不只如此，如莱克维茨在这本书中所说的，这两个词也都对应英文的"social theory"），但为了将之区分开来，我刻意采取了不同的译法。莱克维茨所谓的"社会事物理论"意指对凡有众人共同生活，就必然，或几乎无可避免会存在的人际现象——例如权力、语言、规范等等——进行分析的理论。由于这类的人际现象是"具有社会性质的事物"（das Soziale），因此这种理论我翻译成"社会事物理论"（Sozial-Theorie）。社会事物因为是凡有人就会存在的人际现象，所以原则上是没有时空有效性限制的社会运作基本元素。而"社会体理论"则意指探讨特定社会的理论，所谓的特定社会像是农业社会、工业社会，或是中国社会、印度社会，又或是所谓的消费社会、风险社会、液态社会等等。由于这是某具体的社会整体（Gesellschaft），因此这类理论我翻译成"社会体理论"（Gesellschafts-Theorie）。这样的社会体以及相应的社会体理论多多少少会受特定时空的限制。

虽然在英语世界，社会事物理论与社会体理论都是"social theory"，并且在中文中都可以翻译成"社会理论"，因此将两者区分开来的做法对中文学界或英语学界来说可能很陌生，但在德语区这其实很常见。不过虽然常见，但至少在德国，这两个概念在不同的学者

---

[1] 关于美式实证主义的所谓"理论化"的社会科学理论建立方式，可参阅：Richard Swedberg, *The Art of Social Theory*, Princeton：Princeton University，2015 或 John Levi Martin, *Thinking Through Theory*, New York：W. W. Norton & Company，2015。

那里或在不同的时代有多多少少的差异。例如在本书中，罗萨一律仅使用"Gesellschaftstheorie"，且他并没有莱克维茨那种刻意要将之对立于"Sozialtheorie"的意思。因此本书的罗萨篇我一律将之简单译为"社会理论"。或是在卢曼的系统理论那里，"Sozialtheorie"意指一种抽象的解析社会运作原理的理论，包括他的系统理论。在他的系统理论中，最主要的研究对象是各种基于社会运作原理的系统（Soziale Systeme），例如政治、经济、法律，甚至社会本身。社会本身也是一种系统。当卢曼专门在讨论"社会"这个系统（Gesellschafts-System）的时候，他作为社会理论的系统理论就同时也是一个专门在探讨社会的理论（Gesellschafts-Theorie）了。这与莱克维茨所谓的社会体理论不太是同一回事。又或是在 19 世纪末、20 世纪初，所谓的"社会体理论"（Gesellschaftstheorie）绝大多数时候不是莱克维茨或卢曼那里的意思，而是意指一种探讨该如何改造我们所处社会的政治学说，多用于指涉当时左派革命党人所发展的社会改造学说。所以约阿斯（Hans Joas）与克诺伯（Wolfgang Knöbl）合著的《社会理论二十讲》"前言"才会说他们因为觉得"社会体理论"这个词汇太左派所以与之保持距离。[1] 虽然当代德语学界的"社会事物理论"与"社会体理论"的意涵的确主要是莱克维茨所说的那样，但也并不总是如此，我在这里也提请读者们可以认识并注意到这种情况。

四

不过，虽然我或本书的两位作者都表示社会理论的研究不是只

---

[1] 约阿斯、克诺伯：《社会理论二十讲》，郑作彧译，上海人民出版社 2021 年版，第 4 页。

有"解经"和"精致地解释"这两种做法，但可能不是所有读者都同意这种观点。不过究竟该同意、还是反对，应该交由各位读者自己决定。我能做，且该做的，就是尽力翻译好这本书，并且在这篇译者导读中为读者提供阅读所需的背景知识，并尽量不"剧透"这本书的内容，让这本书的内容尽可能交给读者自己阅读，尽可能让读者有充分的论据决定自己喜欢或支持什么样的理论与理论研究方式。希望我能完成这项任务，也希望各位读者都能舒服地从这本书得到一些收获。

郑作彧

2022 年 12 月于南京

导　论

　　1997 年初在敏斯特地区一座修道院里，德国学术奖学金基金会
举办了一次博士研究生学术研讨会，我们是在那里初次结识的。那
时罗萨的研究泰勒（Charles Taylor）思想的博士论文已经写到尾声，
莱克维茨才刚开始他那关于文化理论的博士研究。那场研讨会上，
我们对"文化转向"，以及社会科学与人文科学的社会建构论的意
涵，进行了很热烈的讨论。那时候是 20 世纪 90 年代，东德与西德
之间（不只立在空间上，也立在人们心里）的那堵围墙刚倒塌，那
场研讨会的话题是当时很典型的主题。那时会上的讨论，也开启了
我们之间关于学科的、工作的、个人的对话，直到今天。

　　2000 年之后，我们两人都在大学取得了教席，著作撰写和研究
计划也都在各自的方向上不断开展着。罗萨探讨了加速、共鸣、不
受掌控，莱克维茨讨论了主体、创造性以及独异性。我们的人生轨
迹虽然有时看似分道扬镳，却又总是交会在一起。例如 2016 年秋天
在班堡的德国社会学年会，罗萨在某个场次上介绍他刚出版的《共
鸣》，莱克维茨正好是点评人。该场次研讨会结束后，我们第一次萌

生一个想法:一起来合写一本书,把我们各自很不相同,但在许多方面对现代社会、对社会学能做什么且应该做什么等问题有理论亲近性的观点,各自表述并进行对话。

这个想法并没有马上付诸实施。后来,在社会学领域内外,我们之间一直有很多丰富精彩的讨论,追问社会学该怎么继续推动下去,社会学应该做些什么,不应该做什么,大家需要什么样的社会理论,社会期待什么样的社会理论。在这样的背景下,我们最终决定把这本书写出来。当然,这也必须感谢苏尔坎普出版社编辑伊娃·吉尔莫(Eva Gilmer)对我们的大力支持。我们都觉得这本书很有意义,甚至必须出版,因为我们有一个基本共识、共同动机,即我们最终都觉得,发展出强而有力的社会理论(包括现代性理论),是社会学的核心任务。这也是我们两人自 2000 年以来的研究主旨。

如果从社会科学在德国国内,甚至是国际上的现况来看的话,这种对社会学的任务的看法完全不是理所当然的,甚至很多学者都持相反看法。近年来在知识圈里我们常常可以看到一个很引人注意的矛盾现象:一方面,大众明确且急迫地盼望一种广泛探讨当代社会——亦即探讨总体人类社会与人类历史——的理论,但另一方面,社会学虽然在国际上有越来越完备的体制,但有意愿从事社会理论研究的人却越来越少,甚至没有这样的社会理论研究。换句话说,国际社会学界对社会理论的"供"不应大众的"求"。

大众期待有一种理论,既能对当代社会,也能对人类社会从开始到未来的长时段(longue durée)的转型,提供广泛的分析与说明,而且这个期待在 21 世纪头 20 年明显日益强烈。不只对于欧洲、北美等"西方"社会来说是这样,对于中国、印度、巴西或阿拉伯国家来说,也同样如此。这也许是很令人讶异的一件事。利奥塔(Jean-François Lyotard)在 1979 年出版的《后现代情境》中提出了一个命题，即现代性与现代化所仰赖的"宏大叙事"已经"终结了"。[1] 在古典现代性中发展出来的宏大社会发展理论在后现代已经失去信用，人们对于问题所提出的更多是局限在特定地区、特定时间、特定事物的"小型叙事"。利奥塔对历史哲学的遗产，以及对今天表面上看起来过于天真且片面的进步史观，提出了诸多批判，他的批判也很有道理。但他认为任何尝试提出广泛理论说明的尝试都是多余的，这就大错特错了。今天的情况完全是相反的。

如果社会科学界在 1985—2005 年间抱怨大众对社会分析感到兴趣索然，那么至少从 2008 年开始，我们已经可以看到大众对于"宏大图景"的兴趣有了复苏趋势。"我们到底是在一种什么样的社会里生活的？""人类社会应朝往何种方向发展？"我们到处都可以看到人们（再一次）提出这样的问题。大众的这些讨论并不满足于对专门问题提出专业经验分析，也不满足于"小型叙事"，而是越来越好奇，甚至渴望一种总体的社会分析。莱克维茨和罗萨近年来都以各自的经历切身体会到了这个现象。我们两人在社会理论方面的尝试都很令人惊讶地获得了广泛的认可，并且这些认可不仅存在于学术圈之内，也存在于学术圈之外——比如媒体圈，政治、经济、文化、艺术等领域，宗教、社会心理方面的组织，或是各大学的硕博士研究生。此外，不论是在社会领域、还是在政治领域，有很多读者对我们的理论非常感兴趣，同时也有很多读者或公开、或私下对我们提出了批评。面对这些读者的求知欲或时常令人印象深刻的观察能力，如果学术界的人简单将之视为"外行"而嗤之以鼻，那就太过傲慢了。

超越日常各样经验而呈现出有科学根据的整体理论与"宏大图

12

---

[1]　Jean-François Lyotard, *Das postmoderne Wissen. Ein Bericht*, Wien 1986.

景",已是大众日益强烈期待的。之所以被如此强烈期待,有可想而知的原因。最重要的原因无疑在于,近十年来社会出现许多危机,迫使西方社会对自己进行批判反思。2008 年的全球金融危机与经济危机,让人们开始探讨后工业资本主义的结构特质与社会后果,例如追问这种结构特质是否会造成了严峻的社会不平等、影响日常生活秩序。人们也注意到气候变迁带来的具威胁性的后果,因此开始提出生态问题,追问人与其自然环境之间的关系的历史,追问人类世造成了什么。这些问题引起了人们广泛的注意。地球的地质状况本身是可以被人类行动改变的,而这在某些方面会造就非常深刻的本体论方面的不确定性。右翼民粹主义在国际上的崛起,让人们广泛热烈讨论其结构成因,讨论现代化下谁获利、谁蒙受损失。这些情况普世皆然。20 世纪 90 年代,众人相信"历史的终结"已经到来,我们将进入后历史阶段,西方稳定的市场民主模式将被定于一尊。或是众人被许诺会有一场新的全球化、数字化或一个新的知识社会。然而近年来这种看待"进步"的观念,急速失去了地位。"西方模式"从地缘政治上来看也节节败退。所有这些危机都跟新的社会运动与政治运动息息相关。不论是"金融交易和援助公民税务协会"(Attac)、"星期五护未来"(Fridays for Future)、法国的黄马甲运动,还是黑人人权运动或原住民运动,皆是如此。然而由这些危机引发的自我反思,都非常仰赖社会理论或其他宏大的社会发展模式(即便这种仰赖可能不是那么明显)。我们如何面对与解释这些现象? 有哪些后果是可以预期的? 能否设想出其他种可能性? 有哪些可能性是可以期许的?

大众之所以强烈渴望一种广泛的综合性的理论,第二个原因显然在于大众本身也出现了改变。有些人认为这是由过去几年信息数字化带来的信息爆炸与观点意见爆炸所造成的。关于社会事务及其危机的信息，在数字媒介世界中此起彼落地出现，有时甚至超出了人们接收信息的能力范围。许许多多、异质破碎的信息与观点意见——政治事件、社会统计、人情新闻、各种访谈、丑闻、个人评论——源源不断地被生产出来。互联网变成一种煽动情绪的媒介，让人们很容易因为信息而激动，因为信息而心情不好、愤怒、憎恨。或是相反，互联网为暴动提供了相应的信息、所需的"燃料"。然而，新的、零碎的信息，以及令人喘不过气的情绪煽动，却让人们更迫切想对社会发展与历史发展有进一步的了解。无数人都希望能借助于学术专业、经验信息、理论阐述来理解呈现在眼前的这堆信息碎片。人们必须借助于一种一气呵成的整体分析与解释，才能理解所身处的社会。如果知识圈如此被期待、盼望、要求，但社会学却不基于自身学科的可能性与能力提供相应的动力，那就不能怪其他的"供给者"乘虚而入了。

　　在这样的背景下，相应的畅销性科普书籍在国际上非常流行。在历史科学方面，赫拉利（Yuval Harari）那长居销售排行榜前列的《人类简史》，呈现了人类从远古到当代的总体历史，并给出了政治性的结论。[1] 克里斯蒂安（David Christian）也是必须提及的这类代表人物，他的《大历史》同时探讨了自然史和文化史。[2] 在经济学领域，近年来更是有一系列优秀且磅礴的著作，呈现了社会发展总体趋势，并且在国际上都极受欢迎。皮凯蒂（Thomas Piketty）关于经济、国家、财富分配的转型的著作，米兰诺维奇（Branko Milanović）关于全球不平等的书，祖博夫（Shoshana Zuboff）论数

14

15

---

[1]　Yuval Noah Harari，*Eine kurze Geschichte der Menschheit*，*München 2013*；ders.，*21 Lektionen für das 21. Jahrhundert*，München 2019；类似的书还有：Robert L. Kelly，*Warum es normal ist*，*dass die Welt untergeht. Eine kurze Geschichte von gestern und morgen*，Darmstadt 2020。

[2]　David Christian，*Big History. Die Geschichte der Welt-vom Urknall bis zur Zukunft der Menschheit*，München 2018.

字化后果的大作,皆属此类。[1] 另外还有许多有专业学理支撑的非虚构文学,例如米什拉(Pankaj Mishra)的《愤怒年代》解释了全球的怨恨文化[2],格佩尔(Maja Göpel)的《重新思考我们的世界》反思了气候变迁的政治后果。[3] 这些著作都发展出一些综合性的论述,且引起广泛的讨论。

那社会学呢?这里我们可以看到,社会学存在着我们在前面提过的矛盾。人们期待社会学具有跨学科的性质,社会学也非常重视其他学科的研究成果。社会学从其诞生之日起就旨在建立起一套呈现出"宏大图景"的社会理论与磅礴的现代性理论。社会学作为一门科学,在建立之初就旨在对现代性,甚至是整个社会形式的结构特征与结构动力进行重构,并以此解释经济的、科技的、文化的、政治的,以及社会的变迁。社会学的学科计划,就是研究当代危机。社会学自身在理论方面和经验方面总是不断推陈出新,具有跨学科的特质。我们深信,社会学是一门系统性地**探讨社会的**科学,拥有丰富的经验工具、概念工具与理论工具。

虽然社会学的社会理论有着如此优秀的条件,但当代这门学科在完成这个任务方面出现了明显的止步不前。在长期由英语世界的社会学所支配的国际层面上,情况也是如此。在我们看来,很明显,在美国和英国的各社会学机构,想推动社会理论发展的人越来越少,想从事现代理论或晚期现代理论研究的人越来越少。这是很值得注意的现象,因为以前完全不是这样的。在 20 世纪 90 年代,

---

[1]　Thomas Piketty, *Das Kapital im 21. Jahrhundert*, München 2016;ders., *Kapital und Ideologie*, München 2020;Branko Milanović, *Die ungleiche Welt. Migration, das eine Prozent und die Zukunft der Mittelschicht*, Berlin 2016;Shoshana Zuboff, *Das Zeitalter des Überwachungskapitalismus*, Frankfurt/M., New York 2018.

[2]　Pankaj Mishra, *Das Zeitalter des Zorns. Eine Geschichte der Gegenwart*, Frankfurt/M. 2017.

[3]　Maja Göpel, *Unsere Welt neu denken*, Berlin 2020.

英语世界还有很多社会科学家提出了许多影响甚巨且引起广泛讨论的社会理论，并且全球知名。想想鲍曼（Zygmund Bauman）的《现代性与矛盾性》，哈维（David Harvey）的《后现代的状况》，拉什（Scott Lash）和厄里（John Urry）的《符号经济与空间经济》，吉登斯（Anthony Giddens）的《现代性的后果》，卡斯特尔（Manuel Castells）那宏大的《信息时代》三部曲，就知道了。[1]

社会学的社会理论研究为什么会没落呢？第一个、也是最重要的原因，无疑是来自社会科学强烈的经验导向的专门化趋势。充满竞争的科学体系，总是要求制订能量化考核的学术成果评价模式，要求争取顶尖期刊论文发表量与科研经费，这加剧了社会理论的没落。社会学急速分化成各种"××社会学"或"××研究"。虽然社会学的分化一方面贡献了丰富的定量研究和定性研究的成果，但另一方面这却也显示出综合性的理论研究在制度化的社会学领域越来越难拥有一席之地。在这样的制度下，人们很难抱着雄心壮志跨越"××社会学"的藩篱，运用理论提取各××社会学的研究成果中的重要内容，或是运用理论将这些研究成果结合起来。此外，高校相应于"新公共管理"的、以经验研究为导向的学术薪资体系，也让"撰写专著"(这一直是呈现理论的最好形式)这件事变得越来越没有吸引力。在这样一种以"标准化的经验研究"为本位的体系中，一整本书的"价值"，常常仅等同于（甚至还比不上）一篇刊发在顶尖期刊上的论文。卢曼（Niklas Luhmann）1968年入职比勒费尔德大学时，在其研究计划书上写着："主题：社会理论；研究时

17

---

[1] Zygmunt Bauman, *Moderne und Ambivalenz. Das Ende der Eindeutigkeit*, Hamburg 1991; David Harvey, *The Conditions of Postmodernity*, Oxford 1989; Scott Lash, John Urry, *Economies of Signs and Space*, London 1993; Anthony Giddens, *Konsequenzen der Moderne*, Frankfurt/M. 1990; Manuel Castells, *Das Informationszeitalter*, 3 Bde., Opladen 2001—2003.

间：30 年；经费：0"，这种做法在今天的学术领域中无疑是一件行不通的事。

关于社会理论在当代社会学中处于困顿地位的第二个原因，我们可以在所谓的后现代科学批判的影响中找到。这种后现代科学批判从 2000 年开始在英语世界广为流传。这些科学批判的主流看法认为：如果人们认识到，科学的特质就是在进行诠释、选择，通过各种话语中生产出来的知识是异质且多元的，那么一套整体的理论、"掌握整体"，**不**就会是徒劳无功的吗？或甚至更糟：不就必然是片面扭曲的吗？人们怎么还能说有**一种**叫作"现代性"或"后现代"的叙事呢？这种思维模式明显削弱和阻碍了理论研究。但只要细想，就会发现这种说法并没有说服力：每项科学研究最终都会是选择性的，不论是个案研究、统计相关分析、社会理论，都是如此，这无关乎它处理的是"小"现象还是"大"现象。当然，科学自我反思是很重要的，这也是后现代科学批判的一个重要贡献。但若因此就劝阻人们从事全面性的理论研究，那就矫枉过正了。的确，任何一种探讨总体社会形态的理论构想，必然会引起不同阵营的强烈反对意见，每个理论家无可避免需要预先设想自己的"缺陷"和"盲点"。有时候这也会吓退想进入理论领域的社会科学家。在英语世界的社会学中，经验的、以自然科学模式为榜样的学科分化，后现代的碎片化，高校的新公共管理，这些因素相互勾连在一起。而对理论来说，这意味着理论承受极大的压力，甚至有完全消失的危险。

虽然或正是**因为**今天的历史文化背景，让社会理论在"提问"这一端有着蓬勃的风气，但是或**所以**社会学必须在这样一种碎片化的趋势下再次变成一支突破困境之矛。英语世界的社会科学在国际层面上一直占据领导地位，这也对整个欧洲大陆（包括德语世界）带来了各种阻碍。然而依然有两位德国的社会学家写出了各

18

位读者眼前的这本书。这不是偶然的，因为从趋势上来看，社会
理论在德国的风气比在美国或英国还要盛行。除此之外还有一个原
因：纯粹从历史来看，德国的社会学和社会哲学（在法兰克福学派
的理论工作的努力下）有较为紧密的结合，因此一直都不乏有人从
社会学的角度来提出与社会相关的问题。此外，德国也有着由韦
伯（Max Weber）和齐美尔（Georg Simmel）提出的"理解社会学"
（verstehende Soziologie）的传统，旨在探讨生活运作模式和历史转
型，并且激励人们从文化科学的层面开启"整体"视角。后来，卢
曼也发展出知名的系统理论式的现代理论。最后，德语世界的知识
公共领域比英语世界更为蓬勃。不只在媒体上，而是在政治、文化
产业，甚至在经济领域，都备受重视，因此很多科学家——包括社
会学家——都可以找到读者与听众。这也让系统性的（晚期）现代
理论在这里，比起国际上主流的情况，能稍微容易地发展起来。[1]
若不是如此，我们这种形式的著作八成是不会出现的。

　　虽然各地情况不同，但总的来说，社会理论在当代社会学中
没有理所当然的一席之地，而是必须为自己而奋斗。我们这本合写
的著作正是面对这样的情境并提出了一个问题："社会理论能做什
么？"并且尝试解释，社会理论可以用何种方式、哪些概念工具来
进行操作，以获得备受期待的成果。不令人意外的是，虽然我们在
回答这些问题上有很多共通之处，但我们在最后却得出不同的结论。
为了从我们之间不同的观点出发，以一种系统性的、能进行比较

19

20

　　[1]　德国在欧洲的邻居，法国，似乎也有一种跟德国类似的趋势。法国社会学在学
术事业的碎片化趋势下似乎也并没有完全停止在社会理论方面作出贡献。例如布迪厄
（Pierre Bourdieu）在法国建立起来的传统，博东斯基（Luc Boltanski）、泰弗诺（Laurent
Thevenot）和夏佩洛（Ève Chiapello）的优秀著作，以及拉图尔（Bruno Latour）磅礴的
《探求存在的模式》（Berlin 2018），当然还有拉依赫（Bernard Lahire）与埃伦伯格（Alain
Ehrenberg）的研究。此外，以色列社会学家依洛兹（Eva Illouz）的著作，对晚期现代理
论提供了重要贡献，她的书也深受法国话语的影响。大学之外的研究机构，也促进了自主
的、跨学科的人文科学。同时，比起德国，法国学者显然更乐意扮演公共知识分子的角
色，并悠游在社会理论的领域中。

的、启发式的方式，确立社会理论研究的可能性、难点、边界，我们两个人的文章会一步步展开我们的研究方式：我们首先都会针对如何理解"理论""社会事物理论"（Sozialtheorie）和"社会体理论"（Gesellschaftstheorie）之间该如何区分等问题，提出自己的观点，然后才接着发展出我们各自对于一般的现代性与特殊的当代晚期现代性的看法，并在最后讨论一个问题，即"社会理论与其讨论的对象之间的关系应是一种批判关系"是什么意思。莱克维茨和罗萨的社会理论最后都提出了一套当代的危机诊断，我们两人都看到"晚期现代社会出现了危机"，并且都在尝试指出危机的形成、原因和后果。我们相信，这个任务，是社会理论在今天能够、且应该做的事，也是我们在这本书想做的事。

在扼要地呈现了我们两人的观点之后，接下来则由鲍尔（Martin Bauer）作为主持人（非常感谢鲍尔非常沉稳地接下了这个并不是很容易的任务），让莱克维茨和罗萨进行深入的对谈。这场对谈是在 2021 年 3 月柏林的苏尔坎普出版社举行的。即便理论研究仰赖书写，但口头对话也永远是最好的媒介，可以让两个人能实际上不只是你来我往地交谈，而是可以彼此进行建设性的争论。理论如果要有真正的辩论、要有引发共鸣的效果，不能没有面对面的对话。唯有这种形式才能让理论免于抽象且僵固，而是富有活力和生气，多彩多姿、激发火花。

2021 年夏天于柏林和耶拿

莱克维茨与罗萨

将社会理论作为工具

安德雷亚斯·莱克维茨

第一章　做出理论

理论本身是一种实践，或更准确地说，是实践的总和。如果 要广泛描绘人们所从事的理论实践——"做出理论"——是什么样子的话，必须仔细地从社会科学的知识社会学层面来研究。反思和创造概念的实践，经验素材的收集与整理的实践，读书写笔记的实践，制作数据库和卢曼式的纸片盒的实践，想法讨论实践，论证的可视化的实践，还有文本的书写与编排的实践——不论用手写还是用电脑打字——，这些全部都很重要。对于"做出理论"来说同样重要的还有在科学的社会场域中维护正统与离经叛道的人之间的斗争。此外，理论家的个人经验也会影响他们的提问和基本直觉。最新的政治辩论、历史敏锐度、当下的文化问题情况，都会体现在理论研究中。理论无可避免地处在一种社会形成脉络中。"theoria"（θεωρια，希腊文的"理论"）字面上的意思是保持距离以对现实进行"检视"，它要人们站在一个中立的观察立场上，它要人们表达或得出"纯粹的思考"。但实际上理论也完全是一件实践性与诠释性的事情，某种程度上是对世界进行一般化的

13

理解的文化技艺。理论的生产实践与各种理解的实践是密不可分
的。钻研理论，是每个学科内部的社会化的一部分。活到老，就必
须读到老。人们如果要理解世界、推动政治改变、帮助自己进行转
型，就会不得不主动找书来读，如此方能"以今日之我，难昔日
之我"。

在古希腊罗马时期，首先是哲学为理论实践提供了制度性的园
地。然而，随着现代科学的逐渐分化，理论实践逐渐转移到各专门
化的学科领域中，尤其是转移到社会科学中。由于社会科学，乃至
所有的现代学科，都被理解为是研究现实的科学，亦即认为所有的
科学表述都必须来自现实的经验，因此理论在面对经验时其确切地
位究竟为何，从一开始就是个问题。为了能理解对于社会学来说理
论的特殊价值是什么，我们必须先梳理一下今天被归在"社会学理
论"范畴的那些理论，但也同时必须将之与英语世界所谓的"社会
理论"进行一些区分。英语世界所谓的"社会理论"（social theory），
在德语中既可以翻译为"社会事物理论"（Sozialtheorie），也可以翻
译成"社会体理论"（Gesellschaftstheorie），但这两者在德语里是不
同的，而且其差异很重要。[1] 基本上，对于探讨现实的社会学来说，
人们在日常进行研究时首先面对的是默顿（Robert K. Merton）所谓
的中层理论，亦即面对的是社会学理论。在学科内部的分工框架中，
中层理论首先牵涉到的是专业的提问与个别的社会现象，并运用定
性方法或定量方法来进行研究。一般来说，这类理论在进行描述与
解释时会要求直接的经验证据，同时这种理论顾名思义其陈述的范
畴也会是有限的。

---

[1] 英文的"社会理论"（social theory）一般来说同时包含德文的"社会事物理论"
（Sozialtheorie）和"社会体理论"（Gesellschaftstheorie）这两者，所以不能不假思索地直接
把英文的 social theory 直接等同于德文的 Sozialtheorie。

相比于五花八门的社会学的中层理论，"社会理论"更抽象些。　　27
社会理论（不论是"社会事物理论"还是"社会体理论"）的"理论"是比较狭义上的。"社会事物理论"和"社会体理论"都有一些一般且基本的语汇可以用来回答各自的两个基本问题。"社会事物理论"问的是："什么是具有社会性质的事物"，以及"这类事物要从哪些面向来分析"？"社会体理论"问的则是："我们所身处的这个社会，尤其是现代社会，有什么样的结构特征"，"我们可以用什么样的纲领来研究我们所身处的这个社会"？"社会事物理论"为了回答它自己的问题，会发展出一些基本概念，例如行动、沟通、规范、角色、权力、制度、知识秩序、实践、话语等等。韦伯的《社会学的基本概念》和涂尔干（Émile Durkheim）的《社会学方法的准则》是这一类的经典著作；卢曼的《社会系统》，吉登斯的《社会的构成》，拉图尔的《重组社会》，也都在发展这一类用以探讨具有社会性质的事物的理论词汇。"社会体理论"不一样，它对我们所身处的整个社会的结构、现象、机制、如何在历史长流中形成，有一套基本假设。它感兴趣的主要是现代社会的结构，因此会创作出像是资本主义理论、功能分化理论、个体化理论、美学化理论等一类的理论。马克思（Karl Marx）的《资本论》，齐美尔的《货币哲学》，都是经典的例子。较为近代的像是布迪厄（Pierre Bourdieu）的《区别》，卡斯特尔的《网络社会的崛起》，也都在尝试发展出这样一套社会体理论。

不论要问的是"具有社会性质的事物"还是"我们所身处的这个现代社会"，这两种提问的视野都是社会学在 19 世纪形成之际很重要的构成要素。这样的双重视野引导了许多至今都影响甚巨的属于学科奠基世代的学者，像是马克思、韦伯、齐美尔、涂尔干。尽管学术工作不断在进行分工，这种视野对于 21 世纪的社会学来说依　　28

然很重要。而且我认为，这样的双重视野**应该**依然是很基本的，因为它同时可以将无数五花八门的、个别的社会学经验分析给凝聚起来。如果没有社会理论，社会学会在极度专门化（虽然无疑非常必要）的精致研究中迷失自我。社会理论（不论是社会事物理论还是社会体理论）是一种可以让我们从整体的视角看待总的社会事物与总体社会的工具，让我们能将之当作整体、"宏大图景"来进行参照，如同古典时代形成的哲学那样。同时社会理论还能为文化公共领域与政治公共领域提供广泛且清晰的说明和建议，促进社会的自我启蒙。

　　这部分的第一章我会仔细解释我所认为的社会理论所指为何，当中的双重含意该如何区别开来，以及各自所针对的是什么。当中，我会明确厘清"理论是工具"的意思。第二章，我会描绘一套我称为"社会实践理论"的社会事物理论。这个理论可以当作一个工具箱，用来对我们所身处的这个社会进行分析。第三章旨在从社会体理论的观点出发，强调我认为非常重要的现代社会的三个面向。这三个面向是：偶然性的开启与偶然性的关闭之间的辩证，一般社会逻辑（即理性化）与特殊社会逻辑（即文化化）之间的对立，以及由创新体制、汰换动力与时间混合化所构成的矛盾的时间结构。基于这些范畴，我在第四章会讲解一种现代社会的历史转型模式，即由资产阶级现代转型成工业—组织的现代，然后再转型成晚期现代。于此我们可以厘清当代的晚期现代社会之所以有这么多特殊危机的原因。在第五章我会呈现，在我看来理论如何既能够给出批判，又不会同时变成狭义上的批判理论。这牵涉一个"批判分析"计划。在最后的终章里我想提一个问题：人们可以怎样从事理论工作？这里，我赞成以实验的方式来进行理论研究。

一、社会事物理论

首先我必须澄清，不论是社会事物理论，还是社会体理论，它们都兼具两个功能、对应两类人群。第一，其针对的是社会科学的经验研究。这里，社会理论的功能旨在**为**社会科学的经验研究**赋予**能量，或社会理论就是在对经验研究进行加工。第二，社会理论作为一种涉及面极为广泛的理论在知识领域内部循环，因此它针对的是整个学术界，但也针对学术界之外的一般大众。

这里我首先来谈社会事物理论。社会事物理论提出的是关于具有社会性质的事物的形式的问题。意思是，它要问的是，我们应以什么样的概念来把握具有社会性质的事物。"具有社会性质的事物"处于集体的层次上，这种层次超越个体，超越个体的个别行动与个别利益。这是社会学思维模式的基本态度。但社会世界的种种，究竟具体来说其根本性质为何呢？对此，社会学从来没有单一、一致的社会事物理论。关于社会事物，社会学理论发展出了相当多样，且异质性相当高的理论视角。这也是可以想见的，因为（科学的）文化本身就是多元的，所以就像它产生了现代性那样，它也为我们提供了空间，让我们在探讨具有社会性质的事物时可以发展出多样的理论语汇。在面对具有社会性质的事物时，这些理论语言可以是文化论的或唯物论的，整体主义的或个体主义的，结构主义的或过程导向与情境导向的，并且以不同的主导概念（行动、互动、沟通、实践、结构等等）来进行讨论。

社会事物理论以此方式发展出诸多具有启发学地位的基本概念，以指导社会学的经验分析。它也可以为其他的社会科学与文化

30

科学领域（例如历史学或文化人类学）的经验研究实践提供基本概念方针。社会事物理论可以根据这类"敏锐化的概念"（sensitizing concepts）——像是实践、沟通、权力、话语、人造物结构、部署、社会系统等等——为经验研究指出一条路，让经验研究知道可以去探索什么样的现象和脉络。这些敏锐化的概念，在启发学的意义上，为经验研究扮演一种探索技术与发现技术的角色。没有这些社会事物理论概念，经验研究就只能盲目进行，或只能基于缺乏反思的日常假设之上来进行。[1] 不过，社会事物理论是有好坏之分的。好的社会事物理论，必须能够为经验研究服务，让经验研究可以基于扎实的视角，对许许多多不同的现象进行分析。

然而，除了为经验研究发挥启发学的功能之外，社会事物理论也有它自身独特的意义，亦即它是一种社会本体论（Sozialontologie）。在这里，社会事物理论某种程度上独立于经验研究，有它自身的"反思价值"。它是对社会世界进行基本反思的园地。社会事物理论是一种描绘了关于行动、文化、语言、情感、物质性、结构、过程等等社会事物的本体论，以此为人文科学提供一些用以将人类世界理解为社会文化世界的基本语汇。就此任务而言，社会事物理论与哲学有着密切的关系，因为哲学从一开始就（也）旨在发展出一套关于人类世界中各种社会事物的本体论。除此之外，社会学的社会事物理论，和其他领域的一些社会事物理论（例如文化人类学的文化理论，传播研究的媒介理论）有密切的联结。一般来说，社会事物理论作为对社会文化世界的基本反思，在人文科学当中是跨领域

31

---

[1] 相反的，社会事物理论能以此方式对某些经验，对特殊的、根本上先于科学的社会世界经验（例如行动经验、角色经验、权力经验、理解经验、或实践经验）进行加工。对此可以参阅：Stefan Hirschauer, »Die Empiriegeladenheit von Theorien und der Erfindungsreichtum der Praxis«, in: Herbert Kalthoff, Stefan Hirschauer, Gesa Lindemann (Hg.), *Theoretische Empirie. Zur Relevanz qualitativer Forschung*, Frankfurt/M. 2008, S. 165—187。

的，很少囿于学科边界。[1]

社会事物理论作为一种关于社会文化世界的本体论，不只会在学术界中发展出一种自我反思的能力，而是非学术界的一般大众也可以使用这些理论来进行反思。在世俗化的现代社会中，宗教和神学不再垄断诠释的权力，因此世俗化的现代社会也面临关于人类境况的（总是悬而未决且争议不断的）自我启蒙的挑战。这个任务虽然已经被哲学以古典的方式扛起来了，但从杜威（John Dewey）到拉图尔，从普雷斯纳（Helmuth Plessner）到哈贝马斯，他们的社会事物理论也都在尝试为自我启蒙作出贡献。也正因为如此，社会事物理论和自然科学界的各种生命科学（像是演化生物学、演化心理学、神经生理学等等）常常会有竞争关系，因为社会事物理论可以为一般大众，尤其是一些非学术界的读者，提供一些能用来理解自我的基础词汇。

32

二、社会学的核心任务——社会体理论

不过，在社会科学中，"理论"不是只有社会事物理论，而是还有社会体理论。这两个概念有什么不同呢？简单的回答是：所探讨的对象的普适性与历史性不同。社会事物理论常常（但并非总是）在概念上会涉及宏观的社会事物，例如制度、阶级、知识秩序或整个社会。不过，虽然社会事物理论会谈到整个社会，但它在一定程度上是以一种普适的概念框架来谈的。社会事物理论探讨的是社会事物或我们所身处的整体社会的**性质本身**，也就是说要探讨的是超

---

[1] 这也难怪，社会事物理论，和实用主义、现象学、后结构主义之类的很像，会跨越社会学和哲学的边界。

越时间地点的人类实践结构。而社会体理论则牵涉**具体的**社会，以及这个社会是如何在具体的时间和具体的地点中存在的。简单来说，社会体理论旨在做出关于**特定**社会的一般性陈述。在社会学的社会体理论中，重点是"**现代**"社会。现代社会的根源跟欧洲近代的开端是分不开的。它源自 18 世纪欧洲和北美，伴随着工业化、民主化、科学化、世俗化和个体化而诞生，以不同的方式（有的方式比较和平，有的比较暴力），或是将这些不同的方式结合在一起，对全世界产生了深刻的影响。[1]

33

为了确立出现代的，并且首先是西方的社会的特殊要素，社会体理论的视野在时间面向和空间面向上都要拓展开来。所以在由西方所形塑出来的现代社会，要和各种社会形式，像是近代与**现代之前的**（游牧社会、农业社会，或是一些发展出高度文化的帝国），或是**非**欧洲、北美的以前存在过或现在存在着的社会形式，放在一起进行比较。社会体理论能够让我们去探讨世界上各种人类社会从早期到当代的变迁与相互关联，并建立起一种一般性的理论。[2]

虽然欧洲和北美的社会学的社会体理论对具体社会的长时段的性质转型感兴趣，但这种理论主要探讨的还是现代西方社会。换句

---

[1] 社会学中有一种长久以来深具影响力的现代化理论，认为现代西方社会是"标准情况"，全世界最终都会殊途同归到这种标准情况。我反对这种看法。我认为现代西方社会更多是一种非常特殊的情况，一种人类历史上在特定时间地点中的非常特殊的实践网络。用查卡拉巴提（Dipesh Chakrabarty）的话来说，我们应将"欧洲（还有北美）看作一种省份"，亦即现代西方社会完完全全就只是众多发展路径当中极为特殊的一种路径而已。但这并不影响一个事实，即一些欧洲、北美的现代社会的要素（像是资本主义或科学）超越了狭隘的空间脉络而被改造并变得普遍适用，且卓有成效。世界社会具有一种艾森斯塔特（Shmuel Eisenstadt）所谓的"多元现代性"的结构，并且这些不同的现代性会交错混杂。

[2] 有一种野心勃勃地对整个人类历史提出一套一般演化论的研究，原本在过去几十年已经不特别流行了，但最近却似乎又引起越来越多人的兴趣。可参阅：Davor Löffler, *Generative Realitäten I. Die Technologische Zivilisation als neue Achsenzeit und Zivilisationsstufe. Eine Anthropologie des 21. Jahrhunderts*, Weilerswist 2019。关于全球交织的情况，也变成非常热门的全球史议题。可见：Sebastian Conrad, *Globalgeschichte. Eine Einführung*, München 2013。

话说，社会体理论的核心任务在于探讨现代社会。[1] 我这么说的理由是，虽然社会体理论一直都有一种历史学的情怀，但它的旨趣终究还是在于**当代**。它想根据其结构和动力来掌握当代社会。社会学或多或少都是为"我们的"社会在**理论**上提供自我启蒙，并致力于**实践**。致力于实践，可以是从政治上促进社会制度，也可以是对个体自身的生活形式进行反思。这两者都必须着眼于当代或是放眼未来。从社会学的视角来看，当代社会的特质在于其现代性；它是从传统封建、以遵循宗教的"前现代"社会发展而来的**现代**社会。正是因为我们是如此理解现代性的，所以理论与实践才会如此联系在一起。意思是，现代社会的出现恰恰反映出社会制度和人们的生活形式不是不可更改的，而是可以通过政治和社会文化来加以形塑的。如果没有这样一种对政治和个人加以形塑的兴趣作为根本动机，亦即如果没有这样一种形塑**可能性**作为前提，是不会有这样一种探讨现代性的理论的。

如果社会体理论在根本上就是一套探讨现代社会的理论的话，那么随着历史的流逝，我们必须考虑到一种比较复杂的情况。韦伯、涂尔干、滕尼斯和齐美尔在 1900 年左右——亦即传统社会即将消逝的年代——用以指称他们那时候的当下的**那个**现代，和今天人们所谓的现代社会，已经有显著的转变了。到 2021 年，"现代"已经经历了至少有 250 年，所以它绝不直接等同于我们的当下。我们仔细一想就会知道：1800 年左右的社会结构的特质，跟 1900 年是不一样的；1900 年跟 1950 年也不是一样的；1950 年和今天的社会亦有所不同。这并不是说现代社会内部在这几百年来都没有连续性、不具有

34

35

---

[1] "现代"这个概念有很多意思。社会学的"现代"和文化科学的"现代"尤其是不一样的概念。社会学的"现代"，牵涉的是自 18 世纪以来的社会结构转型，但文化科学指涉的是 1900 年左右先锋派的现代主义。这方面可参阅：Krishan Kumar, *From Post-Industrial to Post-Modern Society. New Theories of the Contemporary World*, Oxford 1995, Kap. 4。

一贯的特质。但若我们考虑到现代性具有高度的自我转型能力的话，那么"社会的一系列基本结构都深刻地转变了"这件事就并不令人讶异。现代性自己也是有历史的，这也让 21 世纪的社会体理论面临一个新的挑战。

特别是 20 世纪 70 年代中期之后，出现了一种"新的"当代，人们首先将之称为"后现代"或"高度现代"，有时候也会称为"晚期现代"（虽然这也是一个并不是完全没有问题的措辞，但我们以下姑且权宜地仅使用"晚期现代"这个词汇）。这种"新的"当代伴随着全球化、后工业化、数字化和自由主义，产生了新的基本结构，和另外两种古典的现代——亦即资产阶级现代和工业现代——从根本上产生了差异。这对"做出理论"这件事也会产生影响。因为只有认为现代是无时间、不会改变的人（这种人大概会认为我们已经到了一种历史的终结的阶段），才会不经大脑思考地觉得当代社会可以用完全同一套抽象特质（资本主义、功能分化等等）来理解。现代在根本上是具有**历史性**的（这不只指它的形成有历史性，而是也指它接下来的过程也有历史性），并且正是因为它有历史性，所以我们始终可以看到现代的**当代**版本本身是非常特殊且独异的。以此而言，社会体理论必须超越一种一般性的现代理论，发展出特殊的、符合当下时代的"分支"，亦即必须发展出一套晚期现代社会理论，或是更简单地说：**晚期现代理论**。这种理论，因为拥有影响一般大众、为大众提供方针指引的能力，因此也会以所谓"时代诊断"的角色登场（虽然社会体理论并非完全只是时代诊断而已）。[1] 晚期现代理论必然总是需要和整体现代理论整合在一起，不论是与之进行历史比较，还是考察当中

[1] "时代诊断"并不是一个非常学术性的概念。它也包括一些对一般大众影响甚巨的、描述当代社会的散文。它跟作为社会体**理论**分支的晚期现代社会理论不一样。晚期现代社会理论的其中一项旨趣是提出系统性的概念、尽可能广泛的综述、解释性的假设，以及经验研究纲领。

的连续性。新颖必须与陈旧相比较才能凸显出来。

在我看来，社会体理论（作为一种一般意义下的现代理论）研究和晚期现代理论（作为探讨处于当代阶段的现代社会的理论）研究并不仅仅是社会学研究的一个特殊次领域而已，而是它就是社会学最根本的核心任务。虽然各式各样的经验研究能为我们提供许多讨论素材，但这些素材（必须）在社会体理论的框架中才能进行加工。社会科学在 19 世纪之所以会诞生，就是因为人们感觉到那时候的当下社会结构非常特殊、新颖、不寻常、令人讶异，当时的现成概念都无法被人们拿来理解它，所以人们发现必须对这样的一种社会结构进行深入研究。社会学非常着迷于一个开放性的问题：现代社会的现代性质是什么？所有理论家都在探讨这个问题。之所以马克思会去分析资本主义动力，韦伯会去研究形式理性化，涂尔干会去分析持续不断的社会分工，齐美尔会去研究个体主义，都是因为他们对这个问题非常感兴趣，非常希望能掌握现代性的结构、其层出不穷的新颖性、乍看之下难以理解的独特性。社会学在发展过程中总是不断重新回顾最初形成的场景，以此不断重新激发出这个学科自身对现代新事物的持续不绝的迷恋。[1] 而晚期现代理论和后现代理论，在 20 世纪最后 20 年间登上了知识的舞台。像是贝尔（Daniel Bell）的《资本主义的文化矛盾》，博东斯基（Luc Boltanski）和夏佩洛（Ève Chiapello）的《资本主义的新精神》，贝克（Ulrich Beck）的《风险社会》，或是奈格里（Antonio Negri）和哈特（Michael Hardt）的《帝国》，皆属此类。这些晚期现代理论或后现代理论是由现代理论所推动的，因为现代理论的宗旨即在于根据当代社会的基本结构与动力来掌握当代社会在历史上的特殊性。

37

---

[1]　Hans-Peter Müller, *Krise und Kritik. Klassiker der soziologischen Zeitdiagnose*，Berlin 2021.

于此，"社会事物理论与社会体理论之间的关系为何"这个问题也就可以得到回答了。虽然社会事物理论为社会学提供了最基本的基本概念，但以"社会学"为名的整个事业，其重中之重的任务还是理解现代社会。毋庸置疑，如果没有社会事物理论，如果没有对社会事物、文化、权力等基本概念进行整体的反思，也就不会有经验分析和现代理论。社会事物理论的语汇，可以提供概念背景，让人们可以知道在什么样的社会体理论中能看到什么样的现象。社会事物理论的语汇——例如韦伯的世界图像、涂尔干的神圣事物、哈贝马斯的沟通行动、卢曼的沟通与观察——可以让人们更加敏锐地看到某些社会脉络，虽然这也意味着会相应地看不到其他脉络。要进行社会体理论研究，社会事物理论是必不可少的。但反过来说也一样：如果没有社会体理论，社会事物理论也只是没有躯体的灵魂。社会事物理论无法自给自足，它最终必须酝酿出社会体理论。然而，社会事物理论的语汇并非简简单单就能发展出，也并非必然会发展出某种社会体理论。社会体理论不是社会事物理论唯一会产生出来的产品。若我们想研究具体的社会脉络，光使用具有普遍有效性的社会事物语汇是不够的，我们还必须把握住特殊的历史现实或当下现实。[1]

三、社会体理论的功能

人们可以像探讨社会事物理论那样来确立出社会体理论的一些

---

[1] 以此而言，我接下来要谈的聚焦在实践理论的社会事物理论，是可以发展出不同的社会体理论观点的。其他的社会事物理论（例如理性选择理论、现象学社会学、行动者网络理论，或新制度主义理论）也同样可能发展出各种不同的社会体理论。但反过来说，特定的社会体理论必须以特定的社会事物理论概念为前提，否则这个社会体理论就无法"运作"。例如埃里亚斯（Norbert Elias）的《文明的进程》，必须要有一套能为社会学提供扎实的情感概念的社会事物理论为前提。社会事物理论与社会体理论之间存在着松散、不紧密的耦合。

基本特征。社会体理论与经验分析之间有一种双重关系。一方面，它基于经验研究与经验之上，仰赖于对经济结构或政治系统的变迁、家庭关系、文化潮流等具体现象的观察与研究，以切合现实世界。一个好的社会体理论必须能够对不同的社会领域（例如经济、政治、文化等等）的知识进行广泛的评估。经验研究常会以分工的方式对不同的社会领域进行不同的研究与观察，这些不同的研究彼此间常常不相往来。社会体理论的任务就是要将这些研究结合起来，并从中发展出一种**综合**，让人们可以看清不同的现象与不同结构之间的关联。一定程度上，社会体理论就是既见树又见林。在理想的情况下，人们在面对现代社会时可以期待社会体理论能为我们提供一个总体图像，以说明（一）经济的结构与变迁，（二）国家与政治的结构与变迁，（三）社会结构（社会团体结构）的结构与变迁，（四）文化（观念系统与知识秩序）的结构与变迁，以及（五）科技的结构与变迁。此外人们也可以期待，社会体理论能处理（六）社会与个体之间的关系，亦即探讨社会是如何形塑主体的，以及主体在此社会中进行生活实践的典型方式又是什么。

不过，并不是一定得先进行各种经验研究，然后以此为基础才能建立起一套社会体理论。我们也可以先提出一套理论，然后用这套理论来引导经验研究，为经验研究提供基本概念与解释假设，或是为更细致的研究提供更广泛的宏观社会学脉络。举个例子：马克思的资本主义理论之所以能够形成并且深具说服力，是因为马克思对当时出现的极端经济变迁进行了非常仔细的探究。在那之后，也就是说当这样一种资本主义理论被提出之后，它亦能为经验研究提供动力与框架。也就说，一般而言，社会体理论能显示出其丰富性的地方在于，它一方面能吸收现有的经验观察与经验研究，对其进行很有启发性的加工，另一方面又能从理论上给出新的观察，促进

40

未来的研究。人们可以说，一个好的社会体理论可以提供一套经验研究纲领，为之后的研究提出方针。它本身是一种启发工具。社会体理论的这种既来自经验研究，也能促进经验研究的双重经验性，不只对于社会学的经验研究来说是如此，对于其他学科也是一样。社会体理论可以是一个跨学科的支架，并且也需要历史学或其他历史相关学科（例如文学史或艺术史）的研究作为事前准备资料。政治学、经济学、社会人类学和文化人类学、文化科学、社会心理学等等，也都可以为社会体理论提供贡献。但社会学对于社会体理论来说必然是最为重要的，因为它涵盖了社会的所有次领域与面向。

重点是，社会体理论不只有这样的综合功能。它还能够提供一种**理论附加价值**。它可以发展出一些关于总体社会脉络结构特质的概念，让我们用以对个别现象进行解释。它能阐明社会结构动力，让我们可以对社会的过程与转型进行剖析与解释。分析与解释在此是结合在一起的。用以探讨整体结构特质的概念——以一些古典一点的概念为例——可以像是资本主义、理性化、世俗化、功能分化、个体化、规训化、风险政治或象征阶级冲突，等等。社会体理论通常旨在明确指出社会结构于特定（或所有）历史阶段中基于什么样的成因而进行再生产，并对社会结构的转型进行解释。

社会体理论的理论附加价值意指其理论概念是有**盈余**的，这种盈余让理论能在概念上足够敏锐，使之超越经验研究结果。这尤其表现在它的原创性与创造性。社会体理论的典型性质，就是它可广泛作为社会脉络的**指示板**和过程逻辑的大型（历时）**叙述**。它会运用（像是兴盛、衰败、持续冲突、不断重新令人感到失望……等等）叙事模式，亦会准备一些术语和隐喻，以将社会脉络给表达出来（像是将社会比拟为有机体、系统或对抗；把行动者比拟为被欺骗的骗子；把臣服表述为铁笼；列出理性的类型清单；运用"统治者"与"被统治者"这样的隐喻……等等）。所以，社会体理论也总是一种**关于具体社会的指示板**与**关于具体社会的叙事**。[1]

由于社会体理论不是中层理论，所以虽然它有经验根据且有说服力，但从来不会在严格的意义上从经验层面被证明或驳倒。正是因为社会体理论具有高度的抽象性，因此符合蒯因（Willard Van Orman Quine）在他的后经验科学理论中提出的所谓的"不充分决定论"。意思是，理论不单纯只是事实的描摹，而是会根据理论的诠释和自身的复杂性超越事实。同一个事实，原则上我们可以用不同的理论来很有意义地进行理解，就像知觉心理学实验的两可图那样。[2] 社会体理论提供的是一套复杂而系统性的**诠释方式**，让我们可以从整体上来理解一堆复杂的具体社会事实。通过其具有启发性的成果，社会体理论能以一种明确、选择性的视角来梳理社会世界。这种视角无疑也会受到社会中一些很成问题的情况的影响。理论家会在所处的时代中察觉这种社会问题，而且社会问题也必然会不断改变。社会体理论的焦点、视野具有**总体性**，但这种总体性从来不会是完备的，也不会假装是中立的。理论工作必须根据能涵盖无数经验现象的模式，彰显出某些重要的要素与脉络（并且牺牲掉对其他要素和脉络的探讨），以让理论能提出更为**一针见血**的概念。所以社会体理论是关于**一般**现象的**特殊**理论。一套独异的理论语汇，必须要能够把握住整个社会（或社会事物整体）。

也因为如此，所以经验现实必然总是会比社会理论提出的诠释

42

---

[1] 关于隐喻的重要性，可参阅：Susanne Lüdemann, *Metaphern der Gesellschaft. Studien zum soziologischen und politischen Imaginären*, München 2004；关于叙事模式的重要性，一般可参阅：Albrecht Koschorke, *Wahrheit und Erfindung. Grundzüge einer allgemeinen Erzähltheorie*, Frankfurt/M. 2012。

[2] 参阅：W.V.O. Quine, »Zwei Dogmen des Empirismus«, in：ders., *Von einem logischen Standpunkt*, Frankfurt/M. 1979, S. 27—50。关于后经验主义和科学理论，参阅：James Bohman, *New Philosophy of Social Science. Problems of Indeterminacy*, Cambridge 1992。

视野所看到和理解到的还要更多样化。在这个意义上的"理论",必须从后经验的(postempirisch)角度来理解。博尔赫斯(Jorge Luis Borges)提到了一个很恰当的比喻:[1] 我们不可能为了呈现地球空间上的所有细节而制作一张 1:1 的地图,不然这种地图会失去为人指路的功能而显得荒谬无比。因为虽然在 1:1 的地图上我们会看到所有细节,但它也会同时庞大、复杂到我们什么都看不到。一个完全复制现实空间的地图反而是没用的。社会体理论也是如此:为了看到一些脉络,理论必须有所选择。它总是必须忽略某些事情,让某些事情淡出视野;也就是说,社会体理论的基本概念总是会有一些"盲区"。理论会化约经验现实的复杂性,但同时也因而能够在自身的脉络分析与动力分析中建立起理论复杂性,并以此获得理论自身的附加价值。以此而言,**理论现实**总是会比纯粹的经验要素还要复杂与丰富。就像所有科学工作一样,理论也是一种社会实践,一种 [用古德曼(Nelson Goodman)的话来说]"生产世界的方式"。[2] 这种世界,或是说这**一个**世界,是科学和理论以某种方式建立起来的。

对于社会体理论的这个关键意涵来说重要的是,除了它的功能是含括与激发经验研究之外,它也扮演了为学术圈之外的领域提供知识动力的角色。如果说,社会学从一开始的首要任务就是为现代社会提供启蒙的话,那么这个启蒙任务就尤其是社会体理论所担负的。它对整个人文科学来说有提供反思的价值,但对学术界之外的整个社会也有。我们再来回想一下社会学形成的最初场景:现代和社会学某种程度上是同源的。因为不论是过去还是现在,只有现代

---

[1] Jorge Luis Borges, »Von der Strenge der Wissenschaft«, in: ders., *Gesammelte Werke*, Bd. 6: *Der Erzählungen zweiter Teil*, München 1982, S. 121.

[2] Nelson Goodman, *Weisen der Welterzeugung*, Frankfurt/M. 1984.

社会才会将**作为**社会的自身理解**为**社会。非学术界的一般大众的兴趣，也会影响社会体理论，大众当然也会对个别的特殊社会现象与社会趋势感兴趣，但他们的兴趣最终都是由一个问题所带来的：整体社会是如何构成的？这样的整体又是如何变迁的？社会体理论在此对于广泛的大众来说也是一种诠释工具。文化公众和政治公众都是对社会体理论感兴趣、会阅读社会体理论的群体。文化公众是由私人读者所组成的，当他们对自己在整体社会中的生活进行自我反思时，他们期待社会体理论可以提供解释。政治公众则由某政治共同体当中的市民和中介机关（像媒体、公民协会）组成，他们希望从理论里得到动力，协助他们进一步理解社会危机，以从中设想政治行动的可能着力点。

四、理论作为工具

如上所述，我会用**工具**作为隐喻来理解理论，不管是社会事物理论还是社会体理论都是如此。抽象的理论是一种诠释工具包，能为经验研究、人文科学，乃至非学术圈的一般大众提供各式各样的工具。然而，这种把理论当工具的理解方式不是自然而然的。在我看来，虽然所有社会理论在前述意义上都是工具，但社会理论**本身**不一定非得要理解成工具，或是它在学术界不必然首先会被理解成工具。对我来说，理论可以在理念型的意义上从两种元理论的角度来理解：一种是**将理论理解为体系**，另一种是**将理论理解为工具**。

将社会理论理解为理论体系的方式，最初出现在哲学中，并且在社会科学中继续发展出显著的影响力。这是古典的理论理解方

45

式。理论作为体系，意思是它是演绎性的概念系统，有着清楚的定义、前提、概念性的结论，并要求要有尽可能广泛的有效性。这意味着，理论体系是一体成形、封闭的。一套理论体系被提出来之后，它会是普世皆然的。虽然人们后来可以在这套体系的这边或那边进行补充与优化，但它的根基不会再改变了，否则会整个伤筋动骨。将理论视作体系，也会让人们总的来说产生一种理解模式：要么人们一旦采用某理论，就必须完整采用，并且学习在这整套理论当中进行思考与言说；要么就必须完全放弃这个理论，因为理论的提出者没有要人们对其理论断章取义。在社会体理论的发展史中，有两套理论在提出时尤其认为自己是理论体系：马克思与恩格斯（Friedrich Engels）的资本主义理论，以及帕森斯与卢曼的分化理论。

将理论理解为工具，则可以在根本上提供一些不同于"把理论当体系"的东西。这种理解方式也是在社会理论研究一开始就出现了。韦伯和齐美尔都没有要提出理论体系，而是想用多样的概念工具来为社会体理论作出贡献。近代的许多经典理论家，像福柯（Michel Foucault）或拉图尔，以及大多数晚期现代理论家，像吉登斯、哈若薇（Donna Haraway）、博东斯基，也都是如此。虽然将理论理解为工具绝对不是什么新鲜的做法，但很多学者都同意，这种理论理解方式在晚期现代的科学文化当中特别有生产力。[1]

这种将理论理解为工具的态度，会明显影响到做出理论的方式，也会影响到探讨理论的方法。[2] 那作为工具的理论有什么特质呢？最基本的特质就是人们不会再将理论视为一种自我封闭的概念系统，

---

[1]　这种理解理论的方式，也尤其跟美国实用主义和实验态度的开放、自由精神有关。可参阅一本新实用主义的文献：Richard Rorty, *Consequences of Pragmatism*, Minneapolis 2008。

[2]　我在本书这部分的最后会再谈到这件事。

也不会认为它是一种普世皆然的整体，而是会期待它可以在具体的分析情境中提供丰富的启发。它可以通过概念进行彰显，以新颖且令人惊奇的方式为未来的经验分析提供引导出知识的工具。一般大众也会在理论中找寻知识工具，通过这些知识工具来看待一个新脉络中具体的个别社会现象，让一些问题在文化—个人的层次上、或在政治层次上可以被新颖地揭露出来。

　　一个作为工具的社会体理论的质量是好是坏，首先取决于它能否为学术圈内和学术圈外的人们提供灵感。要评断一个社会体理论，不是要看它**知道**什么，而是要看它**可以做**什么。社会体理论有一种**实验**的特质，亦即会在与对象的对话中对概念和理论的各方面进行试用与优化。人们可以通过社会世界的一些素材——用莱因柏格（Hans-Jörg Rheinberger）的话来说，这些素材是"有助于人们进行认识的东西"——或通过由自己的概念设计所得出的结论，得到令人惊喜的收获。[1] 在这样的实验情境中，人们也可以通过尝试的方式改变个别概念工具和运用不同经验素材，因此理论也总是处于"流动状态"的。我们该做的不是反复认可已经获学界接受的思想体系，而是善用作为工具的理论的使用价值。这种理论能弹性且灵活地用于分析。如果这种工具在不同的情境都是有用的，并且在我们面对新冒出来的现象时能提出有趣的观点，那么这套工具就是好的。此外，虽然作为工具的理论对经验（Empirie）非常友好，但它通常会强烈意识到自己充满文本性，意思是它具有语言词汇的特质，本身是一种特殊的诠释方式。所以它通常会很积极地发挥自身作为叙事与指示板的诠释特质，以及善用它在概念上的模糊性。我们不能抹

47

---

[1] Hans-Jörg Rheinberger, *Experimentalsysteme und epistemische Dinge*, Göttingen 2001. 关于实验主义的态度，亦可参阅：Tanja Bogusz, *Experimentalismus und Soziologie. Von der Krisen-zur Erfahrungswissenschaft*, Frankfurt/M., New York 2018。

消掉这些性质，而是应该要很有建设性地去"玩"理论。作为体系的理论，一旦在分析上遭遇瓶颈，就会陷入窘境。但作为工具的理论不一样，它没有这种问题。它更多会发挥作为工具的天性。这种理论不会让人们无所不能，而是只能用来做特定的事。如果人们有其他的目的，那么就需要其他工具。但这样并不会让理论变得软弱无能，而是反而会让理论更强而有力。

将理论理解为工具，也就意味着理论没有要从一种演绎、层级式的概念系统出发，而是要采取一种概念**网络**形式。理论家和理论运用者都可以不断参与进网络的交织。从理论家的角度来看，这意指理论不旨在从固定的预设出发发展出完整的概念系统，然后让其他人重复进行理论套用。概念网络更多是要人们用各种想得到和想不到的方式持续推进理论发展。在这样的发展过程中，此前占支配地位的概念节点与联结可能渐渐乏人问津，新的概念节点与联结会取而代之。人们也可以联结上旧的概念并随即偏离到某些其他的概念。[1] 理论工作在这里会是一种拼贴（bricolage），一种概念试验游戏。

如果一位理论家是用这种方式来看待理论的话，那么他就不会只抓着一个主题不断写下去，而是会更不受拘束，更愿意针对有趣的新主题来试用新的工具。福柯的研究方式就是一个典型的榜样。他总是不断发展新的概念工具（像是系谱学、部署、规训、治理、自我的技术等等），这些概念彼此之间的关联相对松散，但可以构成复杂度越来越高的分析。不过，若我们将理论视为网络，那么也就意味着各个才华横溢的作者的位置是去中心化的。意思是，某位 A 建立起来的理论工具，B 可以拿去朝不同的方向进一步发

---

[1] 这里的模式不再是树形的，而是地下茎式的。参阅：Gilles Deleuze, Félix Guattari, *Rhizom*, Berlin 1977。

展，然后 C 可以再在不同的脉络用不同的形式来进行运用。理论研究实际上是在一个社会网络中进行的，并且理论在当中是允许被改变的。这种改变也可以，甚至恰恰可以通过经验研究来促发，所以理论研究和经验研究之间经典的二元论问题在此是可以被消解掉的。

以网络的形式来推进理论发展的其中一个例子，就是在千禧年之交发展得越来越蓬勃的实践理论。无数的学者都在共同参与实践理论的发展。[1]"网络"在此不只意指理论的**知识**形式是网络状的，同时亦意指理论研究的**社会**形式也是网络状的。体系性的理论，其研究模式是一个充满人格魅力的（理论）领袖，加上（该领袖的"弟子"的）拥护；但作为工具的理论，其做出理论的模式会是一种多方合作的社会形式。

当理论被视为一种工具，并且以网络的方式来形塑时，这类理论也会有高度的与其他理论结合起来的能力。它不会与其他理论泾渭分明，而是可以与其他理论混合在一起。作为体系的理论对内有很强的同一性，对外有很明确的差异，所以会跟其他以同样理念建立起来的理论之间有竞争关系。但作为工具的理论不是如此。各个作为工具的理论彼此之间可以毫无问题地结合一起，或者说，可以将各网络之间的网拉在一起。这也符合实用主义的工具精神。每个作者都可以在他的理论工作中尝试进行各种不同寻常的理论结合方式，例如可以把资本主义概念跟后现代概念结合起来，或是把神圣性与表演性关联在一起。这种结合可以不经单一作者的主导而在知识圈中蔓延开来。通过这种结合技巧，这个理论脉络中的概念可以

49

---

[1] Alison Hui u. a. (Hg.), *The Nexus of Practices. Connections, Constellations and Practicioners*, London 2017.

50　　被其他理论脉络以新的方式来诠释。人们可以在学到一些概念后，拓展这些概念的参照，或是反过来，更精确地突出其参照。在这种情况下，理论研究亦包含一种"再脉络化"的实践。[1]

---

[1]　在理论史上，作为体系的理论和作为工具的理论是两种截然不同的理论理解方式（虽然其差异常常没有被明确指出来）。在理论研究领域很有可能会出现一种情况，就是某一种范式被诠释者捧到至高无上的地位，但该范式纲领的理论提出者并不是像诠释者所说的那样做研究的。像是在大学里，老师的教学应该要更透明、且将多种观点进行比较，但不少老师却会偏好将理论诠释成理论体系，扼杀了理论的实验精神（就算该理论明明是工具理论）。例如韦伯的现代性理论，很多老师都会将之捧成一个至高无上的体系纲领，但韦伯并没有要建立一套理论体系，他最终是一位工具理论家。我比较偏好反过来的做法：就算是理论体系，也应该让它更开放，将之理解为工具：我们是不是可以想想看，怎么将马克思或卢曼的理论当作分析工具呢？这两种做法的关键差异在于，我偏好的这种做法，可以为不同的理论词汇赋予相互结合的能力，这与喜将理论当作体系的人的意图是背道而驰的。

第二章
作为社会事物理论的实践理论

我们已经看到，社会事物理论对社会体理论来说是必不可少 51
的。但社会事物理论的范围很大。可供我们选择的例如有个体主义
行动理论、现象学社会学、结构主义、系统理论、结构功能论。这
还只是庞大多样的领域当中的其中一些而已。若人们将理论理解为
分析工具，那么所有这些理论对于具体研究来说都各有优缺点。而
我决定要采用的理论是实践理论，亦被称为社会实践理论或实践学
（Praxeologie）。社会实践理论可以是一种探讨社会本体论的视角，亦
可以是一种用于启发思维的社会事物理论。在我看来，这种理论对
于（不只是社会学的，而是整个社会科学与文化科学领域的）经验
分析来说，能让人们在看待社会世界时有一个既广泛、又聚焦的视
野，也可以为研究开启一个更有生产性的视角。实践学式的社会事
物理论为我在现代社会理论方面的贡献提供了基础。因此我主张，
我们应大胆地从实践学的角度来看世界。

实践理论有一些理论特征使它基本上和其他当下的社会事物理

论不太一样。在我对此进行深入探讨之前，我也必须坦承实践理论对我的吸引力也在于它实际上更多是一种社会事物理论**工具**，而完全不是一套理论体系。实践理论拥有上述所有社会事物理论具备的优点。例如，它可以毫无问题地以推陈出新的方式不断处理各种主要概念，可以与其他理论流派结合起来，并且能够以令人意想不到的形式与新的对手和概念进行对话。也因为这种流动性，所以社会实践理论不是单数的**一套**理论。实践学没有**单一**的提出者或经典文本。如前文说明过的，它牵涉的更多是一种跨学科的、知识性的理论运动或理论社会网络。自 20 世纪 70 年代起，它就在社会科学与文化科学的不同地方产生出具体形式，并且从 2000 年开始拥有了广泛国际合作的基础。

若读者们想阅读个别的、复杂细致的实践理论著作，可以参考像布迪厄的《实践理论大纲》和吉登斯的《社会的构成》。沙茨基（Theodore Schatzki）的著作《社会实践》与《社会地点》中也以社会哲学的角度提出了一套相当精彩的实践理论观点。另外，加芬克尔（Harold Garfinkel）的常人方法论，巴特勒（Judith Butler）的表演理论，列斐伏尔（Henri Lefèbvre）的空间理论，以及福柯的一些研究，像治理或自我的技术，也都是实践理论网络中的重要成员。拉图尔及其行动者网络理论的出发点，亦即坚定的唯物主义立场，虽然和实践理论的出发点不一样，但也同样可以被认为与实践学的理论网络有密切关联。[1]

[1] Pierre Bourdieu, *Entwurf einer Theorie der Praxis*, Frankfurt/M. 1979；Anthony Giddens, *Die Konstitution der Gesellschaft. Grundzüge einer Theorie der Strukturierung*, Frankfurt/M., New York 1984；Theodore R. Schatzki, *Social Practices. A Wittgensteinian Approach to Human Activity and the Social*, Cambridge 1996；Theodore R. Schatzki, *The Site of the Social. A Philosophical Account of the Constitution of Social Life and Change*, University Park 2002. 关于总的实践理论，可参阅：Andreas Reckwitz, »Grundelemente einer Theorie sozialer Praktiken. Eine sozialtheoretische Perspektive«, in：*Zeitschrift für Soziologie* 32：4 (2003), S. 282—301；Theodore R. Schatzki, Karin Knorr Cetina, Eike von Savigny (Hg.), *The Practice Turn in Contemporary Theory*, London 2001；Elizabeth Shove, *The Dynamics*（转下页）

一、实践理论的特质

尽管各种实践学的取向多有差异，但作为社会事物理论基本语汇的社会实践理论都共享一些特质。它们的共同出发点是：社会世界是由不断进行自我再生产、且同时又处于改变中的实践集合所构成的。所谓的实践，意指在时间中重复、在空间中延展的各种活动，其由人类行动者以身体进行担纲，但此外担纲者亦可以是无机实体或有机实体，或是人造物。这样一种被理解为持续处于过程中的、生成的实践，须以知识秩序和文化上的思维及言说秩序作为前提。这些秩序由话语构成，人类行动者被整合于其中，并且这些秩序让有意义的现实组织得以可能。从实践学的观点视之，社会事物的最小单位不是个体行动，不是互动或沟通，也非规范或规则（即便这些全是有着悠久传统的社会学概念），而是实践，亦即重复进行的、散落于空间的、仰赖于知识的身体活动与物的活动。社会事物会持续在这些（借用沙茨基的话来说）"行动与言说的联结"中生产出来。实践理论在社会理论的图景中有特殊的一席之地，它超越了三种流行的二元论：行动理论（个体主义）vs. 秩序理论（集体主义），唯物主义 vs. 文化主义，以及情境导向的微观理论 vs. 结构导向的宏观理论。

范柏格（Viktor Vanberg）曾提到过由个体主义与集体主义构成

54

（接上页）of Social Practice. Everyday Life and How it Changes，Thousand Oakes 2012；Hilmar Schäfer（Hg.），Praxistheorie. Ein soziologisches Forschungsprogramm，Bielefeld 2016；Frank Hillebrandt, Soziologische Praxistheorien. Eine Einführung，Wiesbaden 2014。若人们追溯其理论史与哲学史，可以看到有许多前辈对实践理论都产生了影响，包括维特根斯坦（Ludwig Wittgenstein）的生活形式哲学。

的"两种社会学"之间的对立。[1] 这种对立一边是由行动者主体视角出发的社会事物理论,另一边则是从超越主体的集体秩序(规范系统)出发的社会事物理论。这种对立贯穿了整个社会事物理论的历史。这组理论对立的两个端点的典型形象,就是经济人(Homo oeconomicus)和社会人(Homo sociologicus)。而实践学与这两种社会学都不一样。实践学的出发点既非个体主义,也非集体主义,而是认为主体与社会某种程度上是同源的。社会实践作为一种自身不断重复且分布于空间的活动,一方面表现出纯然的、突现性的社会事物层次,这种层次无法化约成个体的特质及其行动。因此,社会实践绝不"坐落于"个体,它的内在结构有不同于个体特点的独立性。与个体主义的行动概念(这种行动与个别行动者有意图的动作有关)不同,实践概念从一开始就是一种超个体的、社会性的现象。实践概念所标示的是一种广泛意义上的**文化技术**,这种文化技术是由许多不同的个体不断吸收、学习与运用出来的 [2],像写日记或做手工等实践,吵架实践或一起进行脑力风暴的实践,实验室工作或线上会议实践,以及宫廷舞蹈、财产转移、法庭审判、思考、沉默等实践。

此外,实践还有一个必要前提,就是人类行动者要有能够进行实践的体力与心智。主体是实践必不可少的部分,而且这个主体必须是经历过社会化的主体。从实践学的观点视之,主体不外在于社会事物,社会事物某种程度上也并不盘旋在个体的头脑与身体之上。社会事物更多是作为实践而穿过诸主体以产生作用的,并且需要有主体的身体行为、心智行为、主观上对行动的理解与对世界的理解

---

[1] Viktor Vanberg, *Die zwei Soziologien. Individualismus und Kollektivismus in der Sozialtheorie*, Tübingen 1975.

[2] "文化技术"这个概念在文化科学中有其自身的发展脉络。对此可参阅:Jörg Dünne u. a. (Hg.), *Cultural Techniques. Assembling Spaces*, *Texts*, *Collectives*, London 2020。

55

作为前提。主体必须被"主体化"，亦即要有相应的能力、知识型式、诠释模式——或是用布迪厄的话来说，要有相应的"惯习"，才能设想如何进行实践。如此，主体方可成为行动者，方可承担实践，并同时不断强化实践。

实践理论也与第二种有悠久传统的二元对立——文化主义与唯物主义——保持距离。实践理论既不采取文化主义的立场将观念与象征秩序视为社会事物的基础，也不采取唯物主义的立场仅处理自然界与物界。实践理论在此更多是一种混合性的知识架构。它是一种文化理论，但**同时也是**一种唯物主义理论。**文化理论的唯物主义**，或反过来说，**唯物主义的文化理论**，虽然表面上很矛盾，但却能很好地被实践理论富有成效地结合在一起。我们必须从实践学的角度出发来思考物质性与文化：既非物质性**先于**实践，也非观念系统**先于**实践，而是物质性唯有在"做出物质"（doing matter）的实践中才会存在，文化也有唯有在"做出文化"（doing culture）的实践中才会存在。

在实践理论的设想中，文化与物质总是交织在一起的。一方面，实践完全是一种物质现象。它有两种物质形式：人类**身体**，以及非人的**造物**。在源远流长的笛卡尔—康德的意识哲学传统中，社会事物理论有很大部分都只关注心灵，遗忘了身体。但实践理论与之相反，特别突出实践的身体性，认为实践活动可以说就是必须以人类身体作为媒介（作为改变世界的、充满能量的、充满情感的、基于神经系统的有机体）才能产生作用。同时，与局限于主体间性（亦即人际关系）的社会事物理论传统不同，实践理论也强调社会实践总是有非人的（有机或无机的）实体参与其中。这些实体与人类联结在一起，共同决定了实践，让实践得以可能，并共同建立起一整个社会生态结构。所以实践理论会考虑到各种发展动力，其牵涉的例如有器具、机械、建筑、媒介科技、书籍、算法、图像屏幕、声

56

音、动物、植物、树林、气候条件等等。这些"造物"（我所谓的"造物"概念意指物质实体的客观实在，并且这种客观实在与人类的关系密不可分）是实践的必要"参与者"，以自身的方式**内在于**社会事物中发挥作用。

另一方面，实践理论在相当根本的方面也会采取文化理论的视角看待社会世界。社会实践不仅是物质实践，也是文化实践。它所建立起来的不是简单的行为模式，而是必然包含着**知识秩序**。正是知识秩序为行为模式赋予了形式。知识秩序，或可称为分类系统，以某种方式有意义地呈现世界，让行动者得以通过各种差异区分（通过各种符码）有意义地诠释世界；这也是一般意义上的文化。[1] 这种知识秩序会提供一套具有或多或少广泛性的文化诠释系统，以及一套实践—方法知识，让人们有能力参与实践。它可用于实践的执行，为人们的所作所为提供诠释性的、知其所以然（know how）的背景知识。以此而言知识秩序在社会脉络中也是一种可理解性，让实践者可被他人理解，并且可让实践者在使用知识秩序时有基本的自我反思能力。然而这种背景知识是默会的，所以此处的自我反思并非意指刻意进行的自我反省。举个例子：在现代学校中可以看得到的各种实践——例如上课、学习、学生互动、课堂分组、学校同侪群体的教育等等——都可以理解为各种身体与物的活动，同时这些活动也需要有复杂的、时常没有被特别意识到的教育观念和重要内容作为前提。也就是说，这些活动的前提，是活动参与者拥有一套实践知识，理解教师和学生之间的关系，理解成就、竞争、分层、反抗，知道要控制身体，知道要专心，知道如何细心地沟通。在实践理论中，语言和沟通所扮演的角色对于社会事物来说不是最

---

[1] 这是在文化转向意义上较为宽泛的文化概念。下文我还会再提到一个较为严格的文化概念，其牵涉价值归因，并且对于社会体分析来说很重要。

40

重要的。知识秩序常常是默会的，没有明确的语言说明，语言沟通实践也只是许多对社会事物来说很重要的实践类型**中的一种**。

第三组实践理论企图破解的二元论牵涉的是同样有悠久传统的微观理论（针对的是特殊情境）与宏观理论（从整体结构出发）的对立。这在根本上与实践的时间和空间有关。一方面，人们可以从微观社会学出发来诠释社会实践，认为社会实践必须不断在特殊的地点情境，亦即在一个独异的地方、特定的时间点重新生产出来。每一个情境在某种程度上都有自身新的开端，每一个脉络某种程度上都不同于其他脉络且无比复杂。每一个情境和脉络都会让实践具有事件多样性、地方情境性、不可计算性。在这种情况下，社会实践不需要有一种全面的、仿佛无时间无地点的结构作为前提，亦即不需要一种精确地决定好何种活动在此时此地生产出来的结构作为前提。正面地看，实践理论认为存在着一种开放性，这种开放性构成了微观情境中令人惊讶、偏离常规的事物。

但情境中的活动也是需要前提的。它总是需要超越情境的前提，亦即需要在时空上超越情境的前提。所以实践学在看待社会事物时也包含了一种明确的宏观视角。社会实践之所以是社会的，是因为它散布在空间中，在空间中**扩散**，在时间中**重复**，在时空中潜在地**再生产**。社会实践有一种常规性，会典型地（用吉登斯的话来说）"与时空相连"。诸多实践会联结成一整片的实践复合网络，例如全球资本主义。这样一种实践网络是一座既广且深的架构，它与不同的各种活动是相互依赖的，会跨越时空边界相互影响，或单方面产生影响，或彼此结合在一起。在社会化的身体中、在物中、在代代相传的知识秩序中，都存在着一种惯性，让实践复合体得以持存。

从实践学的角度观之，"微观"和"宏观"不再是非此即彼的。所谓的微观现象总会在时间和空间上联结成一片宏观形式的网络；

41

59 所谓的宏观现象也总是形成自个别的微观情境。[1] 实践学并不采用
"二元面向"——情境与结构、微观与宏观——的想象,而是从(用
拉图尔的话来说)"扁平本体论"出发,认为社会事物仅存在于一元
面向上。实践学将社会事物理解为一片实践网络。这一方面偏好德
勒兹(Gilles Deleuze)与加塔利(Pierre-Félix Guattari)所谓的"去
疆域化",亦即消解现存的秩序,将情境中令人讶异的事件联结成新
的网络。但另一方面实践学又倾向"再疆域化",倾向建立起一套秩
序,亦即建立起一种超越时空边界的、经过调节的实践复合体。[2]

二、实践学观点下的四个社会事物现象

从实践理论的观点视之,社会事物是由实践与整片实践网络
所构成的;这也同时是一整个特殊的实践—身体—造物复合体,以
及实践—知识复合体。实践会自我再生产,并且会不断交织成新的
网络。若我们从作为一种社会事物理论的实践学的角度来审视,那
么原本人们在其他社会体理论中已经认识到的所有社会事物现象
(Phänomene des Sozialen)就会再显露出特殊的意涵。于此,有四个
现象是我特别想仔细探讨的:话语、情感、主体、生活形式与制度。
某种程度上我想透过实践学的"眼镜"来看这些现象。

60 **话语**在实践学中处于何种位置呢?这个问题听起来可能很挑衅,
但其实很好回答。[3] 话语就自身来说即是一种实践,一种话语实践,

---

[1] 关于微观与宏观的差异的经典讨论,可参阅:Jeffrey C. Alexander u. a.(Hg.),*The Micro-Macro-Link*,Berkeley 1987。

[2] Gilles Deleuze,Félix Guattari,*Tausend Plateaus. Kapitalismus und Schizophrenie*,Bd. 2,Berlin 1992,S. 429.

[3] 此处可参阅:Andreas Reckwitz,»Praktiken und Diskurse. Zur Logik von Praxis-/Diskursformationen«,in:ders.,*Kreativität und soziale Praxis. Studien zur Sozial- und Gesellschaftstheorie*,Bielefeld 2016,S. 49—67。

它既不高于其他实践，也不低于其他实践。于此，实践理论与极端的话语理论（Diskurstheorie）是不同的。对话语理论来说，社会事物的核心**就是**话语。实践理论也与唯物主义不同，对于唯物主义来说，话语仅是文化上层建筑。以实践学观点视之，话语是表征实践。在这种实践中，世界现象会以某种类型与方式呈现出来、诠释出来、变成议题，可言说的事物的诠释秩序即从这种实践中产生出来，或是若有足够力量的话甚至还会超越这种实践。话语实践也总是会需要一些特殊的物质作为前提——亦即最广泛意义下的媒介（笔、图片、录音等等）。这种实践对实践学来说之所以特别有趣的原因在于，知识秩序在其他（"非话语的"）实践中都是**默会**的知识，亦即都是不被言明的，但在话语实践中，知识秩序却会以文字或视觉的方式**明确**地表达出来。在话语中，知识、文化表征都会变成议题。尤其在现代社会中，非话语实践与话语实践常常超越了实践／话语二元论而彼此耦合在一起，形成一整个**实践—话语—形态**。[1]

在实践学的理论框架中，**情感**也有特殊重要性。[2] 不论是个别实践，还是整体的实践网络，都会蕴含着特殊的情感性，蕴含一种情感—情绪；实践是一种实践—情感复合体。实践理论于此与大部分抱持理性主义态度而遗忘情感的社会事物理论是截然不同的。在实践的框架中，主体会以某种方式受到其他主体、造物等等的感染。这种感染本身既是一种物质现象［因为它包含一种马苏米（Brian Massumi）所谓的身体的"刺激强度"］，也是一种文化现象（因为

61

---

[1] 例如现代教育系统就可以理解成一种实践—话语—形构，因为在这里关于学校和教育的话语，例如教育政策、教育科学、媒体话语等等，都与非话语实践——例如与学校课堂或教育事业管理等等——紧密交织在一起。

[2] 此处可参阅：Andreas Reckwitz, »Praktiken und ihre Affekte«, in: ders., *Kreativität und soziale Praxis*, S. 97—115. Monique Scheer, »Are Emotions a Kind of Practice (and Is That What Makes Them Have a History)? A Bourdieuan Approach to Understanding Emotion«, in: *History and Theory* 51: 2 (2012), S. 193—220.

它的形成与作用——例如什么事情被认为有威胁性或值得哀悼，以及要如何面对它——有赖于特殊的、关联上情绪的诠释方式）。重要的是，从实践学来看，情感和情绪不能从心理学主义的角度被视为个体特质，也不能被视为个人的心理状态，而是必须在"做出情感"的意义上被视为实践**自身**的构成部分，所以关于情感的种种都应以社会科学和文化科学来进行研究。在实践—情感复合体中，特殊的情感态度——开心、喜悦、感兴趣、伤心、怒、生气、羞耻、嫉妒——都可以加以探讨，并且每种实践都可以根据情感强度与其他实践清楚区别开来。浪漫的爱情会构成一种特殊的实践—情感复合体，市场竞争会构成另一种实践—情感复合体。在同一种实践—情感复合体中，也可能会产生诸种相矛盾的情感。例如教育系统，可以激起人们的好奇与勤奋，但也可以激起人们对于被拒绝的恐惧和对于权威的反抗。实践的情感也反映了实践自身的动机形式，反映出是什么样的一种充满吸引力并令人向往的结构、或令人想划清界限与拒斥的结构，促发了实践。

62

实践理论在看待**主体**时采用的也是一种特殊的视角。[1] 实践理论不预设主体是自主行动者，而是将主体预设为身体（连同埋藏于身体中的"精神"），预设其处于不断进行的主体化过程中。人不**是**主体，而是将知识秩序和实践能力加以化用之后**成为**主体，不断地**做出主体**。在主体化的过程中，个体会听从某种"正常的"、适当的、合格的主体准则。通过这种内化与听从，个体会成为一个表面上自主的、有反思性的、遵循自身兴趣的、有自身"主体视角"的存在。典型的主体，是在实践（复合体）中才逐渐形成各种能力与构成世界关系的。社会角色的扮演可以形塑出主体，除此之外，实

---

[1]　此处可参阅：Andreas Reckwitz, *Subjekt*, Bielefeld ³2021。

践（复合体）所需要（并使之能进行再生产）的一整套能力、诠释知识、七情六欲也会形塑出主体。此外，通过话语实践所进行的文化表征也会形塑出主体。所以有一部分的话语实践会慢慢形塑出一种主体话语。由于一个人身上可以同时有各种不同的主体化方式（例如一个人可以同时是女性、教授、白人、葡萄酒爱好者、物理学家等等），所以主体化可能会产生不可预测性。而且这种不可预测性不是由实践外部造成的，而是由实践内部产生的；或更准确地说，是在实践过程内部产生的。所以实践—话语—造物复合体会造就一种特殊的主体文化与主体秩序。

从实践学的视角来看，社会是由**所有**实践（复合体）相互联结而成的网络。在这种社会（当代，这种社会是世界社会）内部，当然并不是**所有**实践都以**同样的**方式和强度**彼此**联结成网络的。当代社会的实践网络通常是由特定实践（复合体）所联结而成的特殊网络，这样的网络中有些部分的联结比较紧密，也有些部分的联结比较松散。[1] 各种作为社会科学经典研究对象的不同社会单位——从科层组织到亚文化——都可以用实践学来重新描述为特殊的社会实践总和。一般来说，我们可以区分出两种社会体的集聚形式：**生活形式**与**制度**。[2] 这两者对实践学来说同等重要，两者也都是在同一个层次——社会实践层次——上不断变动的，所以这两者超越了系统/生活世界、共同体/社会或社会整合/系统整合这类经典的二元论。生活形式与制度不是由两种不同的材料构成的，而是两者的差异乃来自两种不同的**安排**实践的方式。

一方面，我们可以认为社会是由生活形式所构成的，并以此理

63

---

[1] 也因为如此，所以实践学可以根据多少都颇具规模的网络连接密度，以及特殊实践之间特别强的关系，来将社会加以可视化。

[2] Andreas Reckwitz, *Das hybride Subjekt. Eine Theorie der Subjektkulturen von der bürgerlichen Moderne zur Postmoderne*, Berlin 2020, S. 63—81.

解方式来进行研究。生活形式可以理解为所有实践的总和,并且这种实践的总和中各种实践彼此是协调在一起的。这种实践的协调总和亦构成了无数个体的社会文化生活(亦即构成了一个人从出生到死亡的整个身心活动)。在现代社会中,属于这种生活形式的通常有工作实践,个人关系实践(家庭、朋友等等),媒体使用实践,消费实践,身体实践(体育活动、性行为),政治实践,空间实践(居住、旅行),以及自我实践(生平反思)。这些实践会在执行的过程中超越知识秩序而交织在一起。特别的是,(现代)社会中并非所有人都只过着一种生活形式,而是会因为诸如环境、阶级、亚文化等各种要素让不同的人有不同的生活形式(像资产阶级生活形式、无产阶级生活形式等等)。

64

另一方面,社会也可以被视为诸制度的集合来加以研究。制度分化与生活形式的分化不是并行的,而是前者整个贯穿了后者。制度就是实践的协调总和,它是由某种事务专殊化造就的。这可以仅与某单一种组织有关,也可以牵涉所有社会领域,像经济或政治这两个在功能分化的现代社会来说最具特色的领域。这里,人们并不从古典的规范理论来思考制度,而是去看在这些制度中实际上到底有什么事被**做**出来了。在现代经济领域中,例如市场交换实践、机械生产实践、计划实践和风险计算实践,会相互联结成一片网络。在政治领域中,法规设置、辩论、管理活动、公开表现等实践会交织在一起。同样的,这些实践不只需要身体和造物,也需要特殊的知识秩序作为前提。重要的是,一项实践并非要么被安排成生活形式、要么被安排成制度架构,而是它更多会**同时涉及两种**社会集聚形式。[1]

---

[1] 例如"去戏院"这个实践,既是资产阶级生活形式的部分,也是艺术领域的部分。知识劳动实践既属于晚期现代学术中产阶级,也属于认知资本主义领域。

　　若从实践学的观点来看生活形式与制度，一般来说不会预设两者各自必然是同质、整体、某种程度上相互封闭的。若我们将这两者视为由松散地联结在一起的实践的总和（包括话语和主体化的方式，话语和主体化的方式这两者也属于实践）所构成的，那么我们的这种观念就（至少比一些古典概念，例如系统或生活世界）更有可能注意到社会事物的内在异质性。我们亦可假设，这种异质性可能会因为稳定的规范系统，或随着主体地位的确立，而出现同质化与单一化的进程。生活形式与制度架构总是会在异质化与同质化这两极张力之间移动，这也是实践学与历史学需要进一步研究的。一方面，生活形式与制度架构会产生边界，亦即向外标示出一种边界，标明内外差异。然而另外一方面它们也会通过多样的方式与**其他的**生活形式和**其他的**制度交织在一起，不论这种交织是无意产生的结果，还是通过相互依赖或非专业性的、可以跨边界的实践与知识秩序而刻意尝试进行控制与施予影响所产生的结果。

　　以实践学的观点视之，生活形式与制度一般来说也因此不是僵化的、无时间性的结构，而是会具有基本的过程性与历史性，亦即是一种积极**做出生活（形式）**与**做出制度**的主动过程。这包含了社会再生产，也包含预期之外的新行动。这当中有部分实践既是由社会构成的，也会造就社会的改变。对于与生活形式和制度秩序有关的实践（复合体），我们可以根据其**社会权力**的强度对其进行划分。社会权力是实践学可以作出贡献的另一个很重要的社会事物概念。一种生活形式或一种制度，可以因其有更大的作用范围、更好的再生产、更强的同质性、更大的边界，或是因其发散得更广泛，亦即因为对其他实践产生影响，而更强而有力。在现代社会中，这种权力影响可以变成一种霸权，亦即变成一种支配，使得整个社会中的某些实践与知识秩序几乎成为一言堂，或是成为被普遍认为值得追求的模式。

三、将实践理论作为工具

就像所有的社会事物理论一样，实践理论也有两个功能。一方面，它可以为人们在进行社会科学和文化科学的研究时提供有助于经验分析的启发，且为社会体理论提供必不可少的背景。另一方面，它在社会本体论方面也具有自主的反思价值，描绘出独立于经验之外的某种社会事物图像。作为研究启发，实践理论与社会科学和文化科学感兴趣的所有社会现象都有关系：从气候变迁到劳动世界的变迁，从古代葬礼仪式到资产阶级阅读文化、再到革命斗争，从社交媒体到体育活动。简单来说，所有微观现象或宏观现象都可以用实践学的观点来研究。实践学在启发方面的指导原则是：将现象视为一种相互关联在一起的**"做出来"**(doing)！[1] 由此出发，人们能提出的问题会是：哪些身体和哪些事物参与了这场相互关联？哪种知识秩序在当中被表达了出来？哪些主体化方式和哪些情感结构被包含在其中？就连传统社会科学的研究对象，像是组织、亚文化、国家、资本主义、全球化，都可以被视为相互关联在一起的"做出来"以进行研究。

此外，一些至今很少被研究的现象，例如"独异性"或是"失去"——这亦是我自己的研究主题——也可以戴上实践学的眼镜来检视。当我们以此来检视各种现象的话，它们就会"液化"成一种

---

[1] 这条最高原则源于常人方法学，由加芬克尔和萨克斯（Harvey Sacks）提出的。参阅：Harvey Sacks, »On Doing ›Being Ordinary‹«, in: John M. Atkinson, John Heritage (Hg.), *Structures of Social Action. Studies in Conversation Analysis*, Cambridge 1984, S. 413—429。

特殊的，在表面上看起来平平无奇，但实际上非常复杂的做出过程。对于独异性来说，这意味着独异性可以作为社会产物而进入我们的视野中。它可以被视为**做出独异性**的结果，亦即某种观察、评价、生产或接受独异事物的实践执行结果。失去也是，它可被视为**做出失去**的结果，而非与实践无关的"客观的"社会现象。用社会学的术语来说，就是人们可以问：人们在哪些特殊实践中经历与应对失去？人们如何记起或遗忘了失去？它如何在话语中被生产出来并在政治中被着重探讨？

　　我们至此的这一连串关于社会实践理论的讨论也凸显出一件事：尽管可用实践理论进行研究的现象无比多样，尽管与经验性的研究实践非常相似，但实践理论有一套独立而特殊的社会本体论，一种看待社会事物的特殊"世界观"。若我们与基于不同世界观的其他社会本体论相比较，那么我们就可以更清楚知道实践理论的世界观是什么。其他世界观下的社会本体论，有的将社会事物视为无数个体依其自身兴趣与偏好所进行的行动举止，通过契约的相互缔结而集合在一起；有的视为规范系统、价值系统、角色系统；有的视为贯穿每个行动而产生作用的深层文化语法；有的视为整体的沟通行动或由语言中介的互动。相反的，实践学的世界观将社会事物想象为蔓延极广的身体、物、知识的具有过程性的活动网络，这些活动会增加、再生产，或是被新活动取代而消失。这是一个由所作所为所构成的世界，一种被造就出来的世界。这个世界在时间面向上会不断重复且会尝试性地形成新形态，在空间上既会弥散，也会萎缩。这也是一个身体与所有类型的物彼此之间相互感染与被感染的世界。这是一个被造就出来的世界，也同时总是一个在文化与物质方面处于生成之中的世界。造就了现代性的世界亦是如此。所以我接下来将借助实践学的工具来确切描述现代性。

68

49

第三章　现代性是由实践所造就的

社会学的现代性理论中的一个核心假设是，18 世纪时西半球几乎所有的社会实践复合体与整个社会都出现了一个影响深远、至今仍持续着的转型。但现代性的新颖之处究竟何在？近 250 年来——或如果人们将更早期的时候都算作近现代的话，那么可以更宽泛地说是近 500 年来——欧洲社会和北美社会的发展，在多大程度上其结构和更之前从智人建立社会世界之始以来的 15000 年是不一样的？如果说，现代性是由实践所造就的，那么这种造就出现代性的实践生产出了哪些世界？

我们可以在一些历史过程中——例如工业革命和工业资本主义的兴起，政治革命和民主化过程，科技革命与科学化过程，启蒙运动与世俗化，全球化与帝国主义的扩张，都市化与民族国家的形成——相对具体地看到社会如何从传统转变到现代。抽象一点来看，古典社会理论家也都提出过一些关于现代性的定义。例如将现代视为资本主义社会（马克思），视为形式理性化的过程和"支配世界的积极主义"过程（韦伯），视为日益攀升的社会劳动分工过程（涂尔干）或功能分化过程（帕森斯），视为个体化在质与量方面的发展（齐美尔）。

　　古典学者和他们运用工具所得出的成果，无疑一直都是很有价值的资源。然而我想用另一种方式界定现代性，并强调当中同时标示出其结构动力的三种基本机制。[1] 在这一点上，应该不会令读者感到意外的是，我会在前文发展出来的意义上将社会体理论视为一种工具，而非一种体系。我的目标不是从某些前提和抽象定义中推导出一套更进一步的现代化理论，而是发展出一些分析概念，让人们可以借此完成利奥塔（Jean-François Lyotard）所谓的"编纂现代性"的工作。[2] 我将社会体理论理解为工具，并以此在《混合的主体》《创造性的发明》《独异性社会》中对现代性的个别面向进行过各种研究。读者们应该对我尝试发展分析概念所采取的这种方式不感惊讶了。我的这些研究都可以用来编纂现代性。而且事实上，如下文将指出的，我在这些著作中运用的概念有很高的普遍性，有助于让总体的现代性分析得出丰硕的成果。所以我以下第一步将介绍一些基本机制，第二步则借用这些机制分析现代转型过程的一般性框架，并以此对晚期现代进行充分的理解。

　　被我当作分析现代社会的工具的三个现代社会基本机制，是：

　　（1）现代社会是由一套实践网络所构成的，而这套实践网络本身原则上也是一个社会偶然性的开启与封闭之间无尽的辩证过程。

　　（2）造就出现代性的实践是在社会的一般性逻辑与社会的特殊性逻辑之间的矛盾中进行的。同时它也处于形式理性化与价值—情感的文化化（Kulturalisierung）之间的张力中。

---

　　[1] 这里我将整合一些古典社会理论家的概念，像是韦伯的形式理性化，齐美尔的质的个体性，涂尔干对于神圣与世俗的区分。

　　[2] Jean-François Lyotard, »Die Moderne redigieren«, in: Wolfgang Welsch (Hg.), *Wege aus der Moderne. Schlüsseltexte der Postmoderne-Diskussion*, Berlin 1988, S. 204—214.

（3）造就出现代性的实践的特殊之处在于，它是一种时间面向上极端求新的体制。反过来说，它也会建立起一种混合性的时间，以及一种不断造就出"失去"的社会动力。

这三个相互关联的基本特质的共同特征在于，它们都不是单纯的结构原则，而是**张力**。我们可以通过这三种张力来理解并仔细研究现代性的动力与潜在冲突。我所建议的这种分析方式和传统的社会学的现代化理论有一些根本上的差异。传统社会学的现代化理论将现代视为一种线性发展过程，认为它具有某种结构特质，并且这种结构特质会日益成熟稳固。但在我致力于提出的观点中，现代性在根本上是一种由**冲突**与**矛盾**所造就的事件。我想尝试用这种观点来加入现代性理论的"编纂"工作。这三种基本机制，对于我所认为的社会体理论的研究来说是很好用的。一方面，它们是我们对现代经验知识进行综合后得出的结论。但另一方面，这样一种社会体理论可以为社会科学与文化科学的个别经验分析提供启发，因此也可以作为经验研究的纲领。接下来我会开始分析现代转型过程。在这一步骤中，这些基本机制可以被"消化吸收"来用在一般的讨论上，亦即可以用来探讨现代性的历史，特别是晚期现代的危机。

一、偶然性的开启与偶然性的封闭：
没有终点的辩证

现代社会有一种双重的偶然性导向，而且这种双重的偶然性导向对于现代社会的所有领域来说从一开始就是非常根本的。这种双重偶然性导向就是：人们对当下的制度秩序与生活形式既有一种偶然意识，**并且**还有一种规范目标，认为纯然的现代社会世界应该持续让偶然性得以可能。这事实上是现代性特有的新现象。虽然在智人的生活与社会形成形式中有些实践从一开始就是偶然的，并且人们也可以改善这种实践或替换这种实践，但是唯有在现代，整个社会秩序才特别被认为是可以安排的，可以整体进行批判，可以且应该用新的、更好的社会秩序替换掉。因为有这种偶然性导向，所以现代社会不再是"冷社会"，而是"热社会"了。[1]

也就是说，现代性是伴随着一种基本的**偶然性意识**而形成的。在第一个层面上，这意味着现代社会世界以及其生活形式与制度不再被认为是理所当然的、自然而然的、永恒的、不变的，而是认为在社会中存在的所有一切都可以是**另外一回事**。这牵涉规范与价值、人与物，但也牵涉情感、空间、时间、制度秩序、法律、经济，以及最终牵涉整个社会。现代的［用布鲁门贝格（Hans Blumenberg）的话来说］"偶然文化"与认为世界社会是可形塑的、可改变的、可操控的等基本观念密不可分。以此而言，所谓的偶然，意指向转型（甚至是革命）的可能性开放，愿意用推陈出新的"做出"开启可能性视域。**开启**偶然性则意指：揭示社会现存事物的偶然性，直面另外一种可能性。[2]

换句话说，现代社会中的社会事物不是**非**偶然的。理论上来看（如果并非实际上总是如此的话）一切事情都是可以安排的。在早期现代社会中，这种集中在整个生活形式和制度秩序的偶然性导向已经非常具体地表现在各个领域中了，例如表现在宗教改革和宗教批

[1] 此处可参阅：Claude Lévi-Strauss, *Das wilde Denken*，Frankfurt/M. 1973，S. 270. 从历史来看，我们当然必须注意到例如在欧洲、中国或印度的古代高等文化中，同样有强烈的制度性的偶然性意识。但那时的偶然性意识不像在现代社会那样这么极端。

[2] 关于近代与现代的偶然性，可参阅：Hans Blumenberg, »Lebenswelt und Technisierung unter Aspekten der Phänomenologie«, in：ders., *Wirklichkeiten in denen wir leben. Aufsätze und eine Rede*, Stuttgart 1999, S. 7—54；Niklas Luhmann, »Kontingenz als Eigenwert der modernen Gesellschaft«, in：ders., *Beobachtungen der Moderne*, Opladen 1992, S. 93—128；Michael Makropoulos, *Modernität und Kontingenz*, München 1997；以下亦可参阅：Reckwitz, *Das hybride Subjekt*, S. 90—94.

判中, 在政治革命中, 在近现代的自然科学中, 在因市场而造成的封建结构的消亡中。偶然性的开启与社会世界的形塑并不是毫无原则的。一般来说, 偶然性之所以应该被开启, 是因为迄今的制度和 / 或生活形式被认为**出现了不足**或**值得被批判**。现代社会的核心特征就是人们不断感觉到当下的状态是需要被克服, 或至少需要被改善的。人们假设社会总是需要改善的, 假设社会的不断重新形塑是一种律则; 而引导这种假设的则是另一种同样非常典型的现代观念:

74 进步。相应于此, 现代人总会期待社会关系的重新形塑在实际的未来中将会在结构方面带来一种持续的或飞跃性的改善。

在现代性的历史中, 进步作为一种指导原则, 其内容以很多不同的方式获得了实现——从效率到解放, 从富裕到团结。然而基本上人们可以说, 为了追求进步而进行的转型最终也是为了一个目标: 实现一种纯然的现代社会秩序, 亦即使**社会秩序本身**成为一种持续的偶然性。这就是上述的双重偶然性导向的第二个层面: 偶然性是应该被开启的, 才能让持续的偶然性得以可能。"偶然性"这个目标很抽象, 现代话语常常会用"自由"或"自主"等语义来具体表述这种偶然性目标。与自由相反的概念是压迫, 因此现代社会的偶然性文化是以自由与压迫之间的对立作为基础的。[1] 现代社会事物偶然性的开启, 源于人们感受到有一种充满缺陷、值得批判的压迫状态, 所以不断试着为可能性开启空间。因此**做出偶然性**(doing contingency) 也总是意味着一种特殊的**废除掉秩序**(undoing order), 废除掉至今的秩序。在现代性的历史中所有的偶然性的开启场景都是以此为基础的。例如宗教改革(为了反抗人们感受到的天主教或东正教的压迫), 浪漫主义艺术(反抗古典主义的压迫), 法国大

[1] 对此可参阅: Peter Wagner, *A Sociology of Modernity. Liberty and Discipline*, London, New York 1994。

革命（反抗专制主义的压迫统治），市场结构的扩散（反抗封建制度的压迫），启蒙（反抗宗教与偏见的压迫），都是人们可以看到的一些绝佳例子。相反的，像是基督新教、浪漫主义、议会民主制、市场经济或启蒙，都是在建立一种本身就以偶然性观念为主的秩序，亦即都是在确保一种让可能性得以发挥出来的空间（亦即确保"自由"）。

但这些不是历史的终点。现代社会的偶然性导向所造就的更多是一种无尽的辩证发展过程，直到我们今天的 21 世纪依然在进行中。这是一种偶然性的开启与封闭，然后再开启与再封闭的过程，一种持续的**做出**与**废除掉**的过程。这种过程是现代制度结构与生活形式的核心特质。人们总是不断因为再次感受到偶然性的欠缺（"太少自由，太多压迫"）而推动这种过程。偶然性的开启不会永远持续下去。在某个时刻，总会出现一种偶然性的封闭过程，然后最终旧的社会实践又被新的社会实践替代掉。之所以人们会觉得偶然性是欠缺的，是因为现实的"封闭掉偶然性"与"想要有偶然性"之间，亦即建立秩序与批判秩序之间，是不对称的。当一种新的、自诩进步的、更好的制度秩序与生活形式形成后被固定下来，亦即在文化上产生一种**普世化**的机制时，偶然性就会随即被封闭掉了。当新的秩序——例如市民社会，社会主义，新自由主义，追求自我实现的文化，永续文化——表现为一种普世皆然的秩序，表面上呈现为唯一正确、普世的时候，这样的秩序就会遮蔽掉了偶然性、获得了一种霸权特质，在社会方面和文化方面建立起一整套统治。现代社会的典型特征是，"开启偶然性"这件事一旦被**普世化后，我们就看不到偶然性了**。[1]

---

[1] Ernesto Laclau, Chantal Mouffe, *Hegemonie und radikale Demokratie. Zur Dekonstruktion des Marxismus*, Wien 1991.

在这种情况下，原先新的社会秩序的偶然性会被封闭。但这当然只是暂时的。当一种社会秩序在经历或长或短的时间后被至少某些参与者认为缩限了偶然性时，这个秩序就会被认为不足且值得批判了，人们就会注意到这种霸权有压制性的那一面了。在现代社会的所有领域中，人们都会基于对偶然性的感受而提出对支配的批判。偶然性只要被关闭片刻，人们就会开始尝试重新开启偶然性。所以人们会开始批评：宣称自身并不教条的新教变得具有道德压迫性了；议会民主不像所宣称的那样那么对"人民"负责了；拥护自由主义的资产阶级露出势利的真面目了；市场经济终究也不过是一种自私自利的竞争系统；启蒙的真相不过是片面的理性主义与欧洲中心主义；另类文化被证明是一种假道学。这些**批判运动**与**追求创新**不断推动着现代社会，不断指出日常秩序的可能性视域（被人们感受到）有什么不足，并且不断提出新的选项，提出新的实践、新的诠释模式、新的人造物件、新的规范、新的刺激、新的主体形式。最终，被短暂封闭了的偶然性就会重新被开启了，然后进入到下一轮的开启—封闭竞赛。

在这当中也产生出了现代性的结构动力。偶然性的开启与封闭之间会产生文化冲突，而且正是这种文化冲突每分每秒在推动着现代社会。关于主体文化，以及主体文化从 18 世纪到晚期现代的一连串转型，我已经在别处仔细地讨论过了。[1] 但除此之外我们还必须再进一步观察造就此种转型的机制。就重点来看，现代社会处于一种**持续修正的模式**中，处于秩序不断在稳定化、去稳定化、重新稳定化的无尽辩证循环中，处于一种没有**没有终点的历史辩证模式**中。这种模式与黑格尔在他基于辩证法的历史哲学中想提供给人们的启

---

[1] Reckwitz, *Das hybride Subjekt.*

发不同，它没有目标，实现出来的也不是什么"理性"的东西。[1] 辩证概念必须摆脱历史哲学的"往更崇高的阶段发展"以及"最终所有的矛盾都会获得解决"的想象。我们应该将"辩证"视为一种"偶然性的开启"与"偶然性的封闭"之间无尽的翻转过程，一种由批判与结构之建立作为动力所持续推动的变化。

从中层的社会事物（像个人的生活形式或个别的制度的变迁）那里，我们可以观察到开启偶然性与封闭偶然性的动力。在宏观层面上，这种动力会形成西方现代社会的变迁结构，亦即从资产阶级现代、组织—工业现代、再到晚期现代的变迁结构。以此而言，现代不是僵固的。造就现代社会的，是社会自身没有终点的无尽辩证转型。现代社会的每个阶段或版本的开端，都是因为人们认为现有的现代是不足的、需要谴责的，因此尝试通过批判现状来开启偶然性。随后，新的结构就会应运而生（有部分新的结构的形成是人们经过一番努力才获得的），一直到新的霸权（偶然性的封闭与普世化）出现，新的批判产生，一直循环下去。换句话说，这种观点完全不认为现代社会会在某天达到一种最终形式。在这种以偶然性作为文化形式的现代框架中，不存在"后历史""历史的终结"之类的东西。[2]

二、现代世界在产生时的基本张力

偶然性的开启与封闭之间的辩证是一种抽象机制，这个机制也

---

[1]　这里完全不排除社会内部会认为某些发展过程是进步的。事实上现代社会无法不以进步概念来进行观察。但是现代性理论并非没有其他的自我观察方式。

[2]　关于"后历史"的讨论，可见：Ludger Heidbrink, *Melancholie und Moderne. Zur Kritik der historischen Verzweiflung*, München 1994, S. 212—243。

78

引出了一个具体的方向问题：如果现代社会原则上让社会世界所有的秩序都变得偶然的话，那么现代社会是朝往何种**方向**而形成的？关于这种方向问题，人们有各种不同的探讨方式。卢曼指出现代功能分化的各领域（政治、经济、家庭等等）是如何依其自身逻辑而形成的，拉图尔则指出现代的"存在方式"（技术、小说、习俗）的多样性。博东斯基与泰弗诺探讨了现代社会的"正当秩序"（例如公民之城、工业之城、神启之城）。[1] 这些论述将这些堪为现代社会特色的社会世界多样性铺展在世人面前，好懂又富有启发性。[2] 不过，我想"横越"这些多样性，强调两个现代世界在产生时的基本张力，强调两组极端对立的、自始至终都影响着现代社会的、形塑出偶然性的实践复合体。第一组相互对立的社会逻辑是普遍性（做出一般性）vs. 特殊性（做出独异性）；第二组对立是理性化（做出理性）vs. 社会事物的文化化与价值化（做出价值）。这两组对立常常（虽然并非总是）彼此耦合在一起。做出一般性常常与做出理性啮合在一起，做出独异性则和做出价值啮合在一起。我们可以依此提出一套现代理论的分析范畴。[3]

现代社会是一个极端的社会。相较于传统社会，现代社会在两个相反的方向上极端地推动社会世界的重新配置。一个方向是做出一般性。现代实践网络始终都在尝试将客体、主体、时空单位、集体形塑成具有普遍有效性，甚至尽可能使之符合普世规则与普世标准。在普遍性的社会逻辑框架中，这种对社会事物的极端重新安排

[1] Niklas Luhmann, *Die Gesellschaft der Gesellschaft*, 2 Bde., Frankfurt/M. 1997；Bruno Latour, *Existenzweisen. Eine Anthropologie der Modernen*, Berlin 2014；Luc Boltanski, Laurent Thévenot, *Über die Rechtfertigung. Eine Soziologie der kritischen Urteilskraft*, Hamburg 2007.

[2] 因此读者们可以为了自己的研究目的而将以下的分析范畴和卢曼、拉图尔、博东斯基／泰弗诺的分析范畴结合起来。若将理论理解为工具，那么我们在此就没有必要为各种理论设下边界。

[3] 以下讨论的更详细的分析，可参阅：Andreas Reckwitz, *Die Gesellschaft der Singularitäten. Zum Strukturwandel der Moderne*, Berlin 2017, S. 27—92。

一般会接合上现代社会同样极端且同样典型的形式理性化过程，亦即接合上一种针对目的理性或社会理性的规范实践。

但是在现代社会中打从一开始还存在另外一种同样极端的社会世界产生形式，并且这种产生形式与做出一般性和做出理性恰好完全相反。各种客体、主体、时空单位、集体，可以通过反普遍主义的实践，转化成特殊、独特、独异的个案。这时候，这些事物恰好是不可普遍化、不可交换、不可比较的，它们被认为是广泛意义上的"个别"的事物，是依循自身的复杂性而发展的。这是一种通过独异化以追求特殊性的社会逻辑，亦即一种"做出独异性"的逻辑。这种逻辑常常跟一种被认为与形式理性化完全相反的过程结合在一起，即社会事物的文化化过程。在文化化过程中，社会事物不以工具效用或功能来进行衡量，而是会更讲究自身独特的、无以名状的价值。这是一种"做出价值"的过程，一种社会事物的价值化过程。与形式理性领域不同，这种文化领域在严格意义上是一种价值循环领域。理性化和文化化是两种相反的情感结构。理性化会造就物化，降低情感；文化化则会强化情感。

一般来说，现代社会不过就是一种充满张力的**双重结构**。它**同时既是**理性化过程、功能性系统、物化动力，**也是**文化化过程、价值循环领域、情感强化动力。我们唯有理解"做出一般性"和"做出独异性"之间的矛盾，才能理解现代社会。在社会学中众所皆知的关于现代社会理性化（包括资本化、技术化、分化）的叙事，于此显然也需要被加以修正了。因为对于结构的形成来说，文化化与独异化也同样重要。现代世界的产生是充满冲突的。现代社会不只是一台理性化机器而已，它也是上演了社会事物的极端文化化（例如美学化、叙事化、伦理化、游戏化）的舞台。它构成了一个撩拨情感的空间，也构成了一个内在价值的归属与承诺空间。现代社会也同时是一个极端独异化过程（以独一无二为导向）的舞台。这第二种逻辑从一开始就伴随着现代而出现。不过，在现代社会的历史转型过程中一般性与特殊性、理性与文化会产生不同的、有时候令人讶异的混合关系，并且这种混合关系对每一个版本的现代性来说都很重要。

"做出一般性"无疑是现代性最主要的社会逻辑。但是在我仔细探讨其作用方式之前，我想先简短地说明我一般是怎么理解"社会逻辑"的。所谓的"社会逻辑"在我这里意指一种作为社会实践指导方针的"形式安排"（Formatierung）。所有社会事物单位或社会事物的要素，都是社会实践基于这种形式安排而做出来的。更确切地说，社会逻辑会引导社会实践做出五种基础性的社会事物：客体或物、主体、空间、时间、集体。此外，社会逻辑本身也包含了不同的形式安排实践或生产出世界的实践，亦即包含了：（一）评价；（二）观察或诠释；（三）生产；（四）吸收、化用。所有社会事物单位都是在这几类实践中形成的。

"做出一般性"对所有这五种基础性的社会事物都至关重要。"做出一般性"会根据上述四类实践对所有这五种基础性的社会事物进行新的形式安排与造就新的转变。"普遍性"这项社会逻辑让客体和物变成标准化的工业产品，让主体变成拥有平等普适权利的、合乎规范的角色扮演者，让空间变成相同的居住设施和工业城市，让时间变成标准化的科层机制，让现代集体变成合乎规范与理性的组织单位形式。所有四类实践，都在"做出一般性"的模式下造就世界的"普遍化"，亦即：从普遍性的视角进行**观察**（例如在自然科学当中或技术性的世界关系当中的经典做法那样），根据普遍性的规范尺度进行**评价**（例如看看法律条文或劳动世界中的角色规范期待是否得到满足），积极地以标准化为目标进行**生产**（例如工业生产的产品必须是符合原型标准的"成品"，或在一般的学校系统中学生要接受规训），**化用**世界，让世界变成普遍性的总和（例如将角色扮演或运用技术物变成一件习惯成自然的事）。

"普遍性"这项社会逻辑在现代社会中一般（但不总是如此，如我们以下将会看到的）会和社会事物的形式理性化过程结合在一起，如同韦伯所经典地描述过的那样。[1] 我们无疑必须将理性化理解为"做出理性"，亦即将社会事物中的某些要素"变得合乎理性"。在理性化的模式中，社会事物本身不是目的，而是用于达到目的的手段。理性化的目标是追求最佳化，所以我们会看到像是（在商品生产过程中的）彻底的技术理性化，像是（在科学中的）认知理性化，像是（在法律条文制订，或是确保个人基本权和请求权的过程中的）规范理性化。在所有这些（国家、经济、科学、生活世界等等的）层面上都会产生理性体制。

基本上我们可以说，理性化和"普遍性"这项社会逻辑旨在回应稀缺性问题和社会的秩序问题。我们该如何运用社会事物以使资源积累最大化？以及：我们该如何运用社会事物以扩展行动可能性，并让各行动顺利地相互协调？"做出理性"作为一种造就出现代性的实践就是在尝试处理现代社会内在的偶然性，以提升效率和确保社会秩序。造就出现代性的实践在大约 1800 年左右的早期现代社会中便已开始追求将所有社会事物要素形塑成**相同的**或**可比较的**，致力于将所有社会事物要素置于相同的标准之下，尝试将之置于理性的、透明的结构之下。当时人们对这样的现代实践感到震惊，但这种现代实践却也同时让当时的人们获得一种解放感。在后来的发展中现代社会变成一台更加名副其实的一般化机器：更加的工业化、法律

[1] Max Weber, »Die Protestantische Ethik und der Geist des Kapitalismus«, in: ders., *Gesammelte Aufsätze zur Religionssoziologie*, Bd. I, Tübingen ⁶1972, S. 17—206.

化、都市化、民主化、科层化。在现代社会的整个发展历程中，"做出一般性"和"做出理性"始终存在着，并且不断产生新的影响。[1]

不过，虽然"做出一般性"和形式理性化可能乍看之下在现代社会中已经无所不包、定于一尊了，但实情绝非如此。事实上，这个过程也是受到严峻挑战的，现代社会中也是有其他类型的过程的。"普遍性"这项社会逻辑尤其受到一种完全大相径庭的社会世界生产方式的挑战；这个大相径庭的社会世界生产方式就是"特殊性"这项社会逻辑。这个社会逻辑也常常跟社会事物的文化化，"做出价值"，结合在一起。如果我们没有看到这两种社会逻辑之间的矛盾，我们对现代社会就必然只得一知半解。有一些理论将现代化理解为一种持续不断的形式理性化，认为现代化是在理性主义的偏见下运作的；这种理论对现代社会仅就是一知半解而已。如果人们想摆脱这种一知半解的模式的话，就必须认识到一般性社会逻辑和特殊性社会逻辑之间、理性化和文化化之间的张力。只要认识这个充满张力的形式，人们就可以看到在现代社会中**理性主义与浪漫主义之间持续的冲突**是很重要的。[2] 事实上，我们可以将 1800 年左右浪漫主义者的文化运动诠释为极端的"做出独异性"和"做出价值"的首次表现。此外，人们可以从浪漫主义认识到，从历史的角度来看，极端的独异性逻辑首先就是在**回应极端的一般化逻辑**。

然而，独异化过程超出了特殊的历史脉络，以更为抽象的方式被建立了起来。总的来说："做出一般性"的准则是要人们通过有效率的、最佳化的安排，建立一个基于法律的解放的、理性的世界。相反的，"做出独异性"的理念则强调一个特殊性的世界，亦即

---

[1] 不过，不同的普遍化版本彼此之间也是有竞争关系的。例如"做出一般性"可能会推动效率准则，但也可能会推动社会平等准则。

[2] 对此的一个更细致的、观念史的观点，可见：Charles Taylor, *Quellen des Selbst. Die Entstehung der neuzeitlichen Identität*, Frankfurt/M. 1994。

期许世界中的各种社会事物单位不要成为普遍规则下的其中一个例子，而是可以基于其自身内在的复杂性而挣脱规则。独异性被认为是有价值的，在情感方面被认为是正面的。在各种独异性之间不存在渐进的差异，而是存在绝对的差异。在独异性这里，重点不是理性、可计算性、有效率、最佳性，而是个人和集体的认同、内在价值、体验、强烈的情感。

"做出独异性"同样也牵涉前述意义上的**社会**逻辑。它也牵涉经由评价、观察、化用与形塑等社会实践而**生产**出来的客体和主体、时空单位、集体。只是这些生产不是为了普遍性，而是为了特殊性。在"特殊性"这项社会逻辑中，社会事物的要素也会以极端新颖的方式被加以安排。从实践学的观点视之，独特性不像"普遍事物"那样是客观存在的，而是经由特殊的社会实践生产方式而**变成**独异的。所有五个社会事物要素皆是如此。在独异性逻辑下，物与客体（例如艺术品、宗教圣物、品牌）被认为是无可取代的；主体会被当作独特的个体来看待，并且人们会正面地评价这种个体性，甚至认为这种独特的个体性是值得追求的，不论这种个体性指的是一个被爱的人、明星，还是富有魅力的领袖；空间会根据其独特性来被评价，不论这种空间是城市、风景，还是不同寻常的建筑物；时间会通过独异化而变成事件和特殊时刻；集体也会依其自身特殊性质而被独异化，变成（或大或小的）有其自身认同的共同体。社会事物会通过新的安排而成为独异世界，这种新安排的实现，与上述四种实践类型息息相关。例如，评价实践会［不论是在艺术评论中，还是一般大众在照片墙（Instagram）的留言中］将有创意的和了无新意的区分开来，或是将具有魅力而可信的政客与没有魅力而不可信的政客区分开来；城市景观或自然风光则需要人们的观察实践，以挖掘自身丰富的特殊性，由此发展出自身能与其他城市或自然景致

85

区分开来的能力。人们也可以刻意将一些独异的地点、事件、事物、主体，通过刻意的塑造或构建成场景，以此生产出独异性。或是一些与众不同的化用实践形式，例如能激起我们情感的体验，也可以造就出独异性。

86

表1 基础的社会事物与实践

世界生产实践 基础的社会事物	观察	评价	生产	化用
客体				
主体				
空间性	做出一般性 / 做出独异性			
时间性				
集体				

我曾详细指出过，"特殊性"这项社会逻辑的扩散通常会带来社会事物的文化化过程与引发情感的过程。**严格**意义上的**文化**与（形式）**理性**是对立的。[1] 在人们可以称作"文化化"的过程中，这五个社会事物单位不是为达目的而采用的手段，而是有着自身价值的要素，亦即它们是自身即**有价值的**事物。这种被生产出来的、文化性的价值，包含了几种不同的性质：它可以牵涉美学价值，但也可以是伦理或叙事价值，乐趣—游戏价值，创造—创作价值。社会事物的美学化、伦理化、叙事化等等，都是在文化化的过程中产生的。

87

在文化领域中，本真性或吸引力等是主导性的标准，而这些标准都不是理性主义的标准。

---

[1]　所以总的来看我的研究牵涉宽泛意义上的文化概念和严格意义上的文化概念。宽泛意义上的文化意指知识秩序和意义归因，这是所有社会实践都具有的（Charles Taylor, *Quellen des Selbst. Die Entstehung der neuzeitlichen Identität*, Frankfurt/M. 1994，S. 56）。严格意义上的文化概念（当我谈到"文化化"时，我所使用的文化概念即属于此）意指一类实践，其不是由**目的**理性，而是由**价值**理性所构筑的，亦即归属于强烈意义下的价值范畴。

　　还有，更重要的是，独异性的、文化性的事物会产生强烈的情感刺激，这类事物也是复杂的情感逻辑的一部分。个人和品牌的吸引力，让我们深爱与崇敬的人，艺术作品和社群，劳动文化，自然风光和许多广为流传的图画，就连敌人和我们憎恨与厌恶的对象，它们全部都是在文化的刺激逻辑中流转，都处于非理性的空间中，而且这种非理性的空间亦是，且恰恰是现代社会所特有的。理性主义者先入为主地认为现代社会是完全物化的，但这种物化其实只是表面上的。文化的独异性是让社会事物能产生（大部分是正面的，但有部分也是负面的）吸引力的来源。如果没有这种文化的独异性，现代社会将是冷漠、平顺、很好地上了油的理性机器；但现代社会从来不是这样子的。文化化过程的动力和推动理性化的动力是不同的。如上所述，理性化的动力与解决稀缺问题与秩序问题有关；而文化化过程则旨在回应现代社会的意义问题、认同问题与动机问题，亦即在回应一个问题：谁才是主体？它想成为什么样的主体？它凭借什么而认同自己是这样的主体？人类社会普遍都会存在这个问题。人类社会的动力从来不是仅由形式理性提供的，而是也会产生自文化领域。若援用韦伯和涂尔干的二元论概念的话，我们可以说：社会主要的动力并不来自形式理性，而是来自固有的价值逻辑，来自"价值理性行动"；并不来自世俗领域、冰冷的事物秩序，而是来自充满情感的"神圣领域"。[1]

　　独异性逻辑和文化逻辑有一种特有的、具有潜在冲突性的动力。它自身完全不是没有矛盾的。相反的，它——用一种比喻的说法来说——是非常容易爆炸的。因为在文化领域中，价值不只会被赋予，

88

---

[1] Max Weber, *Wirtschaft und Gesellschaft*, in: *Max Weber Gesamtausgabe*, Abt. I, Bd. 23, Tübingen 2014, S. 174f.; Émile Durkheim, *Die elementaren Formen des religiösen Lebens*, Frankfurt/M. 1981, S. 61—68.

而是也会被**否定**。作为正面刺激的"吸引",与作为负面刺激的"抵制",两者是并立的。在文化领域中,"获得某一方的认同"也同时意味着"失去了另一方的认同",或甚至感受到遭受另一方认同的威胁。赋予价值与剥夺价值是相伴而生的。独异性、价值与情感为"做出独异性"与"做出一般性"之间的矛盾添加进了一种内在动力。标准化逻辑与独异化逻辑之间的关系在现代社会的发展历史中会因为不同的原因而产生不同的形式。究竟是理性化通过牺牲了文化化而获得了扩张,还是文化化通过牺牲了理性化而获得了扩张,这两者的关系究竟是对立的,还是互补的,从历史的角度来看是没有定论的。但无论如何,"做出独异性"和"做出价值"(以及与它们对立的理性主义)渗透进整个社会事物世界中,亦即渗透进整个制度结构与生活形式中。虽然它们在艺术领域和宗教领域特别显著,但我们在政治领域和经济领域中也可以发现社会事物的美学化、叙事化或伦理化。如果没有独异性所提供的愿景和文化化提供的动力(例如集体认同,价值的赋予与剥夺之间的冲突,消费领域与劳动世界的美学化),政治领域和经济领域是无法持存的。

我在《独异性社会》中特别研究过当代晚期现代社会以"独异化"这项社会逻辑为基础的特殊形式。同时,在《混合的主体》和《创造性的发明》中我也重点讨论过文化化和尤其是美学化在现代社会自始以来的历史发展。不过除此之外,借助这一套包含了"做出一般性"和"做出独异性",以及"做出理性"和"做出价值"这几组概念的分析工具箱,我还可以再对现代社会转型的各面向进行分类。这套分析工具箱具有足够的复杂度,让我们可以不将这两组概念彼此严格一对一结合起来,而是进行各种可能的排列组合。因为事实上"做出一般性"是否真的必然会联结上"做出理性","做出独异性"是否真的必然会联结上"做出价值",是成问题的。虽然在现代社会中这些概念常常是如此联结在一起的，但其他种逻辑的可能结合方式即便比较少见，也依然相当有意思。[1]

我们先来看一下独异化和理性化可能的结合情况。尤其是在晚期现代社会的实践中，独特性与特殊性并非与价值和情感结合，而是会与理性目的计划联结在一起。特殊性是通过形式理性程序而生产出来的，因为理性程序"很方便"。像是互联网的个人化，它是由算法形塑的；或像是一些独特产品，其实是由 3D 打印制造出来；或是独异化的医学疗法，是基于个体基因组分析而进行的。人们可以说这些例子表现出了"机械性的独异化"。[2] 在这些例子中，独异化过程之所以获得了推广，正是因为它与理性化过程结合在一起。

不过在现代社会发展史中，还有第四种在逻辑上看来有可能会产生的情况，亦即价值化（做出价值）和普遍化（做出普遍性）的结合。有价值的不必然等于是独异的，在后浪漫主义的情境中尤其如此。普遍的东西在某些情况下也可以被"充入"价值，在一定程度上可以从世俗领域转换进神圣领域。启蒙文化与人类尊严的普世化也是如此，主体在这里首先不被当作是有差异的，而是当作都一样的，"人类"因其自身的尊严而认为本身就是有价值的。这里人们可以说有一种普遍性的文化，以"做出一般性"的方式所造就出来的文化。普世性在这里被认为是有价值的，在伦理上被无条件地尊敬的；亦即它是一种普世主义的文化，如同 20 世纪在人权文化中所体现的那样。[3]

90

---

[1] 在《独异性社会》中我的出发点是将"做出一般性"严格联结上"做出理性"，将"做出独异性"严格联结上"做出价值"，但是书中我也提到科技独异性是一个例外。我后来将此模型朝着弹性化的方向进行了发展。这样的发展有个好处，就是可以让我系统性地探讨第四种可能的范畴：普遍性的文化。

[2] Reckwitz, *Gesellschaft der Singularitäten*, S. 73f.

[3] 这里可参阅：»Kulturkonflikte als Kampf um die Kultur：Hyperkultur und Kulturessenzialismus«, in：Andreas Reckwitz, *Das Ende der Illusionen. Politik, Ökonomie und Kultur in der Spätmoderne*, Berlin 2019, S. 29—61, 此处引用的是 S. 52—61。关于普遍性与价值之间的联结，我们也可以在一些一神论的宗教——例如基督教——（转下页）

表 2　现代性的社会逻辑四象限

	做出一般性	做出独异性
做出理性	**形式理性化**	机械性的独异化
做出价值	一般性的文化	**作为独异化的文化化**

说明：被标识为黑体的两个象限为主流的形式。

三、矛盾的时间性

现代社会的一项特质，就是其时间体制是充满张力的。这种充满张力的时间体制包含了三个特征：（一）求新的社会体制；（二）失去的扩大以及对失去的处理；（三）时态的混合化。求新的社会体制是以当下及未来为导向的；"失去"作为一种动力，以及以特殊方式所产生的时态的混合化，则是试图在现代实践中将过去保留到现在。

一般来说，现代时间结构的基础是过去、当下、未来的鲜明区分。在以"进步"为准则的背景下，时间性通常并不表现为过去以同样的方式无止境地再生产进未来中（例如所谓的"传统"），而是会表现为社会变迁。理想上，社会变迁意味着变得更好；这也被认为是社会变迁的准则。现代社会中，变迁的蓝图就是进步。现代社会的时间性也影响了制度与生活形式中的社会实践。现代社会的时间性的基本形式，我们可以称为**求新的社会体制**，亦即社会时间性的安排以新颖性为准则。[1] 与传统社会不同，在现代社会中会被正

（接上页）当中看到。在美学领域中，不论是古典主义，还是现代主义的国际风格，也都为我们提供了不同的关于这种联结的例子。

　　[1]　对此，详细的讨论可见：Andreas Reckwitz, »Jenseits der Innovationsgesellschaft. Das Kreativitätsdispositiv und die Transformation der sozialen Regime des Neuen«, in: ders., *Kreativität und soziale Praxis*, S. 249—269; ders., *Die Erfindung der Kreativität. Zum Prozess gesellschaftlicher Ästhetisierung*, Berlin 2012, S. 38—48。

面评价的不再是旧有的，从过去流传下来的实践、规范、知识库等等，而是新颖的事物，亦即不同于、超过、超越已有事物的事物。陈旧的事物应该要消失掉，要明确地被替代掉。而新颖的事物在现代社会的想象中被认为是更好的、进步的，应该是要被接受的，就算它可能造成了麻烦。熊彼德（Joseph Schumpeter）所谓的"创造性的破坏"就是这样一种现代模式。这样一种新颖性导向会带来一个后果，即现代时间体制一般来说不再会珍视过去，而是会更重视当下和迈向未来。因此现代社会的特色就是重视当下与迈向未来的实践。

　　求新体制不仅表现在相应的话语实践中，例如在 1770 年左右的现代的鞍形期（Sattelzeit）产生的进步叙事。它也影响了大多数的现代制度结构。不论是资本主义经济的创新导向，科学与技术的进步导向，现代艺术的超越逻辑和惊奇逻辑，媒体的新颖导向，还是不断朝向创新改革（甚至是革命）的现代政治，都是如此。最后，就连生活形式，也都听命于求新体制而强调自我最佳化准则和自我发展准则。对新事物（而非旧事物）的偏好有不同的形式。有的体制追求**最终的**完美，亦即认为一件事在某个时间点是有可能达到完美状态的，也因此不会再有进一步的发展（完美的新事物）。有的体制追求**无限的**完美，亦即永无止境地朝着更好（的质或量）而不断超越与创新（创新的新事物）。最后还有一种追求无限惊奇的体制，在这种体制中人们所偏好的"新"意指不断有新的变换、新的刺激，为新而新（文化—美学的新事物）。求新体制可以根据自身的发挥方式而跟"普遍性"这项社会逻辑或跟"特殊性"这项社会逻辑结合在一起。这三种社会的求新体制，在现代性的历史变迁中有不同的比重。甚至可以说，人们可以根据"新"在主流上如何被理解，以及根据不同的朝向当下和 / 或朝向未来的形式，而对现代性进行

92

93

划分。[1]

然而这种求新体制的稳固方针及其不断的进展有一个相反的面向，即现代社会也开始将"失去"作为一种动力。让失去成为一种动力的，是失去的扩大、将失去给排除掉与处理掉等机制。[2] 在各种旨在建立一套现代化理论的社会体理论中，以及在典型的现代进步主义中，这种失去动力都被系统性地忽略了。但如果忽略了这种失去动力，我们就无法理解现代性与现代性中的各种社会冲突。这里的重点不在于社会体理论如何基于规范和 / 或文化批判的立场哀叹各种失去（例如异化、祛魅化等等）。我的命题更多想指出，推动**我们这样一种**现代社会的不是只有进步动力，而是还有失去动力，亦即对失去的恐惧、对失去的愤怒、对失去的憧憬。所以当我们在分析现代性时，也应该将失去当作重点。

所谓的失去，意指在社会世界中一些状态或现象不正常地消失了，且人们没有遗忘掉这些事物，而是仍不断注意着这些事物。这样一种失去是不好的，因为失去了的事物和我们仍有情感上的联结（例如睹物思人）。像是广泛意义上的悲痛通常就是一种由失去所带来的情绪。但失去也可能会造成其他情绪，像是生气、愤怒、羞愧。我们关于失去的感受，可以与各种具体的事件和情况有关（例如爱人的亡故，友谊的决裂，物的毁损），也可以与抽象的状况有关（例如失去了身份权利，失去了自治、共同体、控制）。我们也可能会失去了美好的未来期待（失去未来），或是对即将到来的失去而忧心忡忡（对失去的恐惧）。重要的是，我们无法根据一项事物的消失与否

---

[1] 非常粗略地说，我们大致上可以把求新体制依序对应现代性的三种历史形式，亦即资产阶级现代性、工业现代性与晚期现代性。

[2] 对此可参阅：Andreas Reckwitz, »Auf dem Weg zu einer Soziologie des Verlusts«, in：*Soziopolis*, 2021, (https：//www.soziopolis.de/auf-dem-weg-zu-einersoziologie-des-verlusts. html)（浏览日期 2021/6/19）；Peter Marris, *Loss and Change*, London 1974。

来客观地断定我们是否失去了这项事物。唯有负面的诠释和负面的感觉，亦即唯有当我们在主观上和社会层面上**感受到**失去，消失才会真的意味着失去。

现代社会在"失去"这个面向上有一个根本的矛盾：现代社会在受到求新体制和进步体制推动的同时，也会让人们有更大的可能性感受到失去，但同时现代社会却几乎缺乏任何有意义的工具来应对各种失去。因现代性而扩大的失去，和一股"否认失去"的趋势，于是开始对立起来。如上所述，现代社会是求新体制与进步体制所推动的，也恰恰**正是因为**求新体制与进步体制而使得人们越来越有可能感受到失去。当人们贬低陈旧的事物时，相应地会造成许多过去事物的消失，而这也带来了更高的"感受到失去"的这项风险。因此在现代社会发展史中，总是不断会产生"失败者"（Verlierer）（亦即遭受失去、感到落败的人）这类新社会群体。

失去也会让社会世界陷入负面的情境中，而这是进步的精神压根儿不允许的。事实上，在主流的求新框架中，"失去"原则上毫无一席之地，也不可能被表述出来。一件事物之所以消失了，更多会被诠释为是因为它陈旧了、需要被超越了，所以也应该要被遗忘了。因此现代社会偏好系统性地排除与否认失去，认为失去的东西都是因为它已不再具有正当性了。然而或恰恰与此相反的是，现代社会有各种不同的处理失去的形式，存在着一种"做出失去"的社会逻辑，像是（理性规划的）预防失去，或是法律上的偿还失去，又或是有一些处理失去的叙事技巧形式，像追悼会或文化批评。怀旧，或是为各种遭受社会层面上的失去的人（像是遇难者或失败者）争取社会承认，也是一种"做出失去"。所有这些"做出失去"的重点都在于，它会从情感上强化人们的失去感。

这种失去动力会增加时间结构的复杂性，亦会增加现代情感结构与感受结构的复杂性。尽管现代社会世界原则上都是在"向前看"的，但失去动力显然会让过去仍保留到现在，因为在失去动力中过去不会完全过去与被遗忘，但也不会再继续下去，而是会以非预期的效果和不可计算的重新分配的形式对社会动力产生影响，亦即对当下产生某种程度的干扰。在某些方面，这种效果与求新体制是相对立的，但在另外一些方面它会产生第三种对现代时间性来说也很重要情况，亦即时态的混合化（temporale Hybridisierung）。[1] 时态的混合化的核心假设是，所谓的现代化的整个过程不是一个某种程度上一体成形的结构变迁阶段，不是"毫无喘息"地进行且毫无明确断裂的。其实就连传统社会到现代社会的转变也不是"泾渭分明"的，现代社会自身的不同形态也是如此（虽然所有的方向都是指向求新的）。但我也不认为这当中完全不具有连续性。我的出发点是，过去不同的历史时期会形成**不同的**实践和知识秩序，而在现代社会的每个当下中，这些不同的实践与知识秩序会彼此结合起来，并且人们会对其有重新的安排。

这也就是说，现代生活形式与现代制度最具特色的特质，不在于社会文化的"纯粹性"，亦即不在于一体成形的、和谐的、结构上毫无矛盾的，而是在于**混合性**。从实践学的角度观之，混合化概念意指在一个生活形式或一个制度结构中各种不同的（有部分甚至彼此相矛盾的）实践、知识形式、规范、主体形式和情感进行了结合和混合。混合化可以是在空间边界的跨越过程、或社会事物边界跨越过程中产生的，但通常基本上也会涉及历史时间界限的跨越，而这就会产生一个结果，即不同历史层次会通过不断的分配而积淀成当下的现象，而且会以不可计算的方式产生彼此的混合。

---

[1] Reckwitz，*Das hybride Subjekt*，S. 94—103.

之所以现代性打从一开始就有时态的混合化现象，源于两个原因：一方面，媒介科技能够将过去（尤其是现代性自身的历史）的很大一部分，连同过去当中的实践、主体形式、知识形式、客体、图像、声音、姿态、刺激方式，一并保留到未来，让人们在未来进行社会文化方面的吸收使用时，这些事物依然呈现在眼前，并且在很长的潜藏阶段之后还是可被使用。现代媒介科技可以抵抗社会遗忘。另一方面，持续不断的偶然性开启过程与偶然性封闭过程，以及求新体制与失去动力，都会每隔一段时间就将过去放到当下并主动进行吸收使用，或是在当下被动地受到过去的影响。在偶然性的开启情况中，历史遗产会被当作批判的标把，以凸显出人们感受到的社会缺陷。求新体制则很矛盾地总是会回溯陈旧的事物，以此让求新体制在进行重新吸收使用的时候能将新颖的事物变得更加丰富。而在失去感中，过去更是不断会被重新吸收使用。

事实上，各种过去的场景总是会不断被拉回进现代生活形式与现代制度，同时也会不断再被添加进当下的社会实践中。没错，现代性持续得越久，就会有越来越多的历史资源或让人们又爱又恨的遗产可供人们在不断进行重新吸收使用时当作文化素材来使用。这里兹举几例：早期的资产阶级现代社会不是一个全新开端，而是人们在当时就已经会从贵族文化和基督新教那里汲取元素来使用了。晚期现代社会的新中产阶级生活形式在 21 世纪开始之时，也会回溯到古典市民生活的元素，以及回溯到 1800 年左右的浪漫时期的元素。在法国大革命之后，民主系统还是会吸收使用旧制度（Ancien Régime）的国家政权形式；晚期现代政治系统也还是很信任 19 世纪的科层结构，也还会回溯 20 世纪 20 年代的平民主义典范，或是援用 20 世纪 60 年代的解放运动。从我对于现代性的观点来看，在分析现代性的时候若仅仅关注求新体制是不够的。若只关注求新体制，

97

98

那么我们就只会看到一半的、"官方版本"的真实,因为现代社会也基于失去动力和时态混合而在一定程度上呈现出以过去为导向的一面,而这一面恰恰是将现代当作一种进步事件的现代化理论叙事所忽略的。

我们已经看到,现代社会的世界生产方式是偶然性的开启与封闭的辩证过程,处于"做出一般性"和"做出独异性"的张力中,亦处于求新的时间体制、失去动力与时态混合的张力中。由此我们可以得出一套用以对现代性进行分析的框架,我们也许可以将之称为一套后现代化理论。这不同于前文提到的古典的社会学现代化理论。[1] 古典的社会学现代化理论的关键词是形式理性化、进步动力、不连续性、后历史(Posthistoire)。而后现代化理论则将现代性视为一种冲突事件:理性化与文化化之间的冲突,一般化与独异化之间的冲突,和谐与批判之间的冲突,而且所有的冲突都是在由"对失去的处理""对过去的吸收使用""新颖性"这三者所构成的张力中产生的。我们可以将这一套后现代化理论的现代理论当作一套研究纲领,将之用来进行社会科学与文化科学的经验研究。由此观点视之,现代社会所遵循的不是发展逻辑,而是争斗逻辑。它在时间上是开放的、不可计算的,并且会不断被编织进自己的过去中。

99

---

[1] 关于现代化理论的传统,可批判性地参阅 Wolfgang Knöbl, *Spielräume der Modernisierung. Das Ende der Eindeutigkeit*, Weilerswist 2001。

第四章　持续进行中的社会体理论：从资产阶级现代、工业现代，到晚期现代

如果我们要了解现代社会从 18 世纪至今有什么样的转变，就必须对现代性的一般结构特质进行描述。我们在这里必须与两种极端的观念保持距离：**一种**将现代视为整体，**另一种**则认为现代不过就是由许许多多对历史事件的观察（即在每个当下仅存在一时的时代诊断）所堆积而成的。我们真正应该进行的任务是去了解长时段的社会过程，看看在这个过程中对现代社会的形成来说非常重要的各种事物如何经历彻底的转变。若我们由此任务出发，那么我们可以看到在历史上先后出现了三种形式的现代：资产阶级现代，这是第一个、最先出现的现代社会形式，兴起自 18 世纪后半叶的欧洲，对立于传统、封建、宗教、贵族社会而形成，并且在 19 世纪占据了支配性的地位。再来是工业现代或组织现代，在 20 世纪的头十年于欧洲、北美、苏联取代了资产阶级现代。最近的现代形式则是在 20 世纪 80 年代发展出来的，我们姑且称之为晚期现代（或是有其他学

者称之为后现代）。[1] 从社会体理论的角度来看，我们会期待这样一种区分可以指出在不同的现代社会形式中，有哪些经济、社会结构、国家、科技、文化的特质对于主体化来说是重要的，并将各种社会形构方式与（前文呈现过的）现代性的一般特质进行对照。

一、资产阶级现代

资产阶级现代首先是在欧洲发展出来的。它在经济方面以贸易资本主义和工业资本主义的发展（这两者的发展逐步取代了封建农业经济）为前提。在社会文化方面，资产阶级现代与资产阶级崛起成为新的、对立于贵族的统治阶级是同时出现的（虽然随着时间的流逝，占统治地位的资产阶级也开始面对都市的工业无产阶级的社会反对力量）。在科技层面上，科学—技术的革命在第一次工业化的早期阶段为此种社会形态提供了物质条件，同时印刷术在媒体科技层面亦建立起了资产阶级的书写文化背景。在国家和政治方面，由资产阶级主导的，且因此具有社会排他性的议会民主，在这个现代阶段中确立了自身的地位。资产阶级的民族国家形成了，这种民族国家对内宣扬自身是防御性的自由主义国家，对外则以殖民主义为形式进行着帝国主义的扩张。

在这种现代社会形式中，资产阶级的主体文化占据主导性的地位。自我独立、自我负责、自主地自我控制的文化，与道德、责任伦理、自我规训的文化模式结合在一起。这牵涉一种指向道德与个体主义的理性主义文化。这种文化在发展过程中会日渐走向世俗，

---

[1] 对于现代性的阶段区分，与本文类似的说法，还可见：Wagner, *Sociology of Modernity*。

并且同时也会受到相反的浪漫主义（亦即崇尚独异性，不论是个体的独异性，还是人民或民族的集体独异性）的文化的挑战。资产阶级现代性的文化，被塑造成一种普世主义—人本主义的普遍性文化（虽然这种普遍性文化在社会上极具排他性），亦在书写媒介的影响下被塑造成一种讲究教养的文化。在生活方式（Lebensführung）的层面上，我们则可以发现一种与前现代文化的资源产生了混合的文化：尽管有着世俗化的趋势，基督宗教的遗产依然影响着道德与自我规训的观念，但同时我们也可以在自主的自我管理的理念中再一次发现贵族文化的痕迹。

这种资产阶级现代，亦是历史上首次出现的现代，在欧洲（以及随后在北美）社会的所有领域都**开启**了巨大、前所未有、广泛的偶然性。这种偶然是针对"旧世界"中封建的、教会的，以及贵族的秩序而开启的。它涵盖了政治、经济、宗教、法律、科学，甚至还涵盖了后传统的生活方式。各种政治革命（像是法国大革命和美国独立革命）都是开启了社会偶然性的关键事件。在资产阶级现代性中，政治革命被认为符合总体社会进步准则。进步被视为无上法则，且这个无上法则也让社会首次产生了制度化的求新体制。有些领域追求最终完美的新事物，另外有些领域则追求无限创新的新事物。这种对立于封建时代而开启的偶然性在资产阶级霸权建立之后，也会随即以特殊的方式被**封闭**起来。资产阶级现代性承诺会以公民的形式确保人们的自主性。然而一当资产阶级作为新的霸权建立起来之后，马上就会遭遇批判运动，各种批判运动会开始清算这种现代性的不足与缺陷，并试图打破被封闭起来的偶然性。当中有两个批判方向是特别值得一提的：一个是政治经济学批判，其指出资产阶级现代性无法处理由资产阶级与无产阶级之间的阶级斗争所呈现出来的社会不平等。这是一种社会主义批判。另一种是文化批判，其指出资产阶级现代性因其僵化的道德主义和理性主义,所以变得压抑、异化,阻碍了个体的发展。这是一种受浪漫主义和先锋派宣扬的对立性的文化批判。

我们可以通过在资产阶级现代性中发挥作用的社会逻辑来清楚看到这种现代性的特殊结构。在资本主义经济、科学、国家等领域中,资产阶级现代性意谓一种剧烈蔓延开来的形式理性化。尤其是在资本主义工业的企业中、民族国家的科层制中、制度化的科学体系中,这种形式理性化推动了一种坚定的"做出一般性"。然而,在现代社会的这个第一种形式中,理性过程并不是无所不在的,因为即便到了 20 世纪的一开始,传统—农业的、封建—宗教的共同体依然以显著的规模持存着。所以人们可以说,现代社会在其资产阶级形式下只有一种半理性化或不完整的理性化。但同时,前现代的传统性的确逐渐受到侵蚀,这也是多样的社会失去感的其中一个来源,而这种失去感也与"进步"这个观念产生了一种矛盾张力:我们逐渐失去了共同体、宗教、乡村家园、切身的伦理生活、大自然,这种失去感成为极为特殊的社会哀悼主题。而这样一种失去感也产生了进一步的(不论是保守的还是进步的)批判形式。

在剧烈但有限的理性化过程发生的同时,也出现了一种极富特色的资产阶级文化化。当贵族文化和教会文化失去了意义之后,就逐渐开始产生一种资产阶级形式的文化。这是一种将神圣加以世俗化的资产阶级高雅文化,其核心是作为"艺术宗教"(Kunstreligion)的艺术。在资产阶级的文化领域中也浮现出一种影响深远的社会领域结构,在这个结构中,大众、文化生产者、独异作品三者直面着彼此,文化生产者和文化作品必须争取大众的注意力与评价。

在资产阶级现代社会中,理性化动力及其极端的追求普遍性的社会逻辑从一开始就受到了极端追求独异化的社会逻辑的挑战。这

103

种独异化逻辑一开始形成自资产阶级世界内部，但之后又回过头来与资产阶级世界相对立。浪漫主义是帕森斯（Talcott Parsons）所谓的"苗床文化"，它孵化了个体、事物、地方、事件、共同体的极端独异主义，并且浪漫主义的实践与话语也建立起早期现代的情感中心。在美学亚文化兴起的同时，艺术领域也为追求特殊性的社会逻辑提供了一种制度空间。这首先表现为创造性的部署，亦即表现为美学的求新体制。但在政治领域中，独异主义也对民族主义的形成产生了作用。在资产阶级现代社会中，追求特殊性的社会逻辑为反文化提供了正当性。反文化对支配性的、理性主义的社会组织模式提出了反对、批判、挑战。也就是说，这是一种**被承认的**反文化，而且它甚至在一定程度上还成功地影响了资产阶级的文化（像是浪漫之爱、艺术宗教、民族意识，都在一定程度上受其影响）。

不过，尽管政治批判和美学批判日益强烈，但资产阶级现代社会一直到 20 世纪之初都还维持着它的基本结构。然而接下来在短短几十年之内，它就彻底地转变为一个新的形式，即工业现代或组织现代。

104

二、工业现代

工业现代，或称组织现代，从 20 世纪 20 年代开始就占据着支配地位，其支配地位长达将近 60 年。这个形式的现代的基础是高度发展、对整个社会都影响甚巨的工业经济。在西半球，这种现代牵涉工业资本主义或组织资本主义；在东半球则涉及工业社会主义。这个阶段兴起了一种以科层结构为主轴的企业经济形态。讲求大规模生产与大规模消费的福特主义就是此种经济模式的代表。在这个现代阶段中,资产阶级与无产阶级之间的二元对立在社会结构上已没有那么鲜明,取而代之的是齐平的中产阶级社会,其结构相对来说较为平等与同质。在科技方面,工业现代社会的特征在于它是由更进一步的工业化所推动的,这种动力形塑了整个社会的经济与日常生活(例如电气化、汽车的普及)。在媒介科技方面,大众媒体(首先是电影与广播,后来则是电视)为大众社会奠定了基础。同时,在国家与政治的层面上,资产阶级议会民主也转变成由各种大众政党构成的大众民主。国家扮演了一个主动控制经济和社会的角色,并且通过制度化(和经历过一系列的危机之后)形成福利国家。另外也有国家在工业现代阶段中发展出现实社会主义和法西斯主义的形式,变成独裁国家、或有部分变成极权国家。一般认为,在全球的层面上,美国和苏联("第一世界"和"第二世界")之间日益难以调解的对立,对工业现代阶段来说是一个标志性的情势。与此同时全球也逐渐兴起一波去殖民化的热潮,并随之出现了"第三世界"。

在西方,组织—工业现代的文化在美国的引领下构成了极富特色的主体文化形式与工薪阶层生活方式。这种文化强调社会、集体,认为人们应成为理斯曼(David Riesman)所谓的"他人导向的主体"。这种文化与都市的大众文化消费美学(这是一种旨在提供表面上的、视觉上的刺激的美学)密不可分。这种强调集体的社会伦理很矛盾地与现代主义的"完美形式美学"结合在一起,促使物化的、去情感化的文化应运而生,甚至连技术的功能性都成为一种文化理念。原先反资产阶级的美学反文化,此时也开始信奉功能主义的理性主义。

相比于此时显得陈旧的资产阶级现代,组织—工业现代标示出了一种新的偶然性的开启推动力。这种推动力瓦解了旧欧洲的资产阶级社会。不论是在欧洲以东（俄国的十月革命），还是欧洲以西（美国精神——亦即北美大城市的美式风格大众文化——的兴起），我们都可以看到这种既表现在象征层面，也表现在物质层面的瓦解。人们为了反对资产阶级，力求再次将偶然性给释放出来；而这样一种偶然性的开启也再次形塑出一种新的现代形式。工业—组织现代是一种由有组织的大众所构成的社会，亦是一种罗桑瓦隆（Pierre Rosanvallon）所谓的"平等社会"。这种现代性旨在对社会进行调节、将社会加以技术化，追求全面的社会涵括。这是一种在历史上前所未有的现代性形式，并且这种形式承诺通过这种方式为所有人带来一种现代的生活方式。

106

　　然而，这种工业现代性和它那墨守成规的工薪阶层（与劳工阶层）生存理念也渐渐地变成一种霸权，这意味着偶然性又再次被封闭住了。因此这种现代性本身也会渐渐受到（有时昙花一现，但有时也维持很久的）社会运动的批判，并且这次是从政治经济和文化方面涌出的批判。在政治经济方面，随着西方的新自由主义运动和东方俄国的经济改革，工业现代最晚在 20 世纪 80 年代便面临社会因过度的调节而造成的功能失常。在文化方面，从巴黎和布拉格在 1968 年发生的事件开始，工业现代也被批判过于墨守成规、限制了个人自由。随着国家社会主义的瓦解，以及随着在工业现代社会中那些特别强调应由国家进行强力调节的社会的失败，政治经济批判和文化批判也达到了高点。

　　这种内在张力也表现在社会逻辑的层次上。首先，"一般性"这项社会逻辑在工业现代社会中达到了古今难以企及的高点。形式理性化覆盖了这种社会中的所有领域，不论是经济、科学、国家，还是后资产阶级的生活方式。社会出现了总体理性化与社会动员，让整个社会变得同一与一致，而其反面（或是——我们也可以这么诠释——其充满争议的高点）则也包括了战争中系统性的社会灭绝或种族灭绝。[1] 这种彻底理性化的社会，一方面虽然通过福利国家体制降低了个体遭受失去与失败的风险，但同时另一方面却也在很大的范围中生产出了新的失去感。在工业现代社会中达到高点的大众文化与现代暴力史带来的创伤让人们失去了资产阶级个体主义，而大众文化与现代暴力也是工业现代社会最主要的两种造成失去的原因。同时，主流的社会求新体制也在工业现代社会中变得更加极端了。这种无节制地追求创新与进行提升的逻辑，对于经济、技术、乃至于国家，都产生了重要影响。

在形式理性化发展得如火如荼的同时，文化化也进入了新的回合。资产阶级文化被排挤到边缘，取而代之的是文化工业的大众文化的流行。这种大众文化将大众消费置于中心，我们在各大众媒体（电影、电视）中都可以看到其表现。资产阶级文化是一种向内的、主体主义的美学文化；而大众文化则相反的是一种向外的、讲求在（包括在视觉传播媒体上的）身体和物上面可以看得见的美学文化。尽管这些后资产阶级文化坚定地反对资产阶级，但是在这些后资产阶级文化中还是可以看得到资产阶级的遗产。所以我们在后资产阶级文化中可以看得到一种时态的混合：资产阶级—启蒙的理性主义的秩序理念虽然陈旧了，但依然被工业现代文化在实用性和功能性方面当作一种文化资产而加以吸收。

"一般性"这项社会逻辑在工业现代中有相当广泛的影响力；相比之下，"特殊性"这项社会逻辑仅扮演反文化的角色。和19世纪的资产阶级—反资产阶级的浪漫主义不一样，这个阶段的反文化的正当性从趋势上来看是被崇尚理性主义的主流所否定的。我们从

---

[1] 关于这方面的一个很好的研究，可见：Zygmunt Bauman, *Moderne und Ambivalenz. Das Ende der Eindeutigkeit*, Hamburg 1992。

艺术领域以及美学的反运动——例如20世纪初的先锋派和20世纪
60—70年代的反文化——就可以瞥见"特殊性"这项社会逻辑所扮
演的社会角色。它在这个阶段一直都很强而有力地破坏着组织现代
性，并且为朝迈向晚期现代做好了准备。但同时我们也可以看到福
特主义的消费资本主义和大众视觉文化还是渐渐将独异化逻辑"走
私"进一般性逻辑中。像是电影的明星工业，电影或其他大众活动
的炫目景观，早期时尚、广告、设计的**创意产业**，皆是如此。在美
式工业现代中，我们还可以看到"情感"也扮演着很重要的角色。
这里我们也可以看到一种社会竞争领域，当中人们不断追求产品的
文化新颖性与美学新颖性，使得现代创意配置越来越鲜明可见。也
就是说，在组织现代性的内部，虽然我们可以看到经济与媒介科技
在这个阶段还非常强而有力地推动着"一般性"这项社会逻辑，但
已经开始出现了新的一页即将被翻开、独异化的油门踏板即将被踩
下的端倪。然后，晚期现代到来了。

三、晚期现代

在20世纪最后25年间，工业—组织现代转变成一个新的现代
社会形态——晚期现代。[1]20世纪那组织的、集体主义的、物化的
现代性被超越了。在经济领域出现了剧烈的后工业化。在新的全球
劳动分工与被大力推进的自动化的情境中，工业经济不再像在之前
的工业社会那样占据着比第三产业更为优势的地位。欧洲和北美的
后工业资本主义——尤其是认知资本主义和文化资本主义（也包括
金融资本主义）——开始占据支配地位。在这种资本主义中，非物

---

[1]　以下详细的讨论可参阅：Reckwitz, *Die Gesellschaft der Singularitäten*。

质的知识劳动和认知性质的、文化性质的产品扮演着极为重要的角色,认知—文化产品的销售市场的竞争性也非常大。与此同时,经济结构与职业结构也出现了一种两极分化。其中的一极是门槛极高的知识劳动,即新的**专业阶级**;另一极则是较为低阶的服务工作,亦即新的**服务阶级**。

在经济方面的专业阶级和服务阶级的分化,也为欧洲和北美的晚期现代社会带来了一个极富特色的三元社会结构,终结了原先相对平等与同质的齐平中产社会。这种晚期现代的三元形式阶级结构是:(一)新的、受过良好教育的中产阶级往上提升了,这得益于史无前例的教育扩张。(二)另外一些下滑成为新底层阶级,这受到去工业化和简单服务业兴起的影响。(三)在上升与下滑的同时,依然存在着夹在两者之间的传统中产阶级,继承着齐平的中产社会。社会上升与社会下滑,就如同象征赋值与象征贬值过程一样,都是晚期现代阶级结构的重要特色。于此,新中产阶级在文化上占据了支配地位。

社会空间也是社会结构的重要构成要素之一。自20世纪90年代开始,我们可以看到地理上的不对称发展。欧洲和北美兴起了一些繁荣的大都会区,这些地方也是认知资本主义和新中产阶级的所在地;与此相对的,则是被边缘化的小城镇和农村地区。在科技层面上,我们也可以看到晚期现代的一些前所未有的特质。由于数字革命的出现,工业技术失去了建立整个社会结构的力量,取而代之的是由电脑和互联网络所构成的西蒙东(Gibert Simondon)所谓的"开放机器"。政治和国家也同样出现了改变。社团主义式的、调节式的福利国家逐渐失去了正当性,并受到以全球竞争为出发点的(新)自由主义国家的排挤。这种动态自由主义是一种新的、占据支配地位的政治范式,它与经济自由主义和左派自由主义的元素彼此相连。它的首要目标，不是社会平等，而是在经济和社会方面维持动态运作，并且强调文化多样性。从地缘政治来看，晚期资本主义的兴起和东欧共产主义和东西方分化结束、经济全球化与文化全球化的推动等息息相关。古典的"工业社会"与"发展中国家"的差异模式已经消失了，取而代之的是更复杂的全球不平等和国际上北方内部与南方内部的不平等。

新的、素质良好的新中产阶级在晚期现代是最重要的社会变迁担纲者，并且这个阶段的文化就体现在这个阶级的生活方式和主体化方式上。这个阶段的文化以主体的自我发展理念、创造性、本真性、丰富的情感性为核心。同时这个文化也更重视个体是否在社会竞争中能成功地获得注意力和承认。这使得晚期现代的主体呈现为一种美学—经济的复合体，亦即成为一种美学化与经济化过程的交叉点。这样的交错构成了一种心理学化的和极端主体化的文化。美满与否，是判断这个人的生活方式最重要的标准。这完全不同于情感"平淡"、以适应社会为导向的组织现代中的文化。

111

晚期现代的主体文化同时也是一种极端经济化的文化，意思是它基本上是一种纯然的经济交易性质的竞争文化。主体几乎完全处于竞争的情境中，它既是所有其他主体与客体的"消费品"，所有其他主体都在争取它的注意力；它也是它自己的"雇主"，与所有其他主体争相获得更多其他人的注意力。在组织现代社会中，人们的生活中最重要的是维持平等；但晚期现代社会的文化重视的是标示出差异。这从晚期现代自身出现了一种历史的混合化趋势便可见一斑：一方面，晚期现代生活形式常会不断回溯资产阶级文化的元素（例如冒险进取的精神、丰富的情感、对于教养的重视），另一方面人们在追求自我发展、独异性、本真性的同时也受到一系列文化和美学方面的反运动（这场反运动从浪漫主义开始，一直延伸到 20 世纪

60 年代的反文化）的影响。以此而言，晚期现代的主体不只构成了一种美学—经济的复合体，也构成一种新资产阶级和新浪漫主义的混合体。

晚期现代自 20 世纪 80 年代以来首先对整个社会造就了新的偶然性的开启动力。这种动力也产生一系列的动力化与动态化，消解了经济、文化、科技等方面的社会边界，其范围涵盖全球，让工业现代坚固的结构都烟消云散了。人们可以将苏联共产主义诠释为组织—工业现代的极致表现，而它在 20 世纪 90 年代的解体也最明确地在政治层面上标示了这种偶然性的开启。在西方国家中，这种偶然性的开启在政治方面表现在动态自由主义、全世界的经济文化全球化、数字电脑网络的无远弗届上。偶然性的开启在日常文化中也相当鲜明。这种偶然性是由 20 世纪 70 年代的反文化逐渐造成的。20 世纪 70 年代的反文化是一种自由化的动力，涵盖了性别解放和自由教育，也涵盖了所谓的自我实现的理念、独异性、多样性，这些都促使人们摆脱了工业时代的责任伦理的束缚。晚期现代的准则是：在工业时代仿佛颠扑不破的边界与规则，都可以为了市场竞争、认同、个体情感、世界货物与符号的流动而打破。

以自由与自主为名的偶然性的开启，当然也会再一次同时造成一种非常特殊的偶然性的封闭，亦即建立起一种全球竞争结构和强迫人们必须表现出自我发展的文化。这种文化不只造就赢家，也会同时造就一种新的失败者群体。仅在短短的几十年间，新的自由就变成了新的压迫。所以不令人意外的是，晚期现代迟早会产生一种新的系统批判形式与系统批判方针。这种批判一方面针对政治经济系统，另一方面则针对私人生活方式与个人认同。

尤其是从 2010 年开始，我们可以观察到有所谓的（大部分是右派，但部分也有左派）民粹主义对动态化的自由主义

（Dynamisierungsliberalismus）提出批判。他们对于传统中产阶级和新底层阶级如何在后工业时代变成了社会文化上的失败者进行了相当多的讨论，并且反对全球化，要求必须要有新的经济调节和 / 或文化调节。另外一方面，他们也批判后工业时代的生活风格因缺乏生态永续性而导致了危及生存的气候变迁风险，也让个体在面对自我发展准则时普遍面临心理压力过大的问题。这些批判的目的不太是想捣毁边界，而是想建立一种有边界的、基于伦理尺度的、有（广泛意义上的）生态意识的生活形式。

晚期现代社会将自身理解为一种动态化的自由主义的社会，这和现代社会的进步叙事无缝地衔接了起来，也因此造成了独特的失去感。首先，因为齐平的工业社会终结了，由民族国家组织的、镶嵌于民族文化的工业现代性结束了，所以人们失去了原先的社会地位。但此外，当社会承诺让自我能有所发展，最终个体却没有成功发展出自我的时候，也会产生一种个体化的失去感。最后还有一种生态方面的失去，以及伴随这种失去而来的根本的"失去了未来"的感受，亦即我们至今视为理所当然的社会进步前提都开始遭到动摇了。工业现代和资产阶级现代都很明显地"遗忘了失去"，但晚期现代对失去有越来越强烈的感受、越来越难以忘怀。失去感的增加与失去范围的扩大彼此相伴而生。在现代性的这个阶段中，一方面许多遭受牺牲的社会群体力图争取获得社会的承认，另一方面人们却又失去了对政治乌托邦的期望。积极的进步态度显然开始逐渐被讲求预防性的、恢复性的、降低损失的保守取向给取代了。

"一般性"与"特殊性"这两项社会逻辑之间的关系在晚期现代社会中也产生了根本性的转变。反文化和主流的理性主义之间原先的对立关系，现在越来越变成一种互补关系。一般性逻辑和理性化逻辑是独异性社会的背景与基础结构，但独异性社会同时又是由注

113

114

意力和价值化所推动的，而这让"独异性"这项社会逻辑获得了相对来说史无前例的结构化力量。在晚期现代社会中，独异化过程首次对整个社会文化基础发挥了作用，反文化也首次变成了主流。

一般性逻辑现在具有一种让独异性得以成为可能的结构特质。一来，后工业资本主义的一个特色，就是台面上以认知商品和文化商品为主的独异性市场，必须以台面下（单纯）服务业的标准化生产与常态化劳动作为前提。二来，数字科技的特色就在于，其运算能力和算法将原先不同的各种媒介整合了起来，无远弗届的传播空间造就了一种广泛的"做出一般性"；而这亦是注意力市场和价值化市场中同一与差异的竞赛的基本前提。

虽然一般性逻辑一直是晚期现代的经济与技术的基础结构，但独异化逻辑的扩张依然是经济、技术（以及社会与价值）的最重要的结构转型推动力。由于经济的重点已不再是生产讲求功能性的标准工业商品，而是逐渐转形成后工业经济，亦即主要旨在制造认知性的、象征—文化性的商品，因此西方国家的经济发展也开始转向以生产独异性商品为主的道路，亦即强调商品要有特殊性、本真性、吸引力。后工业经济是一种高度差异化的消费资本主义，它将过去文化和经济之间的二元论给消解掉了。独异性商品市场是高度竞争性的，常常是"赢者通吃"的竞争，也因此当中受到承认的独异性商品之间所获得的注意力、评价、收益是高度不对称的。独异性市场的结构不只存在于金融市场，也存在于教育、婚配、都市的竞争中。这种结构形塑了整个晚期现代社会。这也表示了文化资本主义和一般偏见不同，不是"软"资本主义，而是特别"硬"的资本主义。

数字化则是晚期现代的第二个独异化动力。数字电脑网络建立出一种科技部署，这种部署让个别的使用者能强调自己的特殊性。这是一种机械方面的独异化。互联网提供的"世界之窗"是根据使用者独一无二的个人档案来量身打造的。同时，互联网也撑开了一个无远弗届的注意力经济空间，当中每个人或物都可以呈现自身的独异性，而且也必须呈现自身的独异性，不然就无法获得能见度和承认。连在这类的独异性市场中，获胜者和失败者之间也是极为不对称的。文化和技术在过去是对立的；但随着数字化趋势，主流的现代科技已经逐渐转变成文化机器和情感机器。在各个文化场域和情感场域（例如历史、图像、游戏等等）中现代科技为了竞相吸引使用者的兴趣，都必须要能让使用者显得尊爵不凡。使用者本身于此也变成了这种文化场域的积极生产者。于是，大众媒体的一般公众一方面逐渐消解成由许多个别使用者所构成的个人化的媒介世界，另一方面也开始纷纷参与进由志同道合者所组成的数字的、既集体又独异的社群。

116

　　新中产阶级的兴起亦是推动社会的独异化与文化化的第三个要素。这个要素和经济的后工业化与文化的数字化密切相关，也深受教育的普遍扩张的影响。这是一场价值变迁的［英格尔哈特（Ronald Inglehart）所谓的］"沈默的革命"。在这场革命中，"舍己为公"（亦即认为主体应服从于一般的社会规范）越来越不被认为是有价值的，"自我实现"才被认为是有价值的。"自我实现"这项价值，通过20世纪70年代的反文化渗透进新中产阶级主流，吸收了自浪漫主义以来文化方面的反运动。这项价值格外以个体特殊性的发展与世界独异性的体验为导向。在新中产阶级的生活世界中，特殊性本身成为一种双重目标：人们必须追求一种既要于内在能体验到、也要于外在能表现出来的独异性。独异主义的生活风格，认知—文化的资本主义，以及数字文化机器，相互巩固了彼此、加温了彼此。这种文化与美学的求新体制因为这些要素而扩展开来，发展成一种以创造性为主轴的部署，一种既针对当下，也朝向未来的无止境的求新动力。

在资产阶级现代的高雅文化与工业现代的大众文化之后，晚期现代出现了第三种文化形式：超文化（Hyperkultur）。这种超文化与文化本质主义是相对立的。这两者之间的冲突是晚期现代文化特有的一种现象。之所以会出现超文化，是因为文化和非文化之间的边界、有价值的和习以为常的事物之间的边界，开始不断被消解掉。在超文化中，所有事物似乎都可以不受限制地变成社会的文化资源，变成具有文化（亦即美学、伦理、叙事等等）价值和情感的对象。高雅文化与大众文化之间的边界，如同当下事物和历史事物之间、不同民族文化之间的边界一样，不断被消解掉。超文化也是由认知—文化资本主义、数字文化机器和新中产阶级所构成的。它基于文化世界主义的观念之上，认为所有的文化都是可以结合在一起的。不同来源的文化要素似乎都可以"混合"在一起。超文化亦成为可让晚期现代主体的独异认同变得更为丰富的资源。同时它也与文化全球化相适相合。

晚期现代中，与超文化相对的是文化本质主义。文化本质主义认为文化的内外之间、我群与他群之间壁垒分明。文化是一种同质的整体，能促成集体认同。建立起一个新的文化共同体，就是建立起一个认同共同体。不论是在宗教、伦理、地区，还是国家的层次上，晚期现代也都存在着不同的共同体运作方式。如果说超文化丰富了个人主体及其不可取代的身份认同，那么文化本质主义则立基于特殊集体及其群体认同。这种群体认同，会让人感觉到这个群体似乎有着永恒不变的本真性。不过，虽然超文化和文化本质主义是相对立的，但这两者都牵涉到一种文化独异化逻辑。超文化针对的是将不同的文化资源通过特殊的结合而造就主体独异化，文化本质主义则是旨在将某集体构筑成（具有独异的渊源、独异的信条的）特殊共同体。

表3　资产阶级现代、工业现代、晚期现代的对比

	资产阶级现代	工业现代	晚期现代
经济	崛起中的工业资本主义 / 农业经济	高度发展的工业资本主义 / 工业社会主义	后工业主义 / 认知—文化资本主义
空间结构	以欧洲为中心 / 殖民主义	东西对立（美国对苏联）；"第三世界"	经济全球化与文化全球化
国家	资产阶级民族国家	调节国家	竞争式国家；动态化的自由主义
社会结构	资产阶级 vs. 无产阶级	齐平的中产阶级社会	三分阶级的社会；兴盛的新中产阶级
技术	第一次工业革命	大量生产，大众运输，大众媒体	数字化
（主体）文化	资产阶级文化（个体主义，道德主义），一般性文化	工薪阶层文化（社会伦理与视觉美学）	表现性的自我发展文化
理性化 / 做出一般性	半形式的理性化	高度发展且具支配性的形式理性化（乃至极权主义）	作为基础结构的形式理性化
文化化 / 做出独异性	资产阶级高雅文化；艺术领域；浪漫主义作为获得承认的反文化	大众文化，具有一席之地的反文化	超文化 vs. 文化本质主义；独异性资本主义；数字独异化；独异主义的生活风格
偶然性的开启	反对封建主义与贵族主义	反对资产阶级现代	反对组织—工业现代
反对封闭偶然性的批判运动	政治方面：社会主义；文化方："艺术家的批判"	政治方面：新自由主义；文化方面：反文化	政治方面："民粹主义"；文化方面：生态运动
社会求新体制	追求完美的新事物；创新的新事物	创新的新事物	高度发展的创造性部署：文化—美学的新事物
失去感	传统社会（共同体、宗教）的失去	极权主义的暴力经验	身份地位的失去（现代化下的失败者）；生态方面的失去；因进步而产生的失去
与过去的混合	基督教文化；贵族文化	资产阶级—启蒙主义的理性主义	资产阶级个体主义；美学反文化的独异主义

四、晚期现代的各种危机

不论是哪个阶段的现代性，它们都遵循着同一个模式：一开始大家都对偶然性的开启抱持着乐观态度，但随着时间的流逝，这个现代性便开始浮现出内在的矛盾和不足，开启的机会变成一种新的压迫，开始封闭住偶然性，于是人们便开始提出批判与吁求创新。资产阶级现代和工业现代都是这样开始与转变的。就连晚期现代也是这样开始的。如果不出意外的话，早先有着确定未来的晚期现代社会在2020年左右达到其发展顶点，接下来会开始步入另一个阶段：要么晚期现代虽然还持续着，但其内在已经出现了转变或长时间的停顿；要么它会转入一个新的形式，一种"后晚期现代"。

当我们说某个阶段的现代处于危机中，因为它显露出不足与问题而遭遇到基本批判时，我们当然不是要说这个现象是前所未闻的新鲜事。如我们在前文看到过的那样，这在一定程度上其实是现代性的基本结构。现代社会原则上是一种处于不断修改中的社会，所以也是一种**不断处于危机中**的社会。在各种危机中反复兴衰的过程，就是社会的基本存在模式的固有构成部分。但特别的是，每个阶段会显露出矛盾与让人感到不足、因此在某个时间点产生结构转型的情况，变得越来越密集了。就晚期现代而言，我们可以区分出三种危机：社会层面的承认危机，文化层面的自我实现危机，以及政治危机。如果我们从独异性社会的结构特质来看，那么所有这些都可以称为**一般性危机**。此外，当下又有另外一种危机出现了：以进步为导向的求新体制的危机。

晚期现代在社会层面上的承认危机是不同社会领域中独异性市

120

场的扩张结果。[1] 如果独异化并非仅意指个人获得自由、满足、差异的可能性，而是它本身亦会强化社会期待模式，并且会相应地将该模式加以制度化的话，那么独异化（不论是哪一种至今仍具主流性的独异化形式）就会产生一种根本上的不对称性，亦即有的人会在承认市场上获得了独异的评价，有的人则最后落得一场空。社会事物的独异化会造成获胜者和失败者的鲜明两极分化。获胜者往往可以在所有层面上都累积大量财富，失败者则只会雪上加霜，更加得不到承认。高度的社会承认往往有更高的可能性让主体获得满足感、感觉到自我实现。晚期现代社会的特色，就在于很多领域都有这种"赢者通吃、输者全无"的情况。

最典型的就是"现代化获胜者"和"现代化失败者"之间在经济方面的不对称性。认知—文化资本主义中拥有极高资格的人（例如顶流"巨星"和顶尖国际大厂的雇员）能从其独异性资本中获得极大的承认收益，而相对的表面上可替代性高的一般服务业打工族就只能获得很低的社会承认。[2] 这是一种独异性精英主义的结构，它会让在市场上非常优秀出众的人获得相当大的成就与成功。获得高度职业声望的专业阶级（professional class）更有可能获得成功的职业自我发展，服务阶级（service class）则相反。职业的两极分化与由晚期现代教育体制所刻画的教育获胜者（亦即在竞争激烈的高等教育市场上拥有含金量更高的学历、更独异的简历和竞争力的人）和教育失败者（亦即学历和能力都较为一般的人）之间的不对称性是相对应的。职业和教育的两极分化也会深深影响不同生活风格所获得的承认与主观满足可能性。受过良好教育的新中产阶级不论在终身学习、职业流动

121

---

[1]　"承认"这个概念很广泛，它可以包含各种象征形式和物质—货币形式的承认。也就是说，承认问题跨越了物质与文化的差异。

[2]　对此的详细讨论可参阅: Reckwitz, *Die Gesellschaft der Singularitäten*, S. 181—223; ders., *Das Ende der Illusionen*, S. 135—201。

还是健康观念方面，都会特别讲究自己是否在晚期现代文化中更为优异，也会自认是现代化过程的成功担纲者。这些人能将自己的生活塑造成一种很独异的、很有价值的风格，并以这种方式让自己更有可能发展自我，并获得外界的承认。新中产阶级很聪明地知道要为自己和下一辈累积各种重要的资本（例如语言、文化、心理、生理、物质等方面的资本）。相对的，社会对旧中产阶级的生活方式的评价越来越低了，贫困阶级的生活形式在社会上也显得是很有问题的。新中产阶级的个体能追求正当的独特自我价值感，但其他阶级的生活形式就只能在缺乏价值的感受中载浮载沉。

122

在社会地理学和数字媒体注意力的层次上，也有这种不对称。晚期现代社会的其中一项特色，就是吸引了众多移民和投资者的、由认知资本主义（加上新中产阶级的郊区住处）所构成的大都会，与"脱节"地区在社会空间上的两极分化。在晚期现代中，不只是个人，就连地方和区域也可能会有成功或失败的情况。最后，在数字媒体上能发挥影响力并产生巨大流量的人，和在上面默默无名的人之间也有两极分化。这是一种新形态的**数字分化**。几乎所有人都处于数字网络中，但绝大多数的人只扮演大众的角色，只有少数人是有知名度的"网络明星"（亦即一般所谓的"网红"）能对个人与集体发挥相应的影响力。所有的层次总的来说都会在根本上产生现代化获胜者与现代化失败者，这种情况从 21 世纪之始就刻画了西方社会及其政治辩论。从各种民粹主义的崛起就可见一斑。

晚期现代的第二种危机牵涉到主体文化。这与自我实现的危机有关，且涉及晚期现代文化的核心。[1] 新中产阶级和最具有文化影响力的各种制度（媒体、消费、管理 / 组织、大众文化）都为展现

---

[1] 对此的详细探讨，可见：Reckwitz, *Die Gesellschaft der Singularitäten*，S. 181—223；ders., *Das Ende der Illusionen*，S.203—238。

成功的自我实现模式提供了榜样，影响了整个社会。晚期现代社会曾许诺要为主体带来解放，让主体免于受到资产阶级现代与工业现代时期人们常会遭遇到的那种需求宰制和自我宰制，并且许诺要为主体造就一种依自身独异性而来的个体自我发展文化，造就一种强调体验与感受的文化。但晚期现代的这个诺言却产生了主体文化的阴暗面，意思是除了个体有机会能实现自我之外，自我实现也变成了一种社会规范。社会上弥漫着一种生活形式，认为幸福的生活就是个体能自我发展，并且宣扬追求"有趣的生活"的独异生活是成功的。但由于各种系统性的原因，事实上这种生活形式很容易让人感到失望。

123

　　主体是否在原则上能拥有体验的多样性，被认为是判断生活成功与否的标准。同时人们也被要求要穷尽各种存在的可能性，要对各种社会事物进行经济化，这也让各种市场产生了获胜者与失败者极端分化的情况，且系统性地为人们带来了失望。晚期现代的生活形式之所以容易令人失望，根本的原因在于晚期现代中的情感的矛盾性：一方面，在讲究正面情感的文化框架中，晚期现代文化强化了主体的情感生活，甚至将之视为生活美满与否的唯一判断标准。但是生活中越来越常出现的失望与失败感也产生了各种负面情绪（愤怒、痛苦、害怕、悲伤、嫉妒……），而且在这个文化框架中人们几乎没有好的方式能表达和处理这种负面情绪。晚期现代文化期待主体不要只为了遵循社会责任与良知而活，而是要去实现自己的存在特殊性。但这件事让主体因高度的自我内在期待而倍感压力，在极端的情况下这造成了艾伦伯格（Alain Ehrenberg）统称为"耗尽的自我"的晚期文化的典型病状。[1] 与此相应的，文化批判亦针对

---

[1]　Alain Ehrenberg，*Das erschöpfte Selbst. Depression und Gesellschaft in der Gegenwart*，Frankfurt/M. 2008.

124   这种生活方式如何让人在心理上难以承受而提出诸多批判。

除了社会危机与文化危机之外，政治方面也出现了危机。晚期现代的政治危机也起因于"独异性"这项社会基本结构。一方面，随着数字媒介科技的兴起，公众出现了特殊化的趋势。组织现代的大众媒介以包容性为基础，但晚期现代在公共领域的参与方面出现了个体和集体的独异化。虽然因为个人化的媒介使用模式以及在政治倾向上具有同质型的数字社群的形成，所以政治公共辩论的热潮又再次出现，但这只对各种微观公共领域的多元性方面来说是有益的，对于总体公共领域来说反而是有害的。[1] 另一方面，特殊共同体的集体认同在晚期现代政治中扮演着一种非比寻常的重要角色。我们今天可以看到在政党系统中遍布许许多多的小型政党，这些小型政党呈现出窄密、具有高度文化同质性的碎片形式，消解了组织现代中的主要政党。这种"由各种独异性构成的政治"让人们很难关注超越这些特殊共同体的共同问题。[2] 最后，晚期现代政治危机也包括了国家的调控能力。虽然竞争式国家绝没有放弃调控，但竞争式国家更多将焦点放在如何提升经济、社会、文化方面的动力。这涉及打着"我们已别无选择"口号的动态化自由主义所进行的去疆界化政策。这样一种政策认为全球世界某种程度上是一个巨大的

125   以独异性为主轴的经济市场，这个市场里的一切都涉及建立独有特质与区位优势的挑战。反过来说，一般性的社会基础结构于此都被忽视不理了。[3]

承认危机、自我实现危机和政治危机这三者作为社会危机的三个面向，可以总的被视为**一般性的危机**。对于一个由"独异性"这

---

[1] Reckwitz, *Die Gesellschaft der Singularitäten*, S. 225—271.

[2] Ibid., S.371—428.

[3] Reckwitz, *Das Ende der Illusionen*, S. 239—304.

项社会逻辑所建构起来的社会来说，基于一般性（不论是基于社会一般性、文化一般性，还是政治一般性）的评价系统在晚期现代已经失去了正当性和力量了，且已经回不去了。所有这三种危机的产生都是因为这样的原因而产生的。承认危机起因于"齐平"的工业社会那种讲求包容与成就的规范已经被消解了，取而代之的是对于独异成就的重视。自我实现的危机之所以产生，是因为原先古典现代伦理造就的那种具备一般有效性的责任和道德，仍有文化约束力，但在晚期现代中这种文化约束力已经大幅松动了，人们越来越重视单一个人的特殊抱负。政治危机的出现则是因为"为一般民众的福祉而服务"的国家调控功能以及一般公共领域都逐渐消亡了。工业现代因为它对社会的过度管制，以及因为它无法面对独异性，因此最终瓦解了。与此相应的，我们在当下也可以将一般性的危机视为一场考验，考验晚期现代能否续存下去。[1]

126

　　总而言之，从 21 世纪一开始就相当显著的这几种危机，可以被看作是从 20 世纪 80 年代便已露端倪的一种特殊形式的现代性（这种特殊形式的现代性被我称为晚期现代）的危机。就像资产阶级现代和工业现代一样，晚期现代也是会陷入危机的。但重点是，这次的危机不是随便一个**现代**都会有的危机，而是只有**晚期现代**才出现的危机，它与资产阶级现代和工业现代的危机都不一样。没有一种现代社会像晚期现代社会一样那么强调独异化逻辑，因为这种逻辑是由后工业、数字化、教育扩张这三者史无前例地、全新地结合起来的结果。晚期现代的问题就自身来说是独一无二的。

---

　　[1] Reckwitz, *Die Gesellschaft der Singularitäten*, S. 429—442. 在我们撰写这本书的 2020、2021 年间，全球社会遭遇了新冠肺炎疫情的侵袭。自疫情暴发之后，有一种流行的说法认为疫情对社会是一种破坏，让社会产生了深刻的转变。我无意附和当下主流的说法，不过我们可以看到疫情的确让人们在很短的时间内清楚看到了晚期现代的这三种危机。疫情本身不是危机，但是它揭示了之前就已存在的危机，并让人们对于晚期现代的批判话语在很短的时间内就高涨起来。

尽管如此，当人们面对十多年前公众就已讨论到的危机话语时，还是会想问一个问题：除了晚期现代的特殊危机之外，我们是不是可以说还有一些要素造就了**整个现代**的危机。事实上，有一个从一开始就形塑并推动现代性的观念已达到了（在实践方面的）极限，这个观念就是进步。人们已经意识到人类自己造成了生态危害。这种危害从 20 世纪 70 年代就已经产生，自 21 世纪 10 年代以来人们又因为目睹气候无法逆转的变迁如何带来各种灾难，所以更强化了这种生态危害意识。这种意识也最明确地表现出一种政治方面的不满，认为现代进步叙事在当代——至少对于当代的西方社会来说——很明显是有问题的了。[1] 事实上（且如上所述），社会求新体制和这个体制对进步发展的规范期待是资产阶级现代、（西方社会和国家社会主义社会中的）工业现代，乃至于当今的自由主义晚期现代的引导力量。这些不同形式的现代，都是不同版本的现代性的"计划"，也都在持续不断地努力让当下和未来的社会变得更好。不论是形式理性化（亦即目的效益最大化和权利扩张化）的过程，还是文化化与独异化的过程，都是由"进步"这种规范模式所推动的。

在整个现代史中，一直都存在着文化批判，人们亦不乏对进步感到怀疑，也意识到现代化是要付出代价的。但人们一般都同意，这种批判与怀疑意识从 21 世纪开始变得越来越密集了。[2] 关于这种截然不同于以往的情境，对于气候变迁的争论就是例子（虽然它仅是例子之一）。它表明了一种夹在美好的进步愿景和失去感之间的社会情境。相应的，"失去"成为不断被人们提及的感受（虽然也有很

---

[1] 当然于此我们也可以问，世界上的其他地方是不是有不同于西方的情况，例如这种进步导向的接力棒现在是否传到了东亚地区。对此可参阅：Moritz Rudolph, *Der Weltgeist als Lachs*, Berlin 2021。

[2] 这即是阿斯曼（Aleida Assmann）的讨论主题，可详见其著作：*Ist die Zeit aus den Fugen？Aufstieg und Fall des Zeitregimes der Moderne*, München 2013。

多人对此提出异议），且被吸收进政治界和文化界的话语中。虽然美好的进步愿景和失去感某种程度上是所有形式的现代性的一体两面，但今天的情况不同以往之处在于，人们对于失去感的表达（不论这种失去感指的是某些群体或个体真的已经体会到失去了，还是指人们预料到即将会失去某些事物，包括因为对未来有正面期待所以即将会产生的失去）原先只在幕后，但自 21 世纪开始登上前台成为公共辩论的主题。这些主题牵涉到后工业现代化的失败者如何失去了他们的身份地位与未来，或是个体和群体因为遭受到某些个人造成的或政治造成的暴力而来的创伤，又或是生态灾难造成的可预见的失去。在当代，失去感本身仿佛变成了构成自我认同的其中一项要素，然而这项要素与现代的进步叙事和现代化过程的核心理念明显是相矛盾的。

128

第五章　理论，是用于批判分析的

我们应以何种态度推动社会体理论呢？社会体理论和它的研究对象——即社会——之间的关系根本上是什么样子的呢？自古至今，人们对于理论的批判工作一直有各种争论，上述问题便是经常出现的争论主题之一。这些讨论对社会体理论就自身定位进行反思来说是必不可少的。霍克海默曾提出一组非常有名、且影响甚巨的区分：一边是"传统理论"，认为自身和研究对象在根本上是有距离的；另一边是"批判理论"，强调要对自己在社会中的处境进行反思。卢曼则用他的系统理论将矛头转过来指向批判理论，很客观地指出：从系统理论的观点视之，批判理论对社会提出一套规范期待的做法不过是一种一阶观察而已；系统理论带着建构论的精神对社会进行科学的二阶观察的做法，才叫作反思。在近来的讨论中，博东斯基又提出了另一组颇受争议的区分："以批判为己任的社会学"（sociologie critique）和"以批判为对象的社会学"（sociologie de la critique）：前者意指理论家认为自己懂得更多，因此可以超然地提出批判，后者则意指学者应研究真正处于社会生活中的行动者以什么样的批判形式提出了内在于社会之中的批判。[1]

在我看来，我们应该将一般的社会科学与文化科学（以及尤其是社会体理论）视为一种**批判分析**而进行推动。而这样一种批判分析的观念，也正是我想为社会体理论提供贡献之处。批判分析在最广泛的意义上总会抱着对支配进行批判的态度，同时也对社会结构的内在断裂有很高的敏锐度。像一些后结构主义学者——尤其是福柯[2]——即是如此。但除此之外，批判分析在理论界中其实也有着悠久的历史。我们可以从社会体理论和社会事物理论的基本假设——尤其是我上述提出的现代社会中偶然性的开启与封闭之间的辩证——来看批判分析。这种批判分析在我看来描绘出了第三种批判的社会科学，亦即它既不是规范批判理论，也不是以批判为对象的社会学。批判分析既不是以规范理念为名对社会进行一种**超然**的批判，也不是在对**处于**社会中的各种批判形式进行分析。

批判分析首先是一种对社会事物所进行的**分析**，也因此它不是以规范为导向的，亦即它不基于评价模式进行研究。所以它的规范主义立场比较薄弱，并不以开启社会偶然性为主要任务。这跟基于社会哲学的批判理论所抱持的强规范主义很不一样。[3] 批判理论认为应基于特定的规范要求来检视社会，所以都会在其社会理论中建立一种暗含规范要求的概念作为评判标准。如此一来，批判理论很

131

[1] Max Horkheimer, *Traditionelle und kritische Theorie. Fünf Aufsätze*, Frankfurt/M. 1992；Luc Boltanski, *Soziologie und Sozialkritik. Frankfurter Adorno-Vorlesungen 2008*, Berlin 2010；较新的一些比较总体性的讨论，可参阅一本论文集：Rahel Jaeggi, Tilo Wesche (Hg.), *Was ist Kritik?* Frankfurt/M. 2009. 关于卢曼与批判理论的辩论，可参阅：Jürgen Habermas, Niklas Luhmann, *Theorie der Gesellschaft oder Sozialtechnologie-Was leistet die Systemforschung?*, Frankfurt/M. 1971。

[2] 关于福柯对批判的看法，可参阅：Martin Saar, *Genealogie als Kritik. Geschichte und Theorie des Subjekts nach Nietzsche und Foucault*, Frankfurt/M. 2007。

[3] 这种规范性的批判理论最有名的代表人物无疑是哈贝马斯。罗萨也源于这种传统，他的共鸣概念就是一个很重要的评价标准。但法兰克福学派有着丰富的异质性，我不会把整个法兰克福学派都说成是规范的批判理论。尤其是第一代的批判理论家，像是阿多诺或本雅明（Walter Benjamin），其实和批判分析还比较相近一些。

可能犯了一个毛病，即用一个预先采取的规范立场来套用在社会体分析上，而这会局限了社会学的视角，且这种局限明明是没有必要的。甚至这种理论在研究实践中常常最后都是在社会世界中找寻符合自己的标准——或不符合自己的标准——的现象。在这里，社会学某种程度上被社会哲学束缚住了。上述的博东斯基之所以会提出以批判为对象的社会学，即在反对这种基于规范思维模式之上的以批判为己任的社会学。以批判为对象的社会学旨在检视社会本身之中的各种批判形式，以此对社会变迁的真正动力进行探讨，并对批判运动的重要推动作用进行分析。但是以批判为对象的社会学也犯了一个与批判理论正好相反的毛病：它完全采纳了社会成员的观点，也因此无法批判地去看到行动者在进行行动时没有认识到的结构性的前提与后果。

我所理解的批判分析，既不是超然于社会外的，也不是处于社会中的批判，而是一种**内在批判**。[1] 所谓的内在批判的意思是，它不采取超然的判断观点来对实践、过程或结构进行社会哲学式的对错评价，不从一个成功生活的乌托邦出发，而是对实践、过程和结构本身进行社会学分析。同时，它所使用的分析工具不会让它局限于参与者的主观观点，而会从观察者的角度来观察社会脉络，亦即会去检视行动的结构前提与后果，去看看那些行动者的主观视角看不到的东西。这种分析是在对社会脉络采取某种理论—经验分析策略中发展出批判潜能的。根本上它是以偶然性的开启与偶然性的封闭之间的辩证为基础所展开的。如上所述，这种辩证是现代社会的核心动力。在这种情况下，批判分析的任务是很清楚的：以此观

---

[1] 我所采用的这个概念源于：*Christoph Haker, Immanente Kritik soziologischer Theorie. Auf dem Weg in ein pluralistisches Paradigma*, Bielefeld 2020。这和康德（Immanuel Kant）的"理论理性批判"（Kritik der theoretischen Vernunft）很像，这是一种对某现象的可能性的条件所进行的分析。

点视之，社会科学、文化科学，乃至于社会体理论，**都是开启偶然性的知识工具**。它旨在开启被遮蔽和关闭的偶然性，因为偶然性在现代社会中总已经存在于主流话语中，也已存在于各种生活形式的实践逻辑与制度逻辑中了。批判分析旨在指出，任何现有的事物也都可以是另外一种样子，因为这些事物都与人为事实息息相关，而这种人为事实在分析中会变得清楚可见。这种批判分析有几个要点：[1]

（1）批判分析会以推陈出新的方式，揭示出现代社会各制度和生活形式中表面上的理性、自由赋予、解放如何其实是一种有局限的面向。它有一种让人幡然醒悟的效果。从资产阶级现代、经过工业现代、到晚期现代，各种制度和生活形式都是伴随着某种原则性的承诺出现的，亦即承诺要推动与确保（更多）自由。但这也显示出自由的获得常常也是伴随着新的、微妙的压迫而来的，亦即伴随着规范化、常态化而来，伴随着界定何谓"理性"、何谓"非理性"的新标准而来，伴随着权力差异和身份阶级而来。而社会体理论的任务，就是要去探讨这些是**如何**发生的。

（2）在社会现实中仿佛无可避免和理所当然的东西（像是理性的、正常的、独异的、有价值的东西等等），批判分析可以将之揭示为并非无可避免、并非理所当然，亦即揭示为偶然的东西，并指出这些东西都是由特殊历史情境中某地方的文化诠释系统所决定的。也因为如此，所以一些镶嵌在实践与话语中的特殊知识秩序就特别符合批判分析的旨趣。同时也因为如此，所以历史系谱学是进行批判分析的重要工具。于此，批判分析的研究问题是：哪些话语和实

133

---

[1] 以下各要点中的前三项，可参阅：Andreas Reckwitz, »Kritische Gesellschaftstheorie heute. Zum Verhältnis von Poststrukturalismus und Kritischer Theorie«, in: ders., *Unscharfe Grenzen. Perspektiven der Kultursoziologie*, Bielefeld 2010, S. 283—300。

践产生出了社会的(像是经济的、政治的、法律的、科学的、生活世界的、媒体的)现实?这些现实是如何生产出来的?这些现实排除了什么?像那些造就知识秩序的争辩的冲突与批判运动(不论是明确公开爆发出来,或是尚在酝酿但积怨已深的),也都是特别值得社会体理论关注的。[1]

(3)各种现代制度和生活形式中看似给定的、封闭的、和谐的东西,也可以通过批判分析而显得时常是充满矛盾、起源混杂的,且最终是极不稳定的。事实上,各种制度、生活形式,或甚至就是整个现代社会,最初的兴起都是承诺能提供一种和谐的、稳定的秩序。不过,社会体理论在这里某种程度上是在幕后进行观察的,并且旨在发展出一种敏锐度,去指出这些秩序的内部往往是脆弱的,并探讨这些秩序的内部脆弱到何种程度。批判分析对结构性的张力状态特别感兴趣,因为在这个状态中社会事物的稳定性会产生动摇。也因此历史中的各种混合情况在此是特别有趣的,因为异质事物的结合往往会揭示出社会事物的内在裂缝。

(4)批判分析的出发点是,社会过程常常并不是源于个体行动者或集体行动者的意图,而是它本身会形成不符合行动者意图的结构,甚至这种结构与行动者的意图会明显背道而驰。与此相关的不只有不被人们认知到的社会实践网络结构前提,还有这种网络中的行动的非意图后果。这些结构与后果常常并不符合官方的规范与价值。现代社会宣称要控制和有计划地塑造社会发展,但现实情况往往相反,现代社会自身的动力反而常常失控了,成为有待处理的模式。

(5)在现代社会似乎相当坚定的进步过程中,在现代化的步伐

---

[1] 我这里的说法,其实也将"以批判为对象的社会学"整合进来了。

中，批判分析会将目光放在"进步的另外一面"上，亦即去看那些与这个过程并不一致，也因此在主流的话语中常常不被人们所看到的东西：失去感与造就出失去的实践。批判分析不会对现代化的获胜者歌功颂德，而是会对否定、创伤、苦难、失败的感受与表达特别感兴趣，且会同样关照到产生这种感受的牺牲者与失败者。批判分析的兴趣也包含各种失去了未来的情况和没有实现出来的潜在可能性。如此一来，我们的焦点就可以放在现代化过程的反面，放在被排挤掉或是没有被满足的事物，放在失败或被边缘化的事物。[1]
因此，批判的社会科学的任务就对现代化理论的两个面向——亦即和谐性与失去感——都进行研究。

（6）最后，批判分析也旨在对抗自身领域的偶然性的封闭趋势，意思是，旨在避免自身科学领域在理论与经验方面的眼界因为一些变得习以为常和理所当然的概念与方法而受到局限。它会努力运用新的概念工具、新的方法，努力探索新的且至今都被边缘化的研究领域，以此突破获取知识的边界。它会不断去问，我们在使用传承至今的那些概念和理论时看不到哪些事，哪些事需要我们用新的方法来研究才会有所收获。在面对新的研究方法与研究动力时，它的基本态度是具有跨学科的好奇心，对能扩展社会学眼界和新观点的取向持开放态度。像是科学与技术研究（Science and Technology Studies，STS）、全球史研究、情感研究，或是人类世概念，都属于此类。

以此而言，批判分析并不源自于社会哲学，而是更多作为一种提问与研究的策略，且与社会科学和文化科学的理论研究与经验研究的实践密切交织在一起。它也适用于前文提到的将理论理解为

---

[1] 我们在这里可以去回想一下本雅明（Walter Benjamin）对于历史进程中未实现的潜在可能性和"未被偿付的事物"的兴趣。

工具的说法。事实上，所有知名的社会体理论都是以批判分析的态度撰写的，只是不一定都很明显地反映出这种策略。马克思的《资本论》，布迪厄的《区分》，福柯的《性经验史（第一卷）》这三部著作，为前文意义下的批判的社会科学提供了非常不同，但相当经典的例子。[1] 这些经典著作显然不能归于博东斯基意义下的以批判为对象的社会学，因为它们超越了行动者群体和可能的批判运动的视野。我们也同样不能不假思索地将这三部作品视为规范—社会哲学意义下的批判理论。马克思、布迪厄、福柯并没有一上来就对他们所研究的现象进行评价，也没有将这些现象置于道德脉络中，而是呈现出分析本身而已。他们的策略是揭示出事情不是像官方的社会话语中呈现的那样。马克思用他的政治经济学批判框架系统性地指出，价值是如何在资本主义条件下于商品生产和商品循环中以何种方式制造出来的，剩余价值是如何在当中被占据的，以及这一切是如何在"资产阶级的"科学和政治中被掩盖的。布迪厄则以他的社会结构分析研究了，特定的行动者位阶（例如其美学品位）如何在表面上仿佛由个体和个人的自决所造就，然而实际上却由通过社会化而养成的文化惯习所决定。最后，福柯揭示了（如同人们在1968年后所庆祝的）性解放如何只是表面上的，文化对性的定调如何依然与个人的意向相反，如何依然受到19世纪对性的部署的烙印。

批判分析是一种一般性的科学策略，它将现代视为社会偶然性的开启与封闭之间的无尽辩证。这种分析是一个可以永远做下去的工作，它的"标靶"会不断改变。因为现代社会必然总是会因

---

[1] Karl Marx, *Das Kapital. Kritik der politischen Ökonomie*, Berlin 1988；Pierre Bourdieu, *Die feinen Unterschiede. Kritik der gesellschaftlichen Urteilskraft*, Frankfurt/M. 1982；Michel Foucault, *Der Wille zum Wissen. Sexualität und Wahrheit I*, Frankfurt/M. 1987.

为不同的新情境而不断让刚开启的偶然性再次封闭起来。资产阶级 137
因获得了解放而带来了压制，性的解放让享用变成了一种责任义
务，教育改革带出了一群自视甚高的知识分子，工业时代对自然
的掌控造就了人类世时代自然的反扑，福利国家的建立形成了懒人
文化，自由竞争的动力让所有社会事物都只向钱看齐，社会为人们
开启了能获得浪漫个人性格的机会的同时也让人们担负了必须发展
独异性的社会期待。新情境的不断出现会让批判分析不断有新的目
标。这亦造就了批判分析源源不绝的生产力。内在批判不是从一个
既定的立场出发的，而是通过保持距离和提出问题来不断产生新的
模式。[1]

　　在科学领域中，偶然性的开启在最理想的情况下可以对学术界
或非学术界的公众产生类似于扰乱熟悉感的效果，如同后前卫艺术
（postavantgardistische kunst）所做的那样。社会科学的批判分析虽然
不直接参与政治场域，但确有一些基本的政治特征：由于它让人们
看到人们长期以来都视而不见的东西，让表面上理所当然的事变得
很不理所当然，使之很有可能成为公共辩论的主题，所以它也有推
动各种事物被加以政治化的能力。[2] 虽然批判分析本身不是规范理
论，它不进行任何规范性的（例如伦理）评价，但它还是具有一种
最低的规范性，一种弱规范性。如前文提到的，我所支持的社会体 138
理论不是带着乌托邦视野的规范性的社会哲学。但它还是带有弱规
范性，与现代性的启蒙计划密切相关。它对支配进行批判的最重要
的方式，是通过批判分析以积极开启偶然性。这不意味着在任何时

---

　　[1]　我这里关于批判的想法和布罗克林（Ulrich Bröckling）所发展的批判概念是类似的。
可参阅：Ulrich Bröckling, *Gute Hirten führen sanft. Über Menschenregierungskünste*, Berlin
2017, S. 365—382。
　　[2]　我在这里所运用的是"政治事物"（das Politische）概念（而不是"政治"概念），如
同拉克劳（Ernesto Laclau）与墨菲（Chantal Mouffe）在他们的霸权理论中所提出的那样。
（详见他们的著作：*Hegemonie und radikale Demokratie*。）

刻、任何地方,人们必然都希望能在生活形式实践或在制度中开启偶然性。开启偶然性是否是人们所希望的,在什么样的情况下人们会如此希望,这是需要在政治、制度、伦理、生活实践,以及治疗学方面进行讨论的问题。我们也可以在深思熟虑后放手不管。然而我的出发点在于,**在知识层面上**开启偶然性,亦即澄清社会脉络,指出它有哪些社会压迫,它如何将什么事变得仿佛理所当然,它有什么不为人知的结构、产生什么非意图的后果和不稳定的混杂情况,这些事实际上都是值得我们去做的。因为唯有我们在知识层面上将封闭的偶然性给打开,我们才有办法将实践的可能性空间给打开。

在此意义上的批判分析本身当然也必须接受批判。在这方面最值得一提的是拉图尔对此的讨论。[1] 他的"对批判的批判"所针对的是在批判的社会科学中常见的那种想为世人揭露真相的态度,以及针对同属这种态度的"解构"做法。所谓的解构在不少时候就仅是进行消解,以及去除社会现象的正当性,以让人们可以将社会现象揭露为不过是一种社会文化的建构物而已。这样一种批判的结果是人们最后并没有获得任何成果,因为它没有带来任何有建设性的建议——唯一存留下来的就只有那些因为批判者自己默默给予了高度评价,所以从一开始就将之视为不可批判或不予批判的那些规范与现象。拉图尔给出了相反的建议,提出另一种形式的批判:**"批判者应认为建构物是脆弱的,认为建构物是需要细心呵护的。"** [2] 拉图尔主张,我们应该探讨各种现代社会的存在形式,亦即去探讨各种政治、经济、宗教、艺术法律、日常文化的实践,不要仅将之视为需要解构的**事实之物**来探讨,而是要将之视为**需关怀之物**,视为

[1] Bruno Latour, *Elend der Kritik. Vom Krieg um Fakten zu Dingen von Belang*, Zürich 2007.
[2] Ebd., S. 55.

"与我们有关"并因而需要"关心注意"的东西。在拉图尔看来，现代社会的问题在于个别的实践复合体与知识秩序都倾向将自身的价值与目标加以绝对化，认为经济**就是如此**，市场**就是如此**，美**就是如此**，高雅文化**就是如此**。但这不是说我们因此就要抱着打破传统、启迪世人的态度，将对于社会世界中参与和造就实践的人（科学家、企业家、艺术家、勤奋好学的人）来说具有价值的一切都给摧毁掉。我们更多应该去保护这些由现代社会所造就的价值与实践的多样性和丰富性。

　　拉图尔对批判的批判讲到了一个很重要的点。的确，在批判分析中需要维持一种平衡，而这随即牵涉到贯穿在一项分析中的"态度"的问题：论证某一现象是由社会文化所建构的，绝不等于就是要去除这个现象的正当性。如前文所述，在个别情况中某些现象在政治辩论中**可以**被认为不具正当性，但科学分析不可以、也不应该决定它是否具有正当性。若从前文仔细介绍过的实践学的观点和文化理论的视角来看社会事物的话，那么认为世间原本是白板（tabula rasa）的那种批判也是站不住脚的。实践学始终都强调社会事物既限制、**也**赋予了实践的可能性，既压抑、**也**赋予了实践的能力。如果认为唯有规范才是社会实践最重要的事，并因此不再去设想任何其他的可能性，那么这种观点对社会理论来说就也太片面了些。当然，规范无疑**也是其中一种**可能性，但这样一种做法也只是在以积极的行动开启了一种世界而已。文化理论则对社会事物的看法开辟了另一种探讨社会事物的面向：它并非仅仅尝试回答稀缺和秩序问题而已，而是也尝试回答意义问题和动机问题。当然，"做出价值"这种文化化的实践本身也蕴含一种特殊的规范、贬抑、或排除机制，蕴含一种自我普世化和隐藏的不稳定性，这些都是批判分析要处理的。但批判分析在这里要做的并不是通过单纯的"怀疑的诠释学"以达

140

到消解的目标 [1]，而是在任何的批判中不忘那些让某些社会事物的逻辑得以实现的正面性质。有一些批判拥护抽象的消极自由，不断试图去除掉现实中的积极自由的实践；但这种批判事实上最后并无法给出任何有建设性的结论。换句话说，对偶然性的封闭进行批判分析，以及价值关系和社会实践的可能性面向原则上所具有的开放性，这两者之间必须维持一种平衡。

对于社会体理论研究来说，维持平衡具体来说是什么意思呢？这里我以我对于"创造性的发明"和"独异性社会"的研究为例来说明。在《创造性的发明》中，我重构了一段历程，即"创造"作为一种观念，或是它作为一种从某社会基准点产生出来的实践模式（其旨在原创出文化和美学方面的新颖事物），是如何在 20 世纪的发展中通过各种不同的制度判准而越来越被推行、普及开来，以及它如何在最后被浓缩成一种创造性的部署，让有创意的实践和生活方式变成新的规范。从批判分析的意义上来看，这本书想指出，创意通过特殊的社会机制转变成了一种期待凡事都要有创造性的社会结构。一方面，我揭示了创意模式在晚期现代中如何获得了一种霸权地位，另一方面我也揭示了晚期现代有创意的生活方式中有哪些矛盾和张力。但我的目的**不是**在于将"创造性"观念从 1800 年以来在现代文化中获得的毫无疑问的成就加以去正当化。对创造性规范的绝对化给予批判性的关怀，和对现代社会中原创性的价值进行原则上的理解，两者是相辅相成的。创造性对我来说一直都具有一种正面的吸引力，所以我才会想去研究它。

在《独异性社会》中，我依然恪守"批判分析，而非揭露"的理念。做出独异性，亦即追求独一无二和特殊性价值的社会实践，

[1] 利科（Paul Ricoeur）对"怀疑的诠释学"这个概念的运用有很重要的讨论。对此亦可参阅：Rita Felski, *The Limits of Critique*, Chicago 2015, S. 14—51。

从一开始就是现代文化中很重要的吸引力来源。当中我重构了一个过程，即晚期现代中独异性导向不只变成一种社会基准点，而且也影响了很大一部分的社会世界，产生了某种结构。而这也让我进一步去指出，获胜者和失败者之间因这样的结构而出现了什么样的社会不对称。这里的批判之处在于指出独异性变成了一种规范，"要求凡事都要求必须独一无二"的这种观念具有文化支配性，使得不独异的事物和一般性的文化遭到贬抑，当中产生的新的矛盾和不稳定性也影响到奉行独异主义的生活方式。但我在这里并没有要通过社会学分析以摧毁独异事物的现代价值。相反的，人们对独异事物、对人与物因晚期现代文化而产生的自身复杂性，有着与日俱增的敏锐度，这对我来说"无比重要"，绝非应加以解构之事。正是**因为**我和其他人都一样觉得独异性在现代很有价值，所以我才会觉得批判地看待独异性在社会中的实现是必要的。

142

常常有人指责批判分析时时刻刻都带着批判的眼光而无法提供任何有建设性的解决方案，或是说批判分析就只能纯粹扮演观察者的角色。但我不认为必然如此。科学分析和政治介入的确是不同的两件事，但批判分析当然可以为政治介入提供很好的信息背景，而且批判分析也应该要这么做。所以我从未刻意克制自己从分析中规划出改变当下情境的策略。为了突破独异性社会缺乏其他种可能性的情境，我在我的一些著作中提出了一些论点，例如尝试强化（内嵌自由主义意义下的）一般性的政治，着重社会基础建设与文化面上的普遍性实践。[1] 或是说，晚期现代文化常常过于强调对情绪的煽动，因此我也认为应可以尝试发展一套通过理智以实现自我控制情绪的策略。[2] 不过，"解决方案"的价值对于批判分析来说和对于

---

[1]　Reckwitz，*Das Ende der Illusionen*，S. 285—304.
[2]　Ebd.，S. 232—238.

143　规范理论而言的确不太一样。批判分析并不旨在实现普世的政治乌托邦，而是只会涉及**暂时的**和**依情况而定的**策略。批判分析要看的是偶然性视域在哪些地方被封闭起来了，因此我们必须重新打开其偶然性。这是**此时此地的**工作，并非普世皆然、永恒不变的。规范理论用不变的尺度去衡量不断改变的对象（即社会），但批判分析不是这样，批判分析更多会不断调整策略以应对不断改变的社会结构与社会问题。[1]

---

[1]　如果我们注意到社会批判运动的历史逻辑的话，那么一般都会看到，很多昨日还相当适切的策略和目标往往到了今天就不再适用了，然后到了明天又会出现不同的新社会情境，使得人们又会迫切需要另外一些批判形式与策略。换句话说，不只是批判分析，就连政治领域的批判运动也必须注意到历史的变迁必然性。用我上述的例子来说："今天"我们可以、且必须用一般性的政治来应对独异化机制的绝对化。但"昨天"不是如此，当时在西方发展得相当稳定的福利社会中是"一般性"这项社会逻辑处于绝对地位，所以当时适当的政治策略应是强调差异、特殊性、动态、去边界化。同样的，现代工业社会过于强调情绪控制、反对娱乐化、质疑个体性，当时对情绪的强调与煽动是值得提出与（例如通过反文化和正向心理学来）推动的策略；但如果今天还在讲这样的策略，就不合时宜了。

第六章 结语：理论实验主义

　　"做出理论"这件事不只存在于理论的生产方面，也存在于理论的接受方面。我们该如何从事社会理论工作？社会理论是如何进行讨论的？这些问题绝对不是不重要的小事。这些问题不仅牵涉本书所提到的"社会事物理论"和"社会体理论"这两种理论取向的差异，而且也牵涉一般的日常理论工作。在我看来，我们可以在理念型的意义上区分出两种进行理论研究的方式：理论主义式的，以及实验式的。我们不难看到，这两种进行理论研究的方式和我一开始提到的两种对理论的理解方式是密切相关的。如果我们将理论理解为体系，那么我们就会以理论主义的方式进行理论研究；如果我们将理论视为工具，我们就会以实验的方式进行理论研究。我想读者们应该可以猜到，我是比较倾向于后者的。

　　理论主义式的理论研究方式，顾名思义，涉及一种"在理论之内"的探讨形式。这种形式一直以来都是科学场域的主流，也是许多理论家比较习惯的理论研究方式，亦即所谓的"纯理论"（不论是社会体理论，还是社会事物理论）的研究。人们在许多学术研讨会

113

上的理论演讲或理论研讨，或是在期刊、论文集、乃至于大学课堂上，都可以看到这种理论研究方式。理论主义式的讨论形式认为我们必须将任何一种理论都当作一种（前文所谓的）体系性的理论来阅读。这也会让人以一种可称为"以证伪为导向"的方式进行理论探讨。意思是，在这种方式下所谓的进行理论研究就是在找寻理论中可能的薄弱之处，由此切入来进行理论改写。严格来说这种做法的目的就是在反驳理论。以此而言，理论主义乃基于一种**消灭性的**态度来进行研究的：理论主义的理论研究者认为自己对理论发起了挑战，并且在更理想的情况下还可以指出这个理论站不住脚，说这个理论的有效性显然是有限的，或甚至根本是可以完全被抛弃的。更尖锐地说，抱持着这种态度的研究者，在检视理论时其实就只是想要挑刺，理想的状况下甚至可以把整个理论拉下马。

这样一种消灭式的姿态显然有两个来源：其一是理论生产者与理论接收者之间的竞争；其二是理论范式之间常常长达数十年的君子之争。[1] 在第一种情况中，作为接收者的理论家会看作为生产者的理论家不顺眼，因为前者觉得后者挑战了自己（不论在学术方面还是在日常世界方面）的基本预设。前者会进行自我捍卫，而且不少时候会直接以攻击对方的方式来自我捍卫。这类的争辩中常见的句子有像是："这里所运用的 X、Y 和 Z 概念非常模糊""这个说法忽视了 A 面向""这位作者对 B 依然缺乏批判态度""H 和 I 的对比太过粗糙""J 宣称和 K 宣称相互矛盾"。第二种情况则是对整个理论学派进行攻击，因为觉得这个理论学派不仅威胁自己的地位，而且还

---

[1] 我们可以至少在一些方面用布迪厄的场域理论将之解释为一种学术场域的竞争（参阅 Pierre Bourdieu, *Homo academicus*, Frankfurt/M. 1992）。然而这种理论的"流派斗争"态度在某种程度上也可以视为一种古典现代的男性气概文化的惯习。有趣的是，在这场斗争中，将"理论作为体系"来生产理论，是最符合这种男性气概文化的。因为这种理论的典型生产方式，就是一方面出现了一个天才型、魅力型领袖，另一方面许许多多（理论）流派的追随者受其感召而心甘情愿地聚在他们所爱戴的领袖门下。

威胁了自身所属的整个阵营，或威胁到认为自己的理论工作需对其负起责任的思维方向。为了捍卫自身的理论认同，因此理论家会去指出对方理论的不足。

　　理论主义的态度及其消灭性的姿态，在"纯理论"的领域建立得非常扎实，使得它常被认为是一种学术能力的表现。谁若有能力指出某理论的弱点，以及同样的谁若知道如何反驳攻击，那么这人就会被认为是学术领域中有能力的参与者。在我看来，这种关于理论的理论主义式看法——虽然它常常被认为是科学理性的一种表现——是因文人**相轻**而产生的。它很像是一种拿着知识工具而进行的战争，所有参与者都在作为反对者面对他人，与所有其他人进行攻击或防御，以能消灭他人或坚守阵地。虽然表面上大家都说这是在找寻真理，但实际上这一切都只关系到谁能被接受、谁败退下来了。为了避免误会，我必须声明：澄清概念上的分歧，或是通过论证以彰显理论之间的内在张力，当然是很有意义的一件事。任何理论当然都会有盲区，指出该盲区也当然是非常必要的。但如果这么做只是出于文人相轻，亦即只是为了想要把人家整个理论都给驳倒，那么这种做法通常最后只会让自己走入死胡同。我们可以看到有些大学课程的开设就是这样的，学期课纲中每次课程只是在讨论理论领域中不同的、且往往是最新的书。如果课堂参与者在每次的课程中都仅在进行消灭策略，那么一学期辛苦下来握紧的拳头里其实什么也都不会有。也许人们的确读了很多书，用一些可能还不错的论点反驳或彻底消解掉了每个理论。或许一学期下来人们最后可以得到一些空虚的胜利，以战胜者的姿态结束了这学期的课。但在这样的世界中人们并无法了解到更多的事。这样辛辛苦苦到头来究竟有什么意义呢？

　　而上述的实验性的理论研究方式则不同，这种方式将理论当作

147

工具来看待。一个很好的例子是费尔许（Philipp Felsch）在他的著作《理论的漫长夏季》中呈现的整个实验性的理论研究（次）文化。[1]费尔许在书中描述了 20 世纪 70 年代西柏林的学生圈和知识圈中的阅读策略。那时，当高校的马克思主义短暂的支配地位破灭了之后，人们带着好奇心兴致盎然地阅读和讨论了所有梅尔夫（Merve）出版社与苏尔坎普（Suhrkamp）出版社当时出版的为理论领域带来新东西和新发现的书，像是关于精神分析的、建构论的、后结构主义的、女性主义的，以及许许多多其他取向的著作。人们读这些书，是为了从中获取工具以理解（与改变）社会世界。简单来说：人们在从事用理论来开辟世界的实验。

以实验的方式来阅读理论，绝不是在 20 世纪 70 年代的小世界才存在的特殊态度。只不过如果人们今天看到这种态度，通常不是在"纯理论"的场域中，而是主要在跨学科的情境下，或是在某些经验研究者或非学术的公共领域对理论的探讨中。这种情况并非偶然，因为社会体理论首先针对的就是三个领域，亦想为这三个领域提供动力。这三个领域即：跨学科的人文学科领域，经验研究，以及文化与政治公共领域。之所以在这三个领域中人们会更有可能以更开放、更好奇（真的就是因为好奇）的态度接受理论，很显然是因为在这三个领域中某单一学科的内在竞争或地位问题实际上一点都不重要，人们不会把理论当对手，而是当作可能的**工具**。如果人们是以有跨学科兴趣的学者、经验研究者、或非学术圈的读者等身份来探讨理论的话，这时候人们就会希望把理论当作钥匙来理解社会，或是用理论来激发出自己的思想或自己的研究。人们会想从中找寻具启发性的观点、新的视角，以此用不同的角度看待事情。在

148

---

[1] Philipp Felsch，*Der lange Sommer der Theorie. Geschichte einer Revolte von 1960 bis 1990*，Frankfurt/M. 2015.

这样的实验态度下，人们不会想捍卫些什么，而是想多认识点什么；不会想攻击理论，而是会乐于接受理论所提供的各种思维可能性，因为借此我们有可能更好地参透各种社会现象。人们会觉得理论在邀请着自己进行知识实验，邀请着自己进行某种理解现实的尝试。[1]

如果理论可以通过新的语汇让人们以更有生产性的方式步入世界，那么这样的实验就是成功的。评判理论的标准于此就不仅仅在于它是否道出真理、或内容是否具有一致性，而是在于它是否新颖。理论主义的姿态会认为新的理论是一种潜在的**威胁**，但在实验性的态度中新理论会被认为是一种潜在的**贡献**，亦即不会将之视为一种攻击，而是一种提议。这里的重点是我们要看到，新理论不必然会破坏旧的和 / 或其他理论的正当性。在实验态度下，重点不在于打击某个领域的世界观，而是在于用各种有趣的方式**增添**新的视角。当我们以实验的态度来探讨理论时，评判理论的第二个标准就是：一个新理论如果有吸引力、能吸引人，那么它就是好的理论。这种我们所谓的吸引力，就是知识贡献的吸引力。

就拿前文提到的例子来说吧：一堂带着实验主义精神的理论课，跟一堂带着理论主义精神的理论课看起来就会不一样。在实验主义精神的理论课上每一本书都会被看成是潜在的启发来源，或认为每本书在特定脉络下都有机会以新的、不同的视角来阅读。它能够启发一种（阿伦特所谓的）"没有扶手的思想"。当然，某种理论取向都会有它的局限，我们也应该指出它的局限；但我们更应该感兴趣的是埋藏在它当中能让我们学到东西的可能性。我们该建立的不应是一间文本审判厅，而是一间理论工作室，以此对理论进行接续的

---

　　[1] 从理论史来看，我们可以把这种实验主义与杜威（John Dewey）的实用主义，以及与杜威将自由民主视为"实验共同体"的看法，相提并论。此外，我偏好的这种实验进路也可以关连上文化作品，例如小说、电影或绘画。

思考。如此一来，在这门课结束之后，我们想来不会两手空空，不会愤懑地认为"一堆没用的东西"，也不会空虚地确定自己的确懂得比较多。而是我们想来会觉得这堂课上得真是值得，因为最后我们会感觉到收获满满，觉得我们对世界的理解和提出分析的可能性变得更加丰富了。

正如罗蒂（Richard Rorty）正确地看到的，若我们将理论视为工具，那么理论就可以帮助我们看见与了解某些事物。[1] 作为一类语汇，理论必然会有局限。所以若我们想避免陷入个别理论的片面性（例如将理论视为体系，以教条的态度对其钻牛角尖），那么最好的方式就是去多熟悉各种不同的社会理论，用各种不同的工具掌握世界。换句话说，我们应该要去拥抱**理论语言的多样性**，对多元的理解世界的方式抱着实用主义式的开放精神，在各种不同的理论词汇之间熟练地进行转换。理论工具箱永远不嫌多。

[1] Richard Rorty, *Kontingenz*, *Ironie und Solidarität*, Frankfurt/M. 1991.

系统性的社会理论蓝图与最佳说明

哈特穆特·罗萨

第一章　社会理论是什么？
能做什么？

一、"现代"这个形态概念的界定与问题

　　自社会学在 19 和 20 世纪之交形成为一门独立的学术领域开始，
社会学的代表人物们就不断在争论一些问题：现代社会作为一种特
殊的社会形态，其可让我们视为定义的特质是什么？现代社会的什
么特质可以让它和它之前、之后或其他类型的形态区分开来？事实
上我们可以说，正是因为这些学者不断尝试回答**这个**问题，所以提
出了伟大的、今天被界定为经典的社会学理论纲领，并且这些学者
也是以此方式为社会学带来了学科认同。所以滕尼斯和其他同意他
的学者会提出从共同体转变为社会的说法，以此将现代社会凸显为
其中一种特殊的社会形态。所以马克思以及韦伯才会提出经济的资
本主义转型。所以涂尔干或是描绘出系统理论的卢曼，乃至于阿多
诺、霍克海默，以及哈贝马斯，才会致力讨论现代社会如何从等
级—阶层转变为功能分化。所以齐美尔在他的《货币哲学》里，会

将现代社会的特殊性，描述为越来越显著的个体化形式，或是贝克和亚彻（Margaret Archer）将现代社会描述为一种由多个阶段构成的过程。所以齐美尔才会说，正是所有这些趋势之间特殊的相互作用，促成了我们所谓的"现代"。

近代对于世俗化概念的辩论，很典型地清楚指出，要界定现代性，尤其是想提出一个明确的、有区分性的定义，有多么困难。[1] 事实上，从对于现代性的历史分析与社会科学争论中我们可以看到，单一的概念和过程，不可能给出明确的历史分界线或地理分界线，并将各社会形态（Formation）鲜明地区分开来。就算是在现代社会里，我们还是可以看到共同体式的生活形式与共同体的形成过程，可以看到礼物经济，可以看到等级制的阶层分化、去个体化、理性化的相反趋势或是非理性、神圣化等等。不仅如此，反过来也是一样的：在历史上早期阶段或是当代偏远地区，虽然我们通常认为其生活形式**不是**现代的，但我们还是可以在当中找到个体化、分化、理性化的案例。[2] 就算是经济方面的资本主义积累逻辑，不只在一些无疑同样身处现代的"非资本主义"社会也会存在，而且我们同样可以在过去的历史中找到。[3]

这种定义上的困难，会再带出一个更重要的问题，即对**我们这个现代**和**我们这个**近代的主流界定，无疑会有规范方面的呼吁，也难免会有人类中心主义的偏见和经验。近几十年来后结构主义和尤其是后殖民导向的批判者已清楚指出这件事。最明显表现出这个问

154

155

---

[1] Charles Taylor, *Ein säkulares Zeitalter*, Frankfurt/M. 2009；Michael Warner u. a. (Hg.), *Varieties of Secularism in a Secular Age*, Cambridge (Mass.) 2010；Craig Calhoun u. a. (Hg.), *Rethinking Secularism*, Oxford, New York 2011.

[2] Samuel N. Eisenstadt (Hg.), *Kulturen der Achsenzeit. Ihre Ursprünge und ihre Vielfalt*, 3 Bde., Frankfurt/M. 1987；Martin Fuchs u. a. (Hg.), *Religious Individualisation. Historical Dimensions and Comparative Perspectives*, Bd. 1, Berlin, Boston 2019.

[3] Jürgen Kocka：*Geschichte des Kapitalismus*, München 2013.

题的当属由帕森斯提出、后来他的追随者也发展出不同版本的所谓现代化理论。[1] 这些现代化理论根本上都认为，现代美国、欧洲或"西方"社会形式就是社会发展的目标本身，所以所有偏离这条发展道路的，都是"退步"或"低度发展"。这也使得社会学近来一些颇为主流的声音建议，"现代"这个概念要么转换成多元各异的**诸现代**，要么就干脆直接放弃这个概念。因为，一方面我们可以说，各地方——像是欧洲、北美、印度、日本、中国、阿拉伯、非洲——的现代都是不一样的，所以现代的多元性会越来越高，另一方面我们也可以发现，超越这些多样性、让我们因此可以用"现代"这个概念统称的共通之处究竟是什么，其实是很模糊不清的。[2]

然而，放弃"现代"这个形式概念，并不能解决社会理论范畴的基本问题，因为社会理论的核心难点——亦即将所谓的"现代"这个社会形态加以定义并与其他社会形态区别开来——还是存在。这使得有人随即转而尝试定义"西方社会"，并问：谁或什么是"西方"？怎么定义"西方"并将之与其他整体区分开来？它能在地理上画出界线吗？日本算不算"西方"？它能在历史上画出确切分界吗？这种问题在区分"北半球"和"南半球"的时候也会出现：印度真的属于北方，然后智利、澳大利亚、南非就真的属于南方吗？根据方位来区分社会形态真的有意义吗？同一个国家的城乡差异，真的会比国家与国家之间的差异来得小吗？我们是不是更应该将全球各大都会直接视为一种社会形态呢？更麻烦的地方还在于，一种社会形态的核心是由什么构成的，我们完全没办法说清楚。我们所要讨论的应该被称作社会吗？还是应该被称作文化或生活形式？真的有

156

---

[1] Wolfgang Knöbl, *Die Kontingenz der Moderne. Wege in Europa, Asien und Amerika*, Frankfurt/M., New York 2007.

[2] Knöbl, *Die Kontingenz der Moderne*; Hans Joas (Hg.), *Vielfalt der Moderne—Ansichten der Moderne*, Frankfurt/M. 2012, v.a. S. 24f.

整个印度社会、整个印度文化、或是整个印度生活形式吗？例如当人们尝试从经验上去掌握印度的整体的时候，会重新遇到差异的多样性，甚至是不可协调性。语言，宗教，阶级情况或种姓制度情况，性别地位，生活世界现实等等，这些都有着多样性，很难看到一种形式上的整体。

所以长久以来社会学也只能沿着民族国家的边界划分来应付这个问题，或至少先挡一下这个问题，因而民族国家也被视为是特殊社会形态的"容器"。但最晚到了"全球化"这个关键词出现之后，这样一种容器社会学就显现出其局限和不足了。[1] 此外，根据领土来划分边界的做法，就算在一些情况下是可行的，但还是会有历史分界的问题。例如，当我们（姑且不管一直以来都存在的跨领土的交织情况[2]）谈到"德国社会"的时候，也会遇到这些问题：德国社会什么时候变现代了？是在 18、还是 19 世纪？还是到 20 世纪才变得现代？还是——就像拉图尔说的——根本从未现代过？[3] 如果除了不同领土之间的差异之外，我们再将不同历史阶段的差异也一并纳入考虑的话，那么"现代"这种社会形态是否需要再区分成早期现代、古典现代、高度现代、晚期现代或后现代呢？[4]

上述这种在浩瀚的多元性、对立性、矛盾性情况中界定社会形态的问题，促使有些社会学家和文化科学家将**社会**解释成一种很模

[1] Ulrich Beck, *Was ist Globalisierung? Irrtümer des Globalismus—Antworten auf Globalisierung*, Frankfurt/M. 1997, S. 115—121；Wolfgang Luutz, »Vom ›Containerraum‹ zur ›entgrenzten Welt‹. Raumbilder als sozialwissenschaftliche Leitbilder«, in：*Social Geography* 2 (2007)，S. 29—45.

[2] Göran Therborn, »Entangled Modernities«, in：*European Journal of Social Theory* 6 (2003)，S. 293—305；Dietrich Jung, »Multiple, Entangled and Successive Modernities：Putting Modernity in the Plural«, in：ders., *Muslim History and Social Theory. A Global History of Modernity*, London 2017, S. 13—32.

[3] Bruno Latour, *Wir sind nie modern gewesen. Versuch einer symmetrischen Anthropologie*, Berlin 1995.

[4] 一个尝试系统性地（亦即从时间结构方面，根据社会变迁速度与世代交替步调之间的关系，来）进行这种区分的研究，可见：Hartmut Rosa, *Beschleunigung. Die Veränderung der Zeitstrukturen in der Moderne*, Frankfurt/M. 2005, S. 428—459。

糊的范畴概念或视域概念 [1]，或甚至是"不可能的客体" [2]，并且主张要尽可能避免"**文化**"（像是印度文化或埃及文化）这种形态概念。这样的做法企图把关于社会形态的想象都抛弃掉。像厄瑞（John Urry）和拉图尔都是这么做的。他们不只放弃特殊的、独特的形态概念（例如"现代"或"西方"），而是甚至把称作"社会"的这个类属概念都整个丢掉。[3] 这种做法认为，社会学家的任务就是去追寻人、物、观念、实践的轨迹、运动、组合、转变，以及去分析其特殊情境。[4] 这时候社会学家可以从实际上指出，我们总是可以不断观察到一些过程，像是个体化与去个体化，分化与去分化，民主化与去民主化，靖绥化与军事化，经济化与神圣化，加速和减速等等，它们（有些是同时地，有些是前后交替地）在不同的历史、文化、地理脉络中出现，但没有形成一个总体的形态模式。在社会学理论的层次上，有学者便以这样的分析为基础，在微观社会学和民族志启发下提出实践理论，以此对牵涉社会性、身体性与物质性的具体社会实践进行研究与描述 [5]，或是对个别文化产物，包括某些对象物、观念、或是行动方式，从其历史与空间方面的交织与传散进

158

159

---

[1] Armin Nassehi, *Der soziologische Diskurs der Moderne*, Frankfurt/M. 2006, S. 407—412.

[2] Oliver Marchart, *Das unmögliche Objekt. Eine postfundamentalistische Theorie der Gesellschaft*, Berlin 2013.

[3] 放弃社会形态概念的代价可能会非常大。所以我们可以看到，像是拉图尔还是用**组合**或**集体**这类的概念开了后门。这些概念乍看之下可以包含进一些除社会事物之外的要素，所以和文化或社会等概念不同，但其差异仅存在于乍看之下而已，因为文化与社会概念也已经不断探讨到物质要素了。工厂和军营，钢和煤，无疑都是工业社会（和工人文化）理论的构成要素。在这一点上，拉图尔在这方面的一本重要著作，其英文版本的书名《重组社会事物：行动者网络理论导论》(*Re-Assembling the Social. An Introduction to Actor-Network Theory*, Oxford u. a. 2005) 取得其实更合适。他这本书的德文书名《一个新社会的新社会学》(*Eine neue Soziologie für eine neue Gesellschaft*) 和法文书名《改变社会，重做社会学》(*Changer de société, Refaire la sociologie* 反而有点误导性。

[4] 像是厄瑞（参阅他的著作：*Global Complexity*, Oxford u. a. 2003)、拉图尔（像是他的《重组社会事物》）和行动者网络理论，都借此得出很多很有创造性的观点。

[5] 在这方面最富启发性的，可见：Andreas Reckwitz, »Grundelemente einer Theorie sozialer Praktiken. Eine sozialtheoretische Perspektive«, in: *Zeitschrift für Soziologie* 32 (2003), S. 282—301。

行探究。[1]

但是，一旦这些学者谈到实践或产物这类带有总体性意涵的词汇，并且探究其结构和文化方面的交织和背景的时候，我们其实随即就会发现，形态概念依然是无法丢弃的。实践理论尝试通过系统性地引入生活形式概念来填补形态概念被抛弃之后留下的空缺[2]，但生活形式概念在这里在我看来更成问题，因为它不只重复了"文化"和"社会"这种形态概念的困难而已（历史上的什么时候、地理上的什么地方，是某生活形式的开端与结束?），而且它还额外带来了实践的总和层面的问题：如果把婚姻、"下弗兰肯式"[3]、资本主义通通界定成生活形式，那么生活形式到底该怎么定义? 如何区别彼此的差异?

而经验研究，尤其是专门探讨特殊相关性的经验研究，没有形态概念也可以很好地进行。就算不怎么用到形态概念，甚至完全没有形态概念，也可以开始研究例如通勤上班与离婚率之间的关系、宗教约束与生活满意度之间是否有关、北美薪资劳动者的选举行为，或是对不同国家的低学历父母的子女上大学的比例进行比较等等。

一方面，用"社会"这个形态概念来进行思考，似乎有困难；另一方面，与形态有关的像宏观社会学、"宏大理论"或社会理论，几乎没办法在方法论上提出有说服力的根据，尤其是如果人们想将自然科学在方法上的可控性作为标准的话更是如此。社会学的任务，

---

[1] Matthias Kaufmann, Richard Rottenburg, »Translation and Cultural Identity«, in: *Civiltà del Mediterraneo*, XII n. s. (2003), S. 229—348.

[2] 这方面最广泛的尝试，堪为拉黑尔·耶姬 (Rahel Jaeggi) 的著作《生活形式批判》(*Kritik von Lebensformen*, Berlin 2013)。她援引了温格尔特 (Lutz Wingert) 的说法，将生活形式定义为"实践与导向的总和，以及社会行为的秩序"(ebd., S. 77)。而耶姬的思想也凸显了一件事：在这样的定义中，型态问题并没有解决，而只是变换成总和概念和秩序概念而已。我们依然可以问：是什么将"无数的实践"造就成一个总和? 我们如何界定秩序? 当她说"生活形式是 [……] 实践与导向的相互关联，以及社会行为的秩序"(S. 89) 的时候，"相互关联"这个概念依然具有形态的性质，而且也还是很模糊——而且耶姬自己也承认这件事 (ebd., S. 118 f.)。我的这个批评绝不是要诋毁生活形式概念。就像耶姬、莱克维茨和其他学者指出的，生活形式概念在很多方面都非常有用；但它并无法取代"社会"这个概念。

[3] Ebd., S.90.

就是去系统性地思考，是什么让我们的社会在各种要素与作用力的相互影响下变成当代的这个样子，以及社会的改变趋势是基于什么样的逻辑、推动力或法则得以进行的。但由于上述那两方面的麻烦，使得社会学理论在全世界都越来越没有进展，尤其在德国之外更是面临消失的危机，至少在学术领域中是如此。

二、社会的自我诠释与社会学的任务

然而，人们在社会生活中当然从来不曾停止对当下的社会政治状况进行思考。因为人类——就像韦伯清楚指出过的[1]以及泰勒系统性地阐述过的[2]——很难不是、或甚至本质上就是一种**会进行自我诠释的存有**。人类不只需要以形态性的方式，亦即以构筑出所处背景的方式，来对自己与世界进行诠释，而且人和世界也完全无法与这种自我诠释截然分隔开来。我们作为个体的时候，我们是谁

161

---

[1] [……] 将"对文化过程进行'客观的'探讨"视为"把经验事物还原成'法则'"，并且将之视为科学工作的理想目的，是不明智的。[……] 之所以这是不明智的 [……]，是因为 [……] 没有一个关于文化过程的知识不是以意义作为基础而可以设想的。生活实在总是以个体的形式呈现出来的，并且在特定的个别关系中对我们来说会是有意义的；关于文化过程的知识就是以这种意义作为基础的。至于在何种层面上，以及在什么样的特定个别关系中，生活实在对我们来说会有意义，这不是任何一种法则可以告诉我们的，因为这是由价值观念所决定的，我们都是在某种价值观念下于个别情况中看待"文化"的。[……] 文化科学的先验预设，不在于我们发现某种或一般的"文化"是有价值的，而是在于我们都是文化人，天生有能力与意愿在面对世界时采取某种立场，并将意义赋予世界。不论被赋予世界的意义是什么，都会让我们在生活中面对某些人类共在现象时，从生活出发来进行评价，并且对这些现象采取重要的（可能是正面，也可能是负面）的立场。不论这种立场的内容是什么，这些现象都会因此让我们觉得具有文化意义，我们的科学兴趣也就是以此意义为基础的。(Max Weber, »Die ›Objektivität‹ sozialwissenschaftlicher und sozialpolitischer Erkenntnis«, in: ders., *Gesammelte Aufsätze zur Wissenschaftslehre*, hg.v. Johannes Winckelmann, Tübingen⁷ 1988, S.146—214, hier S. 180f.)

[2] Charles Taylor, »Self-Interpreting Animals«, in: ders., *Philosophical Papers*, Bd. 1: *Human Agency and Language*, Cambridge u. a. 1977. 另外还有：Charles Taylor, *Erklärung und Interpretation in den Wissenschaften vom Menschen. Aufsätze*, Frankfurt/ M. 1975; 亦可参阅 Hartmut Rosa, *Identität und kulturelle Praxis. Politische Philosophie nach Charles Taylor*, Frankfurt/M. 1998.

呢？或是我们作为社会的时候，我们是什么呢？我们活在一个什么样的世界中呢？这些问题都（也）取决于我们的意义视域或自我诠释。但这也意味着，**若有人能改变社会的自我描述或自我诠释的概念，那么这人也就能改变社会现实本身**，因为我们的语言是构筑社会现实的要素之一。社会现象本质上都是概念性的；对于任何社会制度，我们都必须基于建立这套制度的诠释视域，才能够理解或实现。而且这个诠释视域也不是孤立存在的，而是处于一个构筑出形态的脉络中的。

我在这里讲得很抽象，但只要举个例子就可以很好懂了。假设一个人早上起床去上班了：如果我们想真正**理解**或**解释**"去上班"这个**行动**是什么，那么我们就必须要了解现代薪资系统，了解现代的工作处与居住处是分开的，生产和消费是分开的，了解政治与经济、生命历程体制、资本主义经济，以及最后也必须了解（晚期）现代的主体性。如果没有这样一种能让我们认识社会形态轮廓的诠释视域，我们虽然也还是可以对"去上班"这种实践行动进行描述，也可以界定与之相关的事物，但我们无法掌握它的社会意涵与文化意涵。主体总是默默地根据其所处的社会形态的文化意涵来理解主体**自己的**行动，并为这种行动和自己的存在赋予意义。一方面这样的自我诠释会迫使我们不得不进行表达，另一方面自我诠释也必然是可辩论、可动态改变的。因此，社会的自我诠释过程，是社会当下之所**是**以及之后的发展方向；这个过程从来不会是静止的。如果我们今天的社会学因为没有形态概念，所以不想或不能参与这样的过程，那么社会学就会把这样的诠释工作错失给其他的社会领域（像是报刊、政党）了。但不论是对社会学本身，还是对社会或是对社会的构成来说，这都会造成很严重的后果。

如果社会学不再重构一个观察社会形态的视域的话，那么就会出现一个问题：社会学还能真正认识到什么？当然，如上述的例子提到的，社会学可以重构像是"通勤上班"这类的实践，可以探讨通勤时长和离婚率之间的统计关联。但这种研究并不能让我们知道工作、离婚、通勤对主体来说意味着什么，也无法让我们掌握这种发展趋势的制度脉络。还有，这种研究会把这类的实践和造成这种实践的制度简单当作本来就存在的事实，不会去重构这种实践的形态构成过程与形态构成逻辑，我们也无法通过这种研究看到其历史偶然性和文化偶然性。正是因为如此，所以阿多诺和他的战友在发生于 20 世纪 60 年代的著名的实证主义之争中，指出有一派社会学，相信可以放弃追问社会现象背后的形态力量，而阿多诺等人指责这一派的社会学有一种物化的倾向。[1] 而且这样一种贬抑社会理论的社会学，最终也其实并没有能力基于确切的概念，确认与呈现如 21 世纪德国柏林的生活与在 18 世纪印度海德拉巴的生活**的确是**以及**如何是**不一样的。当然，我们可以用很多方式找出两者的不同之处和其他很多相同之处（例如海德拉巴没有通勤上下班的情况，但可能和柏林一样有很高的离婚率，甚至两地的离婚率可能还相当类似）。但如果我们想确认两者的差异是否有系统性的意义和重要性，那么我们就依然必须用形态性的视域对其进行整合。

只要社会学的任务依然是澄清社会现象的结构性的与文化性的**脉络**，那么社会学就不可能放弃形态概念，因为形态概念可以超越个体差异和群体差异，找出一种基本倾向，并且可以用概念来掌握某种生活形式的文化特征和随形态而异的特征。如果没有像"社会""基督教"或"现代"这种集合概念，社会学就只能流于对一堆现象或一连串的现象进行描述（就算是很严谨的描述），亦即只能流于一大堆

163

164

---

[1] Theodor W. Adorno u.a., *Der Positivismusstreit in der deutschen Soziologie*, Neuwied 1970.

个别的观察，而看不到众多现象的脉络与其彼此的相互作用。它只会沦为行为经济学和行为心理学的结合。但众多现象是有脉络和相互作用的，并且正是这样的脉络和相互作用造就了社会学纯然的对象。如果不去尝试从根本上找出这些现象的结构推动力与文化推动力，不去看看这些推动力是如何造就核心的形态发展趋势与形态改变趋势，以及如何影响其历史—文化表现形式，那么我们就根本无法真正理解这一个个的现象，也无法解释与梳理这些现象。这不是说对诸多表现在个体、文化、性别、社会结构等方面的差异以及这些差异的重要性我们都可以视而不见，毕竟这些差异都形成显然极为不同的各种生活形式与生活实践；而是说，有种构成形态的力量是存在且会持续存在的，这种力量会在结构和文化方面发展出超越所有差异或是穿越所有差异的影响作用，我们必须认真看待这种力量。

如果社会学不再为社会的自我诠释提出有理论基础、有经验根据、以概念加以完善的建议，那么社会学根本上等于没有尽到应尽的社会责任（这亦是第二个社会政治后果）。从学术经营的角度来看，社会学有个基本信念，即社会学理应让现代社会（不论这个"现代"是从历史、范畴，还是地理的角度界定出来的）能进行自我反思、自我影响。这不同于政客或宗教人士。政客或宗教人士必然会、且根据定义当然也会有所偏颇。他们是偏颇的，不只因为他们有自己的立场，也因为他们会追随自己的特殊议题，即便这些议题在某种其实还需要进一步追问的形态当中是值得争议、值得商榷的。政客和宗教人士做的事和社会学不一样，他们不对形态的构成法则或构成力量进行科学分析，他们很明确地是要将形态推向某种特定方向。或换句话说，他们在一个已经给定的形态视域中发起某种运动。社会学也不同于记者。按照定义，记者必须运用在时间、方法、概念上受到强烈局限的专业写作手法，并且根据不同的情境来发展他们的诠释。记者（若真的恪守记者的本分的话）通常没有提出历久弥新的信息资源，也没有提出系统且广泛的形态分析，他们服务的媒体也没有提供一个空间或时间框架，让他们的诠释接受系统的、切磋性的批评。

所以我们应该认真想想，社会学是不是该为当下的社会形态提供一些真正的好建议，让社会形态在面对使自身手足无措的各种（像是生态、社会、经济、心理、或政治等方面的）危机现象时，能有像认知的、方法的、认识论方面的——简言之，科学的——资源可供使用。也就是说，我们应该认真想想，社会学是否该为社会在社会文化状态和历史现况方面的自我诠释提供尽可能好的建议，一个"最佳的说明"(best account)。我认为，如果我们认为社会学就是（或也可以是）社会理论的话，那么社会理论的核心任务正是在此。霍克海默在他于 1931 年担任法兰克福社会研究所所长的就职演说中，就已提出了这样的看法。他说，吾辈学者最重要的任务

在于，基于最新的哲学问题来组织各种研究活动，并且这种研究是哲学家、社会学家、国民经济学家、历史学家、心理学家长久以来在学术共同体团结起来并共同在从事的，[……]是所有真正的研究者会从事的。这种研究即是：根据最纯粹的科学方法，探究重要的哲学问题，并且在对研究对象进行探讨之后转变问题、明晰问题，构想新的方法，同时亦顾及一般性的事物。这样的研究，无法为哲学问题提供是与否的答案，而是会与经验研究的过程辩证地交融在一起。[1]

166

---

[1] Max Horkheimer，»Die gegenwärtige Lage der Sozialphilosophie und die Aufgaben eines Instituts für Sozialforschung«, in: ders., *Gesammelte Schriften*, Bd. 3: *Schriften 1931—1936*, Frankfurt/M. 1988, S. 20—35, hier S. 29f.

在这样的意义上，以及根据泰勒的看法，"最佳说明"[1] 在我看来意指尝试在一个给定的社会历史状况中，基于所有能用的资源（今天，这些资源有统计数据、访谈、自我观察，也包括宪法文本、法庭判决、新闻报道、教科书、社会运动的叙述、文学、艺术、电影……等等），针对急迫的、韦伯所谓的"文化问题"（正是这种文化问题让我们提出了能引起兴趣的问题），发展出尽可能好的（自我）诠释建议。泰勒的核心观点是，这样的诠释建议也必须认真看待行动者的自我诠释，因为行动者也是我们所要探究的现象的重要构成要素之一。

这个 [……] 基本的思路可以这样表达：除了我们在对事物进行最佳说明时所必须援用的特质、实体或特征之外，还有什么其他东西可以用来确认什么是真实或客观的，或是确认什么是我们习以为常的吗？我们所偏好的关于物理宇宙微观构成的本体论，现在包含了夸克、各种力以及其他我一知半解的实体。这与我们的祖先设想事物的方式是非常不同的。我们今天会认识到这一大堆实体，是因为今天我们认为最可信的对物理实在的说明，援用了这些实体。这样的一种说明方式，放在人类事务领域，没有理由是不同的。关于人类事务领域，我们要做的是去思考我们未来的行动，评估我们自己和其他人的特质、

---

[1]　舒尔特（Joachim Schulte）在把泰勒的《自我的根源》[Charles Taylor, *Sources of the Self. The Making of the Modern Identity*, Cambridge (Mass.) 1989；德译本为：*Quellen des Selbst. Die Entstehung der neuzeitlichen Identität*, Frankfurt/M. 1994] 翻译为德文时，将 best account 翻译成"最佳的分析"，或有时译为"最佳的解释"。但从原文来看，我觉得泰勒要说的是我们应为我们自己的经验或生活提供"最佳的说明"，也就是说 account 不太是"分析"的意思，而更多是呈现、表达、解说、阐明我们的理解视域的意思（参阅：Taylor, *Sources of the Self*, S. 58f., 68—70, 99, 106, 257）。

感受、反应、行为举止，**并且尝试去理解与解释这一切**。在经过讨论、反思、争辩、挑战、检视之后，我们会看到某些语汇对这个领域的事物来说，是最现实、最有洞察力的。这些术语所指认与揭示的东西，就会是让我们感到最真实的东西；若不是这些术语，就无法、也不应该会有同样的效果。[1]

　　一套社会理论的最佳说明于此意指在某历史时刻对社会状况的尽可能好的诠释。但什么样的诠释可以说是**尽可能的好**？判断的方式可以是，看看这套诠释在多大的程度上对于行动者来说在面对文化问题与自身的经验、恐惧、希望来说是有说服力的。当然，说服力可以基于可用的数据、资料来源与研究结果，通过商谈来进行检视。没有什么事**直接就是**有说服力的。更多情况是——可以比较一下夸克概念——社会科学必须经过一连串违反了直觉的、批判了意识形态的诠释与洞见，才能得出最佳说明。最佳说明必须通过努力不懈地寻找与钻研，探索日常概念中的各种矛盾，才能够表达出来。而在此，泰勒也注意到，社会学和自然科学没有什么不同。例如广义相对论，极为背离我们的日常经验，但它却是当代物理学的最佳说明。

168

　　然而，社会科学领域的最佳说明无可避免都是会遭遇争议的。社会理论给出的从来都不是确切的"永恒真理"，而是诠释。这种诠释不是**知识**，而是**有根据的建议，让人们可在面对有特殊问题的情况时能用于自我理解**。这些诠释建议需要在不同的话语竞技场中，

---

[1]　Taylor, *Quellen des Selbst*, S. 133f.（着重处为罗萨所加）；亦可参阅：Charles Taylor »Bedeutungstheorien«, in：ders., *Negative Freiheit? Zur Kritik des neuzeitlichen Individualismus*, mit einem Nachwort von Axel Honneth, Frankfurt/M. 1988, S. 52—117, hier S. 99—102，以及可参阅：Hubert Dreyfus, *Charles Taylor*, *Die Wiedergewinnung des Realismus*, Berlin 2013。

根据非常不同的社会脉络中各种行动者的经历与反驳，来加以检视、优化、扩展。最佳说明的经验基础，不是特殊的数据命题，亦即不是运用统计调查资料或专家访谈就能得出的。[1] 相反的，最佳说明的经验基础涉及的是综合性的提纲，这种提纲是通过大量的资料来源的消化后得出的，并且由此发展出系统性的形态诠释。它必须经受经验性的验证与检验。所谓的检验，不是意指用一套以严格的方法设计出来的检验程序来验证，而是要放在广泛的话语当中根据现实来检视。在我的理解中，一套在学术象牙塔里闭门造车的社会理论，绝不会是最佳说明。如果理论拒绝直面不同观点与批判的话语，那么它就不可能正确地探究社会行动者（像是学生、流浪汉、企业家、伐木工、舞者）的经验、诠释、知识构成。同时，在最佳说明（若真的有资格称为最佳说明的话）中汇流在一起的各种社会经验知识，应来自各种地方、各种观点。唯有如此，提出说明时难免会犯下的人类中心主义，或是特殊的性别、阶级、年龄等等的狭隘偏见，才可以被认识到，并且也许可以渐渐修正掉。在此意义下，**公共社会学**不仅意指社会学应将所提出的诠释建议提供给社会，也意指须尝试从不同社会经验视域和不同实践中的知识构成中生产尽可能好的诠释建议。[2]

一个社会学的诠释建议，一个最佳的社会说明，其适用性与质量取决于人们借助它能看到与认识到什么。它能揭示什么样的脉络？可以认识到什么样的发展趋势与解释什么样的问题脉络？它可以让人们表达出什么样的经验？但此外，其适用性与质量也取决于

---

[1] 不过，在众多经验资料来源当中，这类的数据命题当然——通常是以次级分析的形式——可以加以援用、也应该援用。

[2] 关于近来被广泛探讨的"公共社会学"，可参阅：Michael Burawoy, *Public Sociology. Öffentliche Soziologie gegen Marktfundamentalismus und globale Ungleichheit*, hg. von Brigitte Aulenbacher und Klaus Dörre, mit einem Nachwort von Hans-Jürgen Urban, Weinheim, Basel 2015.

它为我们对可能的社会行动另类选项的讨论提供了什么样的动力。还有，一个社会理论的最佳解释还必须能激励社会研究，也就是说可以提供视野与激发研究问题，让人们可以通过社会经验研究方法来加以探究。"社会理论从自身出发能做到的事，和凸透镜的聚焦力量是一样的。如果社会科学不再能燃起思想，社会理论的时代也就走到尽头了。"哈贝马斯在《沟通行动理论》中如此宣称。[1] 今天许多被视为经典的社会学著作，像是韦伯的《新教伦理与资本主义精神》，埃里亚斯的《文明的进程》，或是布迪厄的《区分》，阿伦特的《人的境况》，哈维的《后现代情境》，或是较近的亚彻的《晚期现代性的反思要务》等等，这些都有这样的效果。贝克在《风险社会》里的一些看法，像是个体化命题，以及舒尔策（Gerhard Schulze）的《体验社会》，也为许多关于生活风格与生活体验圈的现象提供讨论切入点并激发研究。[2] 又或是莱克维茨最近的《独异性社会》和我自己的《加速》，也可以视作这一类的尝试，亦即为最佳的社会说明提供概念基础。因为只要社会情境还会不断前行与改变，最佳说明就要不断在更动与改变中进行理解。如前文提过的，社会的自我解释是永无止境的；任何人若企图想将某自我解释变成一套超越时间的固定说法，那么这种说法最终必然只会成为一种意识形态而已。

虽然这一类的社会理论式的形态分析也会用到叙事或经验报告等素材，并且其论证可信度需要通过这些素材来检视，但它当然在学术方面有它自己的独特之处，即它为某社会情况所给出的诠释建议必须基于一种有概念内涵、有理论根据、有经验支持的基础之上。

[1] Jürgen Habermas, *Theorie des kommunikativen Handelns*, Frankfurt/M. 1981, Bd. 2, S. 563.

[2] Jörg Rössel, Gunnar Otte (Hg.), *Lebensstilforschung* (= *Kölner Zeitschrift für Soziologie und Sozialpsychologie*, Sonderheft 51), Wiesbaden 2011.

不过于此我们会碰到一个社会学从建立之初就遭遇到的根本问题，即结构理论与行动理论之间的对立。这种对立有很多变体，例如宏观社会学和微观社会学之间的对立，方法论整体主义与方法论个体主义之间的对立，结构主义与文化主义或唯物论与观念论之间的对立，**理解**与**解释**之间的对立。我的命题是，所有这些对立——或是人们也可以说这是一种张力——都有**一个**共同的根源。这些对立之所以会出现，都是因为现实同时可以从**内部**与**外部**来进行描述，而这两种描述却几乎是无法调和的。从外部进行的描述，亦即从**第三人称的观点**所进行的描述，可以用研究与描述行星、原子或植物的方式来研究与描述社会实践与社会制度。从内部进行的描述，亦即**从第一人称的观点**所进行的描述，则旨在面对"生命的客观化"与由此形成的制度及实践时，通过狄尔泰（Wilhelm Dilthey）、伽达默尔（Hans-Georg Gadamer）、韦伯、泰勒、哈贝马斯以及现象学意义上的**理解**，亦即探究其意义视域与动机缘由，来进行揭示。[1] 例如卢曼发展出的系统理论里提到，功能分化的社会不同于碎裂分化或层级分化的社会；这种说法，跟专注在阶级结构的马克思主义社会分析一样，都是呈现出一种**结构主义式的**、亦即基于第三人称观点的说明。而舒尔策在《体验社会》里提出的诊断，或是泰勒在《自我的根源》中呈现的对现代性的分析，则最终属于一种**文化主义式的**、亦即基于第一人称观点的描绘。

当然，在社会科学中，很大程度上人们都同意，这两方面——尤其当一方面作为**结构**、另一方面作为**行动**的时候——对一个最佳的说明来说是必须调和起来的，而且一直以来都不乏调和两者的尝

---

[1]　Dan Zahavi，*Subjectivity and Selfhood. Investigating the First-Person Perspective*，Cambridge（Mass.）2005.

试，像是结构化理论[1]，或是强调"既是结构化的结构，也是被结构化的结构"的惯习概念。[2]但至今为止，都还没有人能提出有说服力、大家一致认可，并且能在实际上给出无所不包的最佳说明的调和方案。如同亚彻非常恰当地观察到的（或是我认为她非常恰当地观察到）[3]，所有这些调和都有个问题，就是它们都违反初衷地把其中一个方面当作自主的，亦即认为其中有一方面会对另外一方面产生因果作用力，因此要么将行动视为结构影响下的结果（"向下因果作用力"），或是反过来将结构的构成从行动的逻辑来进行解释（"向上因果作用力"）。又或是像许多实践理论的变体，直接不把这两种观点区分开来，亦即将情境构成部分不加区分地等同于实践要素（"趋中合并"）。[4]而亚彻的做法则不同，她基于很有说服力的理由指出，我们可以认真看待两个面向的**自身意义**与自身逻辑，并同时从各自的潜在矛盾出发生产出解释力。

我同意亚彻的看法。我们必须通过分析才能得出对一个社会情况的最佳解释力，这种分析要以透视的方式兼顾社会形态的结构状态与文化状态，并且不只要考虑到结构和文化各自的自身逻辑与独特性，同时还要研究两者的相互作用，以将对两者的探讨结合成社会形态分析。但我还有个不同于亚彻的建议，即我们不能只从结构与行动之间的**时间**差异出发来理解结构和文化的相互作用，而是这两者从范畴上就牵涉不同的社会事物构成要素。换句话说，我们

173

---

[1] Anthony Giddens, *Die Konstitution der Gesellschaft. Grundzüge einer Theorie der Strukturierung*, Frankfurt/M., New York 1988.

[2] Pierre Bourdieu, *Die feinen Unterschiede. Kritik der gesellschaftlichen Urteilskraft*, Frankfurt/M. 1982, S. 279f.

[3] Margaret Archer, *Realist Social Theory. The Morphogenetic Approach*, Cambridge 1995.

[4] Ebd., S. 93—134. 或是像吉登斯曾建议，可以将二元论的这两边轮番进行理论探讨（*Die Konstitution der Gesellschaft*, S. 30f., 288f.）；但这样做并无法解决这个二元论问题，因为这两个观点各自提出的诠释建议就是无法调和在一起。对吉登斯这个建议的批评，可参阅：Heide Gerstenberger, »Handeln und Wandeln. Anmerkungen zu Anthony Giddens' theoretischer ›Konstitution der Gesellschaft«, in: Prokla. *Zeitschrift für kritische Sozialwissenschaften* 18 (1988), S. 144—164。

不可能通过结构状态与制度状态（这是人们可以从第三人称的角度进行描述与分析的）来理解社会变动与社会动力。要理解社会变动与社会动力，我们还需要**社会能量**概念。借助这个概念，我们才能解释所谓的"社会过程"。我的命题是，这种（推动）能量只能从文化背景来揭示，亦即从行动者的恐惧、希望或欲望，因而也是第一人称的观点来掌握。这是什么意思？我用一个简单的类比来解释：我们假设几百年后，一个完全不同于我们今天这个时代的文明的人类学家发现了一辆汽车。这些人类学家不可能单凭这辆车的物质构成部分，就知道这东西是什么、意味着什么，以及它会做什么与造就出什么。为了真正理解这玩意儿、这个东西，人类学家必须让它动起来，必须**驾驶**它。同样的，我们可以将一个社会形态的阶级结构或阶层结构，当作一种结构造物——或用布迪厄的话来说，一种社会空间——来进行精致的分析与呈现；但关于社会变动，我们则必须对行动者的（随不同阶级而有所）不同的自我诠释进行分析。

在我看来，当代系统理论的缺失，显然就在于它没有从文化主义的角度对社会变动能量与实质的社会过程进行分析。系统理论常常强调，现代社会是复杂的、分化的、具有多重透视点的，每个次系统都遵循着它自己的**符码**。由于**系统理论**认为，所有有趣的变动，亦即社会斗争、社会变迁等等，都是在现代社会形式的**内部**于**纲领**的层次上进行的，所以系统理论无法理解社会动力。因为，如果要理解社会动力，那么光说现代社会**就是**存在着进行购买与贩卖、统治与对抗，是不够的，而是还必须要去了解有**什么**被买卖了，以及为什么这些东西被买卖了，**哪些**纲领被用来进行统治、对抗又是**反对了什么**，又或是科学**出于什么理由**因此认为**什么**是对的或是错的。但是卢曼追随者们的系统理论完全不谈这些事，因为他们把第一人

174

称的观点——亦即从行动者的自我诠释产生的文化推动力——明确、系统性地从他们的诠释建议中排除掉了。[1]

我以下想建议的最佳说明，会从结构方面开始，亦即会借助动态稳定概念从第三人称的观点，对现代社会形式进行描述。我将指出，现代社会的特征，就是它会为了结构的持存而必须不断增长、加速、创新。但结构和制度不会自己就在增长、加速、创新。它还必须要一种**推动能量**。这种推动能量则必须通过主体的害怕、希望和野心才能获得。而这唯有进一步再从第一人称的观点，亦即从文化主义的层面，才能加以揭示。不过这种推动能量也是在结构情境与制度情境中形成、塑造，或有可能甚至是从中生产出来的。[2] 我觉得社会学、乃至于社会科学最大的概念缺陷，就是缺乏系统性地论证过的社会变动能量概念，或甚至根本就**完全没有**社会变动能量概念可用。正是因为如此，所以虽然很多人都强调过社会的过程特质，而且有很多人致力于发展社会变迁理论，但社会还是似乎难以避免地会呈现为一种静态的结构。

三、观点二元论与最佳说明的三个层面

我的论点是，一个作为最佳说明的形式分析，第一人称与第三人称的观点必须并行不悖，不过两个面向在分析上必须区分开来，对各自的意义与两者间的相互作用、相互交叠进行研究。唯有如

---

[1] Armin Nassehi, *Soziologie. Zehn einführende Vorlesungen*, Wiesbaden 2011.

[2] 这种双轨概念，或者也可以说是二元概念，哈特（Michael Hardt）和奈格里（Antonio Negri）也在他们基于德勒兹（Gilles Deleuze）的哲学所撰写的帝国三部曲著作中（或隐或显地）提出过（*Empire. Die neue Weltordnung*, Frankfurt/M., New York 2003；*Multitude. Krieg und Demokratie im Empire*, Frankfurt/M., New York 2004；*Common Wealth. Das Ende des Eigentums*, Frankfurt/M., Campus 2010）。他们同时把帝国既当作一种死的生产力控制结构，也当作一种众生的创造能量，并将两者并列在一起。

此,才能在社会学的层面上对社会形态的构成法则与变动力进行掌握。如果没有对产生这种形态的动机能量、欲望、野心、恐惧、预想、希望、威胁等（从文化方面）加以理解,就无法理解社会的变迁动力与变动能量。但如果没有对制度现实进行（结构方面的）理解,那么也同样无法理解恐惧与欲望的形式和方向。唯有兼顾这两方面,我们才能界定一个社会形态的总体特征。正是这个总体特征,构成了一种特殊的**世界关系**形式,一种既是广泛、一般的,也是随历史而异的世界关系。

不过,要建立一套系统性的社会理论,仅仅进行形态界定是不够的,而是必须在观点二元论 [1] 之上还要再搭配上三个层面。这里我遵循的是源于法兰克福的批判理论传统轴线的一个信念:社会理论与社会批判两者系统性地、密不可分地息息相关,一个社会理论不能从中立的立场、"本然的观点"（view from nowhere）来进行发展,而是必须针对某个迫切的文化问题,以此问题作为基准点来提出理论。[2] 与批判理论共享这个观点的,不只有韦伯 [3],还有如杜威（John Dewey）之类的实用主义者 [4],如沃尔泽（Michael Walzer）等社群主义者 [5],以及法语区的**以批判为对象的社会学**的代表人物。[6]

[1] "观点二元论"是我援引自弗雷泽（Nancy Fraser）在与霍耐特进行辩论时提出的概念。见:Nancy Fraser, »Soziale Gerechtigkeit im Zeitalter der Identitätspolitik«, in: dies., Axel Honneth, *Umverteilung oder Anerkennung? Eine politisch-philosophische Kontroverse*, Frankfurt/M. 2003, S. 13—128, hier S. 84—90。

[2] Hartmut Rosa, Jörg Oberthür u. a., *Gesellschaftstheorie*, München 2020.

[3] 在一个专业化的时代里,所有的文化科学研究在基于某些提问而针对某些素材、并建立自身的方法原则之后,都会将这些素材的处理视为自身的目的 [……]。但这样的色彩会在某个时候出现改变:[……] 伟大的文化问题的光芒会再次绽放。这时候,科学也必须做好准备,改变自身的立场与概念体系,并从思想的高度将目光望向事件之流。它会跟随能为其工作指引意义与方向的星辰。（Weber, »Die ›Objektivität‹ sozialwissenschaftlicher und sozialpolitischer Erkenntnis«, S. 214）

[4] John Dewey, *Erfahrung, Erkenntnis und Wert*, Frankfurt/M. 2004.

[5] Michael Walzer, *Interpretation and Social Criticism*, Cambridge (Mass.) 1987; ders., *The Company of Critics. Social Criticism and Political Commitment in the Twentieth Century*, London 1989.

[6] Luc Boltanski, *Soziologie und Sozialkritik*, Berlin 2010.

之所以会有社会反思，是因为人们经验到，并逐渐清楚认知到实际的危机与问题。之所以会有社会反思，是因为人们知觉到**有些事情是不对的**，有些现有的状态与发展是需要批判的。有一些时刻会让人非常生气，并且这些时刻引起了会引导形态变迁方向的自我诠释，让研究者选择将注意力投注在这些时刻上。之所以会引起这样的选择，是因为从认识论来看我们不可能将一个形态的**所有**可以设想的特质都包含进最佳说明里头。令人生气的时刻，令人觉得不对劲的感受，可以从文化的角度来进行探讨，可以从结构的角度进行探讨，但也可以（而且可能也是最常采用的）针对这两个角度之间的关系来进行探讨。文化角度的探讨，通常在于行动者自我诠释时的主观痛苦经验或矛盾；结构角度的探讨，旨在探讨在我们的危机感受中，以及在我们为回应此感受而表述出来的理论批判中，所观察到或猜想到的功能紊乱或结构错误发展。

另外，我们首先必须将一个社会理论系统性地区分开两个层面：**分析**层面，以及**诊断**层面（或曰**批判**层面）。我所谓的**分析**，意指系统性地从结构角度与文化角度指认与界定一个社会形态的构成特质与发展趋势。**诊断**意指在指认与界定的同时指出其错误发展、紊乱或病态，亦即通过批判的尺度指认出当中**值得批判之处**。当然，这样一种最终审判的尺度，必须回过头来联结上所诊断的主体苦难（即便主体自己没有意识到这个苦难）。

在批判理论中，有争议的地方在于社会理论的第三个层面[1]；这个层面被我称为**治疗**（我知道采用这个医学上的词汇，可能会有一些隐喻上的或其他可以想见的问题）。之所以提出这个层面，是因为

---

[1] 有的极端的观念批判认为，批判理论也应该提供一个可以判断是否成功的尺度。参阅：Michael Brumlik, »Resonanz oder: Das Ende der kritischen Theorie. Rezension zu: Hartmut Rosa, Resonanz. Eine Soziologie der Weltbeziehung«, in: *Blätter für deutsche und internationale Politik* 5 (2016), S. 120—123。

我想尝试从分析和诊断当中发现一个可以超越所观察到的错误关系或错误发展的可能性或出发点。当然，若要用单纯的理论工具做到这一点，前提是这样的出发点本身已经存在于社会实践中了，亦即在实践的同时人们的内心世界已经感受到超越的契机。[1] 对于一个系统性的社会理论框架来说，包含进"治疗"这最后一个步骤是非常必要的，而这个必要性来自最佳说明的内在构成逻辑：如果对历史中危机情况的形成给出尽可能好的诠释，如果其目的是想为社会的自我诠释提供贡献的话，那么就必须同时要提出建议，或推荐可行的行动，或至少（如果我们接受韦伯的看法，认为社会学在价值讨论方面的贡献 [2]，就是）要为未来的形态塑造提出**各种可能的行动选项**或乌托邦的视野。

以下，我想为我至此都还相当抽象地发展出的纲领，给出具体的内容与色彩，从我上述的原理论思考出发，以六个步骤为我自己关于现代社会形态与其当代现状的最佳说明添砖加瓦。我会先回顾我先前尤其是在《加速》与《共鸣》两本著作中进行过的前期研究。但我会在回顾中时不时凸显出我对**晚期**现代的形态分析，以得出对于当代的最佳说明。这样做，无可避免地被抹消掉不同历史阶段的文化方面的（有部分也包括结构方面的）差异，所以可能会让读者觉得在我的诠释建议中现代性总是稳定、同一的，仿佛我们谈到的19、20、或21世纪的社会彼此没有差异。但事实上我在我的《加速》中已经尝试系统性地讨论过，虽然提升

---

[1] Hinrich Fink-Eitel, ›Innerweltliche Transzendenz‹, in：Merkur 47 (1993), S. 237—245；Axel Honneth, »Die Soziale Dynamik von Missachtung. Zur Ortsbestimmung einer kritischen Gesellschaftstheorie«, in：ders., Das Andere der Gerechtigkeit. Aufsätze zur praktischen Philosophie, Frankfurt/M. 2000, S. 88—109, hier S. 92.

[2] Max Weber, »Der Sinn der ›Wertfreiheit‹ der soziologischen und ökonomischen Wissenschaften«, in：ders., Gesammelte Aufsätze zur Wissenschaftslehre, hg.v. Johannes Winckelmann, Tübingen ⁷1988, S. 489—540, hier S. 510—512；Hans-Peter Müller, Max Weber. Werk und Wirkung, Köln 2020, S. 174—184.

逻辑或动态稳定原则事实上已渗透进（也因此界定了）现代性的结构特征，但与此相关的（且或多或少仍持续的）加速过程造就了一个重大的文化转捩点，区分出早期现代、古典高度现代，以及晚期现代。[1] 我们可以从社会变迁的速度与世代交替的节奏之间的关系来明确看到这个转捩点，亦即社会文化的变迁，从**许多世代**才会发生，变成**每个世代**之间就出现的变迁，再到现在变成**一个世代之内**就发生了变迁。（从理念型的意义上来说的）早期现代的世界关系首先会被假设或感觉到虽然总有物是人非、沧海桑田的情况，但**世界**总体来说没有什么不一样，不同世代总是共享着同一种世界。古典高度现代的特征则是，一个新世代就会产生一次的创新，父母（或祖父母）的世界与孩子的世界不再一样了。如寇瑟列克（Reinhart Koselleck）指出的 [2]，历史处于变动中了。这也牵涉主体性的、政治操控的、历史感受的特殊形式。到了晚期现代，情况又变了。在 20 世纪最后 30 年间，由于**政治的、数字化的、新自由主义的**三重革命性变革，在 1990 年左右更加遽了这种变动，而且这些革命性的变革还没有结束。社会变迁的速度（以文化方面不断加剧的当下时态的萎缩作为形式）变成世代之内的了。这也就是说，仅单一个世代的人已经对于日常行动的条件稳定性越来越不抱期待，并且因此人们的主体形式、政治模式、历史经验也重新出现了变化。[3] 由此可见，我绝不觉得现代性是静止的。而且我也要再三提醒：这种社会形态几乎遍布了全世界，它以非常野蛮、残酷的殖民暴力与镇压向外扩散，也以各种种族主义、性别主义、排除、剥削、圈界的形式向内渗透。但为了界

180

---

[1] Rosa, *Beschleunigung*, S. 47—50, 178—189, 444—459.

[2] Reinhart Koselleck, *Vergangene Zukunft. Zur Semantik geschichtlicher Zeiten*, Frankfurt/ M. 1989.

[3] 详细的讨论可见：Rosa, *Beschleunigung*, S. 428—490。

定现代社会形态在结构上的自身逻辑与文化上的推动力，检视有哪些方面（以及其他的病态现象，像是环境破坏）从中产生出来，以下我会仅聚焦在被我视为持续且一般性的推动机制。

第二章　动态稳定与扩大对世界的作用范围：现代社会形态分析

　我在前文已清楚解释过为什么我认为社会学不能仅探讨物、人、观念、财物等事物的来回作用、变动、组合，以及为什么仅根据自然科学的模型研究各种事物关联的定量经验研究是不够的，亦即为什么我坚信一个学科不能没有社会形态（或社会）概念。但我还没有详细说明这个概念究竟具体来说是什么意思。我所谓的社会形态，意指一种基于**道德地图** [1] 而来的文化视域与某种结构的、社会的制度系统或制度安排之间的形态关联。当中，文化视域界定了什么是值得追求的、什么是必须避免的，并因此生产出各种推动能量，例如希望、欲望、期望、承诺，或恐惧、忧虑、受威胁感。制度系统或制度安排则确保了物质再生产。文化视域和制度系统的共同作用会造就出其特殊的主体形式，以及尤其是特殊的**世界关系**。[2]

---

[1]　道德地图概念是我基于泰勒的哲学而详细发展出来的。可见：Rosa, *Identität und kulturelle Praxis*，v.a. S. 110—118。"道德"在这里是非常宽泛的认知—评价的意思。

[2]　关于世界关系概念。详见：Hartmut Rosa, *Resonanz. Eine Soziologie der Weltbeziehung*，Berlin 2016，v.a. S. 61—70。

182 　　文化视域和制度系统相互渗透、相互构成，因此两者的共同作用会构成形态；但其中一方不能被还原成另外一方。文化与结构是相互依存的，但它们也是以部分自主的、弹性的方式交织在一起的。也就是说，不论在哪里，这两者的改变与发展都有自身的逻辑，文化与结构有自身独立的发展过程，在一定的弹性边界内一方的发展对另外一方并不会造成重大影响。所以（例如文化动机与制度施行之间的）矛盾与张力可以跨越很长的时空而存在，但同时在任何行动情境下两者也会有持续的相互作用。然而，若超出了弹性边界，并且在相互作用与日俱增的情况下，这两个层次之间的张力和矛盾就会导致结构上的和文化上的病态，使得形态必须遭受过破坏才能以变迁的方式进行适应。如果社会制度一直造成对于运作中的道德地图来说无法接受的结果，那么就会产生**结构**病态；相反的，如果制度现实无法为行动者提供动机，或是无法为具有推动力的恐惧和希望提供可靠的基础，那么就会产生**文化**病态。[1]

　　这对于分析来说首先意味着，若我们想理解历史早期的狩猎采集社会，那么人类共同生活的物质再生产与制度结构，以及对自我与对世界的文化理解（亦即世界关系），这两者同样重要。但这无法

183 解答前文提到的问题：各种不同的社会形态如何在时空中确立出区隔开彼此的界线？在我看来，这类的讨论都有个毛病，即在面对形态概念（如**现代**）时，我们一直都在追问一个清晰明确的定义标准和界线。但其实任何的形态概念，就算是牵涉到具体对象范畴，甚至是"自然"范畴（例如家具、颜色、植物）的形态概念，本来就

----

[1]　关于这种弹性的耦合以及由此产生的病态，我在我的一篇论文《自我诠释的四种层次：诠释学的社会科学与社会批判纲要》中已尝试发展出一套详细且复杂的模式。（该文收录于：Hartmut Rosa, *Weltbeziehungen im Zeitalter der Beschleunigung*, Berlin 2012, S. 104—147）

从来不可能有明确的定义和界线。然而这并不妨碍我们在语言上建立起各种可以知觉到、可以区分出来的明确原型范畴，不妨碍我们对这些原型给出没有争议的分类。例如颜色，观察者可以明确知觉和指认出这是红色、那是黄色。**虽然**这两个颜色之间有流动的、很难具体指认出来的过渡色（例如红色和黄色之间还有个橘色），或者说其实在每个颜色当中都还有我们可以命名并指认出来的中间色调（例如胭脂红、玫瑰红、淡红，或是金黄、印度黄、柠檬黄等等），**但**即便如此也并不会有人认为"红色"和"黄色"概念是应该抛弃掉的。类似的情况还有灌木与乔木之间的区分，或是玻璃杯和瓷杯之间的区分，等等。虽然明确划出界线是很困难的，因为当中本来就没有明确的分界，而且划定界线的标准也常是不明确的。例如也有很高的灌木和很矮的乔木。但这并不妨碍我们区分出不同的原型，不妨碍我们区分出明确的、可作为范式的模式范例。[1] 这也就是为什么例如在区分瓷杯和玻璃杯方面我们可以有各种不同的"瓷杯理论与玻璃杯理论"。我们可以根据形式、功能、硬度、透明度等等来描述瓷杯或玻璃杯。虽然我们当然可以不断找出反例，例如可以有瓷杯是透明的、没有把手，有玻璃杯被拿来装热饮、瓷杯被拿来装冷饮，甚至也可能有瓷杯被用来装红酒、玻璃杯被用来装咖啡，又或是有的杯子既不是陶瓷，也不是玻璃，瓷杯和玻璃杯的区分对其完全不适用。但这并不妨碍我们对概念的需求，也不妨碍我们可以清楚区分出不同原型。所以我认为，就算没有明确的边缘和界线，我们也还是可以指认出某种形态关联，将之描述为是"现代的"。

184

---

[1] 对此，一个极有启发性的研究，可见：Eleanor Rosch, »Principles of Categorization«, in: dies., Barbara Bloom Lloyd (Hg.), *Cognition and Categorization*, Hillsdale 1978, S. 27—48。

　　总的来看，不同的世界关系反映了不同的社会形态，世界关系是社会形态在其文化要素与结构要素的**共同作用**下所实现出来的。如我在《共鸣》中尝试指出的那样，我们不能将**世界关系**简单理解为人与其世界或环境之间的关系，因为人与世界不是首先被先验地给定了，然后两者才产生关系，而是因为处于关系中了，所以两者才会出现。关系与处于关系中的事物是**同源的**。不过，在一种认知捷径的意义上我们可以说，人类唯有处于与所知觉到的世界的关系中才能成为主体，唯有集体相处才能构成社会，而这样的世界关系必然既会有物质与制度的面向，也会有文化与主体面向。同时我们不能把关系想成是一种铁笼或固定的安排，而是一种主体与对主体而言呈现为世界那个东西之间持续的、动态的相互作用过程。世界关系是一种动态的相互作用（inter-action），或是我们大胆一点地用博拉德（Karen Barad）的话来说，是一种持续的"内在作用"（intra-action）。[1]

185　　所以，以下我终于要来考察现代的世界关系整体了，并尝试为结构状态与文化推动力给出最佳说明。这些结构状态与文化推动力，确立了当代社会的核心发展趋势与改变趋势，也形塑出作为历史—文化社会形态的现代生活形式。如我前文提到的，我没有要否认个体、文化、性别、社会结构等方面的差异，这些差异的确为生活形式和生活实践带来了许多显著的不同。我只是想指出，我们必须认真看待能够构筑出形态的各种力量的存在与持存，因为这些力超越或贯穿了所有差异，发展出形塑了结构与文化的作用力。根据我在前文系统性地发展出来的社会批判理论纲领，我首先要来对结构的与文化的形态特征进行分析。

---

[1] Karen Barad，*Meeting the Universe Halfway. Quantum Physics and the Entanglement of Matter and Meaning*，Durham，London 2007.

一、第一个基石：动态稳定

如我从《加速》以来所撰写的一系列作品中尝试指出的，现代社会的原型的结构特征（以及由此特征造就的各种制度）就是现代社会唯有保持动态才能维持稳定。意思是，它唯有以提升为模式才能维持其结构，亦即它必须仰赖持续的（经济）增长、（科技）加速、时时的（文化）创新，才能再生产它的制度现状。因为不论是经济增长，还是创新成就的提升，都可以被视为加速（只是形式不同），所以我们总的用**加速**来标示现代社会的（结构）特征。因为，**经济增长**意指生产、消费、分配等方面，今年必须做得比去年更多（亦即更快地）。价值提升就是以"更多"的形式实现的。此外，在资本主义竞争经济中，生产力一直被迫要不断提升，也就是说商品与服务被迫要加速生产。[1] 相反的，创新压缩则意指技术、组织、社会等方面的更新要在越来越短的时间间隔之内进行更替，而这也意味着当下时态已经萎缩得越来越短，或是社会变迁加速得越来越快。[2]

对于深受资本主义影响的现代社会形态来说，重点倒不是增长、加速或创新提升本身，而是其**内生的**结构必然性。意思是，就算没有任何文化方面的渴望或是与环境有关的理由在推动增长，这一切也还是会发生。虽然经济增长与另外两种提升形式有着内在的关联，但经济增长本身也还是必然会出现的，因为唯有如此现代社会

186

---

[1] 在这方面的一个详细的阐述，可见：Hartmut Rosa, »Escalation: The Crisis of Dynamic Stabilization and the Prospect of Resonance«, in: Klaus Dörre, Stephan Lessenich, Hartmut Rosa, *Sociology*, *Capitalism*, *Critique*, London 2015, S. 280—305 sowie Rosa, *Resonanz*, S. 671—690。

[2] Rosa, *Beschleunigung*, S. 176—194.

整体制度宪章的运作方式才持续下去。[1] 用更言简意赅的说法来说,就是:若徒有越来越高的生产力,但经济没有增长,那么首先有一堆人会失业了,然后各工厂、企业会倒闭,国家税收减少,同时必要的社会服务和基础建设的支出还是会不断增加。接着政治形态的施展空间就会变小,因为资源开始短缺,同时卫生部门、养老机构、教育系统、科学系统、文化活动等等全都会因为越来越严重的补助短缺而陷入危机。最后,整个社会系统与政治系统都会失去正当性。

187

虽然的确至少在民族国家层次上也是有国民经济很长一段时间并没有真正经济增长的情况,例如 20 世纪 90 年代之后的日本经济,但这并不是说我们就可以借此逃脱现代形态结构的增长律令。就算没有增长,理性化的加速和创新依然会为人们带来越来越大的压力,因为 G—W—G′ 循环依然存在。这个简单的经济公式很扼要地用一些简短的符号为我们呈现出现代性的提升原则:金钱(G)只用于投资(W),亦即必须挹注于经济活动,因为实际上我们真正的目的是通过更多的投资来获得更多的获利、收益或利润(G′)。也就是说,并不是因为系统之外(例如因为外在的人口增长、资源短缺、生态变迁、军事威胁)的压力,所以人们被逼不得不凡事都要增长、加速、创新,而是这些都是内生的系统逻辑本身。这也造成一个后果:例如连建筑行业也尝试以增长为目标,即便居住空间和办公空间已经供过于求而导致房市危机了;或例如汽车工业和航空工业不断致力于制造和贩卖更多的汽车和飞机,虽然我们在文化和政治方面已经有了共识,认为这些产品会破坏生态以至于达到人类自我毁灭的地步;或例如食品工业尝试通过实验加入各种各样的添加物,

---

[1] 对此,一部非常有启发性的著作,可见:Claus Offe, *Strukturprobleme des kapitalistischen Staates. Aufsätze zur politischen Soziologie*, Frankfurt/M., New York 2006。

阻断胃和脑之间的饱腹信号，让已经体重过重的人还是会不断想再
吃更多东西。[1] 信息技术巨头们也找到了另一种方式，可以确保智
能手机、平板电脑等产品的可以不断有大量的置换更新：它们为客
户提供的合同中已经预计在几年之后就会自动淘汰掉该设备。这种
"提升游戏"既非出自需求（亦即不是因为消费欲望），也不是由生
产的创新和发明的乐趣所推动的。这场游戏的起因更多是由结构所
逼迫的，因为如果要维持（就业岗位、薪资、医疗保健、养老金等
等的）现状，只能通过不断的提升才得以可能。

　　我已多次指出，提升逻辑不只是资本主义经济的一项特质，而
是我们也可以在社会中其他的价值领域和功能领域中看到这种逻辑。
例如动态稳定亦是科研工作的显著特征。与非现代社会的情况不同，
科研工作**如今**已不再是为了传统知识的保存与传承，而是着眼于持
续扩展已知和可知事物的边界。关于"科研工作"这种探索知识的
活动形式——正如德语的"科学"（Wissenschaft）字面上便意指"知
识"（Wissen）的"集合"（-schaft）——的内在动力，韦伯在他著名
的讲稿《以学术为志业》中就已注意到：

　　　　在科学中的我们每个人都知道，科学研究在十年、二十
　　　年、五十年之后就会过时了。这是科研工作的命运，甚至这就
　　　是科研工作的**意义**，科研工作［……］必须听命与服从于此。
　　　每项科学研究的"完成"，都意味着它提出了新的"问题"，因
　　　此它**希望**能被超越、能过时。［……］但在科学上被超越，不只
　　　是——容我再说一次——我们所有人的命运，而是我们所有人

---

[1]　Jörg Blech，»So schmeckt die Zukunft«，in：*Spiegel Online* vom 17. 3. 2017，〈https://www.spiegel.de/politik/so-schmeckt-die-zukunft-a-11d193e-0002-0001-0000-000150112489〉，letzter Zugriff am 23. 5. 2021.

189 的目的。我们从事科研工作时无不希望将有其他人比我们走得更远。原则上这种进步是永无止境的。[1]

如同现代经济的核心是自我驱使的 G-W-G′ 动力一样，现代科学的基本动力亦是**知识—研究—更多知识**（Wissen-Forschung-vermehrtes Wissen，W-F-W′）。现代艺术——像绘画、音乐、舞蹈、诗——也与此类似，它不再基于拟仿原则，仅仅模仿大自然或效仿"经典大师"的风格而已，而是必须借由原创与创新来进行**赶超**。[2]最后，由于统治只有通过固定时间的选举才能获得暂时的正当性，使得这种动态稳定逻辑也渗透进了政治，让政治的操作手法完全就成为一种赶超竞争。所有的候选人都在试图通过承诺各种提升（更多的工作、更好的住宅、更高的收入、更多的托育机构等等）以赢得权力。简单来说，现代制度系统——市场经济、社会国家、政治税收、文化活动、科研工作、公共卫生、养老看护——唯有在提升与创新的模式之下才能维持下去。

我的命题是，这种最初在欧洲和北美于 18 世纪时产生的特殊结构形成方式，从历史来看事实上是独异的，或至少是非常特殊的，但它却造就了现代性的形态特征。一方面，现代社会不切实际地冀望自身的形态结构能有高度稳定性。这种现代社会不仅自从 18 世纪
190 以来就持续地进行着再生产，而且也足以表现出它在很多不同的文化传统中都可以生存下来，甚至被很多不同的文化传统给吸收了。但另一方面这种稳定性事实上是一种骑行自行车般的稳定性：我们唯有骑得更快，才能更稳定、更笔直地保持在车道上。相反地如果

---

[1] Max Weber, Wissenschaft als Beruf, in: *Geistige Arbeit als Beruf. Vier Vorträge vor dem Freistudentischen Bund*, Erster Vortrag, München, Leipzig 1919, S. 14.
[2] Boris Groys, *Über das Neue. Versuch einer Kulturökonomie*, München 1992.

我们骑得慢了，就会感觉到摇摇晃晃、快发生碰撞了。甚至如果我们停下来而没有任何其他支撑的话，就会直接跌倒。静止下来，生存就不可能持续下去，形态就会终止了。[1] 但同时，这种由速度产生出来的稳定性也会提高（严重）意外的危险。

此外，对我来说特别重要的一件事是，动态稳定模式需要以持续不断的能源动员为前提。如果人们从物理学的意义上来理解增长、加速、提升，那么理应会想到这一切都需要付出能源供给的成本，而且事实上现代社会形态的稳定性——如同英国考古学家与历史学家莫理斯（Ian Morris）所计算的——归根究底基于一项事实，即它在这 250 年来的物理（尤其是基于碳的）能源需求极大地提升了，自 1773 年蒸汽机发明以来到 2000 年之间人均消耗量增加了六倍之多。[2] 但这种提升绝不单纯是社会形态的物质方面自然而然的新陈代谢，而是更多牵涉一种社会互动逻辑、互动动力、互动速度。因此现代形态构成了一种典型的 [列维—斯特劳斯（Claude Lévi-Strauss）意义下的] "热社会" [3]，这种 "热" 是政治活动能量与心理活动能量不断的运作与投注下散发出来的。但如我已经指出的那样，我们不能单用现代社会的结构宪章来解释其驱动能量。企业、大学、国家，这些不是单凭自身就能成长、加速、创新的，而是也需要主体的行动力。而主体的行动力是由恐惧与欲望作为动机形式而**在文化面向上产生**的。

[1]　Claus Offe，»Die Utopie der Null-Option. Modernität und Modernisierung als politische Gütekriterien«，in：Johannes Berger（Hg.），*Die Moderne-Kontinuität und Zäsuren*（Soziale Welt，Sonderband 4）．Göttingen u. a. 1986，S. 97—116.

[2]　Ian Morris，*The Measure of Civilization. How Social Development Decides the Fate of Nations*，Princeton，Oxford 2013，S. 61—66.

[3]　Claude Lévi-Strauss，*Das wilde Denken*，Frankfurt/M. 1973，S. 270—281.

二、第二个基石：扩大对世界的作用范围

人类的世界关系始终都是由拉力与推力，亦即由欲望与恐惧的力量所刻画的。这两种力量构成了世界关系的基本形式，因为世界关系一方面由既欲求、又恐惧的主体以特殊方式所造就的，另一方面也是由既有吸引力、又充满威胁而令人反感的世界图景所造就的。[1] 因此我们若要了解文化形态的推动能量，就有必要同时重构恐惧（与我们所惧怕之物）和欲望（与我们所追求之物）的"地图"。[2] 于此，我的命题是，每一种社会形态都会在文化方面形塑出这一类的特殊视野，以此或隐或显地定义或至少描绘出美好或成功生活的样貌以及失败的深渊。如果我们想找寻造就现代社会提升游戏的推动能量，我们就必须回答一个简单的问题：是什么让主体在过生活时会有动机执行现代社会的提升律令？什么东西让主体会想去追求？又是什么东西让主体感到害怕而想要逃离？

我们似乎不难发现一项现代，尤其是晚期现代社会形态中生产出恐惧的机制：提升律令。提升律令反映出主体生活方式中的各种竞争模式，它也让人们担忧，甚至是害怕在动态化的社会秩序中落后或被甩掉。动态稳定逻辑让我们时刻都感觉到自己站在滑坡上，或站在一个下行的手扶电梯上。为了维持在社会中的一席之地，主体（不论是个体还是群体）必须持续，且越来越快地往上奔跑，而且必须跑得比所有人都快。于此最重要的是，手扶电梯的数量还越

---

[1] Rosa, *Resonanz*, S.187—211.

[2] 这里有必要将情感—肉体面向与认知—评价面向严格区分开来，因为在我看来，我们极想追求某事物往往起因于**感官**层面（例如在有酒瘾的我面前的一杯烈酒），即便在道德上，我觉得喝酒是不好的，也知道它会再次引起我的酒瘾，所以在**认知—评价方面**我会将喝酒视为恶。但反过来说当然也有一种可能性：我作为一位虔诚的基督教徒，去参加礼拜对我来说是非常有价值也非常重要的，但我真觉得参加礼拜很无聊，真的很想赖床（关于此种情境的详细讨论可参见上述引文）。不过在此的讨论，我们先略过这个面向。

来越多了。今天的生活运作中有越来越多的外力要求人们要"展现成果",因为地位、知识、安稳都不再是随着年龄增长自然就会摆在面前的东西。工作岗位、伴侣、友谊,或乃至投资、保险、科技软硬件设备,甚至是家具、媒体产品的订阅,这一切都可能随时结束或过时,这一切都要求人们不断投入能量与注意力,否则主体就无法**跟上时代**。当下,这种逻辑越来越聚焦在**参数最佳化**领域。生活中越来越多领域,不论是公领域还是私领域,都设定了能用数字量化的成果参数和状态参数,并以此将成果和状态先是**可视化**,接着使之**可比较**,最后**可操控**、**可优化**。在身体领域,例如有每日步数、睡眠时长,不久前甚至还有血液含氧量。最后这一项真是参数最佳化情况的最好例子。没几年前,实际上还没有人会知道自己一天下来走了多少步,但到了今天则是变成还没有多少人知道自己的血液含氧量。一开始当智能手表开始自动测量血液含氧量时,智能手表用户还讥笑这个功能。但后来有证据开始指出,知道血液含氧量可以"拯救性命",因为它可以及早对中风、心肌梗塞、感染新冠病毒等情况及早提出警告,使得**不**采集和观察血液含量不久后竟然就变成一件缺乏警觉、不负责任的事。

同样的情况也随处可见于企业、单位,甚至是学校、幼儿园、大学,这些地方都可以看到越来越多的参数〔例如在学校有国际学生评估项目(Programme for International Student Assessment, PISA),或是在科研领域有影响因子(impact factor)〕需要我们去采集、比较、最佳化。韦伯在《新教伦理与资本主义精神》中就已尝试指出,这首先是一种对永恒诅咒的恐惧,这种恐惧驱动了现代的生活运作,这种生活运作正好与以动态稳定为主的经济系统是相适配的。[1] 而

193

---

[1] Max Weber, *Die protestantische Ethik und der Geist des Kapitalismus*, hg. von Dirk Kaesler, München 2010.

到了今天，这成为一种对崩裂的社会深渊中的"地狱"的恐惧，恐惧自己实际上会跟不上潮流；就算自己还算成功地在下行手扶电梯和滑坡上跌跌撞撞地往上奔跑了，还是会被这种恐惧纠缠得喘不过气。一个一直处于失业状态的主体在社会秩序中会失去容身之处；这个主体如果一直依赖社会救济金的施舍过活，这主体某种程度上就社会性死亡了。在现代社会形态中，一份有薪水的工作同时也是生活的共鸣系绳或脐带。在工作中，主体会感觉到自我效能，会感觉到自己与社会整体联系在一起，感觉到对生活的成功、对秩序的维护提供了显著贡献。当拿到薪水时，也会感觉获得了力气和养分。主体在一种共鸣循环中从世界获得了一席之地与养分。如果主体失去了工作岗位，文化上主流的自我诠释——这种自我诠释不一定是一种明显的观念，但会是一种制度化的自我理解形式，然后也会成为一种具体的自我与世界之间的关系的感受——会让主体渐渐感觉自己像只"寄生虫"，让主体感觉自己不再是这个循环的一部分了，主体的收入不再基于与世界之间具有自我效能感的联结了。这种在生理—身体面向上都能感受得到的"变成寄生虫"的世界体验（虽然我不否认这种形容也是一种意识形态的扭曲或对意识形态的粉饰）很像在所谓的古代文化中可以看到的社会性死亡。一个人如果拒绝了共鸣，即便这人肉体没有遭到什么影响，也是会死的（而且是真的死亡了）。[1] 不过这样一种自我与世界之间的关系的观念从来不只是出自社会形态的结构逻辑而已。单单结构逻辑无法完全决定这种观念，而是我们必须要从其内在逻辑，即第一人称（文化）面向的驱力和内在关联，才能对此有充分的了解。

如果我们把目光对准现代性的正面、有吸引力的面向上，情况

---

[1]　Hans-Peter Hasenfratz，*Die toten Lebenden. Eine religionsphänomenologische Studie zum sozialen Tod in archaischen Gesellschaften*，Leiden 1982；Rosa，*Resonanz*，S. 257f.

会更加清楚。任何一种社会形态，如果完全只拥有负面的推动力，仅仅由恐惧推动，那么这种社会形态绝对是无法长久持存的。[1]尤其当一个能量极大的形态，必须持续不断地从主体那里攫取能量，而且需要越来越多的能量的时候，这种形态必然还需要一种正面的允诺，一种由文化欲望能量所生产或释放出来的美好生活图景。我在我的《共鸣》与《不受掌控》中提过与此相关的一个命题：现代社会在文化方面的力量，来自它允诺（个体或集体）能扩大**对世界的作用范围**，亦即能持续提升在认知、技术、经济、政治等方面对世界和生活的**掌控**力。生活质量如何（以及美好与否），端视我们在可抵达、可管控、可掌控的范围能有多广而定。因此，我们认定一个社会有没有"发展"的标准，就在于我们能否通过科技、经济、政治的手段将世界当作工具来充分地管控。所以"发展指标"的估算通常是看科技、经济、政治方面的**对世界的作用范围**。[2]所以我们对生活质量的评估，就是去看可掌控的收入、获得教育和医疗健康支援的程度、社会关系［用启发了联合国发展计划的阿玛蒂亚·森（Amartya Sen）那可行能力方法理论的话来说，就是"功能活动"与"可行能力"］，这些都是我们视之为可以让个体将可达到的界域加以扩展的资源。[3]

196

尤其是**扩展界域**的企图与希望，生产出了欲望能量，而且人们在实现的过程中能短暂地感受到一种美好。现代社会形态的文化特

[1] 关于这方面的详细论证可见：Taylor, *Quellen des Selbst*, S. 15—51；以及 Luc Boltanski, Ève Chiapello, *Der neue Geist des Kapitalismus*, Konstanz 2003, S. 42—48。

[2] 莫理斯在他非常渊博的著作中尝试发展出与应用跨历史的**社会发展指标**，并对这个指标首先给出了非常基本的定义："社会发展［……］与否，可以通过对某共同体在世界中进行实现的能力进行评估"（Morris, The Measure of Civilization, S. 5）。接着他更详细地根据四个掌控参数提出社会发展指标，这四个参数是：人造能源的掌控能力指数，社会组织能力指数，信息科技潜力指数，战争执行能力指数。见：ebd., S. 39f。

[3] 可参阅：Martha Nussbaum, Amartya Sen (Hg.), *The Quality of Life*, Oxford 1993。尤其是阿玛蒂亚·森所发展出来的可行能力方法理论，已经成为了人类发展指数（Human Development Index, HDI）的基础。

157

性就在于,"美好"的本质不是人们能在某些可能性的**实现**或**满足**中,而是在(持续不断且毫无节制地)**对可能性进行扩展**中,才能找得到或体会到的。这也可以解释一些事情的文化意涵,例如登陆月球、核裂变,或是**金钱**对于行动个体的吸引力,因为一个人的银行存款可以直接反映这个人对世界的作用范围。存款多,世界(的环游、建造与居住、拥有与改变)对这个人就是敞开的。如果是像伊隆·马斯克(Elon Musk)这样的富豪,其作用范围甚至可以上至宇宙、直达火星。相反的,存款空空,就意味着连到隔壁城市的公交车票、住老破小的地下室、冬天穿件夹克都是负担不起的奢望。能开辟对世界的作用范围的,不是只有经济资本,而是还有(布迪厄意义上的)文化资本与社会资本。这些资本都可以让我们的世界潜能,我们的机会,我们的物质世界、观念世界、社会世界的图景能更好地被获取与掌控,被确立与提升。拥有高中学历的人,想来比仅拥有初中学历的人还有更高的获得继续教育和工作的可能性;多学一门外语,可以扩展我们对该语言的整个文化中的人与物在认知与沟通方面的作用范围。当受邀参加一场舞会或与"重要人士"共进晚餐时,我们想来都会接受,因为我们会希望可以借此开拓出新的社交圈。

而如果在一个高度动态的社会中,美好的生活到底能真正为我们带来什么,变成一件很成问题或不清不楚的事,如果主流的伦理不再能为我们提供目的,如果美好生活的轮廓(由于非常正当的伦理多元主义的缘故)完全被当作是个人的私事因此不再有能让我们遵循的方向 [1],那么在生活运作中专注于累积各种罗尔斯(John Rawls)所谓的多多益善的"基本财"(primary goods)的资源,对

---

[1] Alasdair MacIntyre, »Die Privatisierung des Guten«, in: ders., *Pathologien des Sozialen. Die Aufgaben der Sozialphilosophie*, Frankfurt/M. 1994.

于主体来说就算不是必要的，也会是非常重要的。[1] 因为资源决定了我们对世界的作用范围，无论是对于钢琴家、实习生，还是技工的生活来说都一样。这些财物和布迪厄提出的重要资本形式差不多是重合的：[2] 经济资本（钱），文化资本（教育），社会资本（关系），以及象征资本（承认）。此外我们不能忘了其实还可以加上身体资本，像健康、体态、魅力、抗压力等等，这些在晚期现代社会中也都变得越来越重要。如果今天人们从各种运势预测那儿寻求咨询，那么会发现通常在这些运势预测中可以很快且令人印象深刻地确认一个假设：运气和这些资源的增加（与获得）是正相关的。[3]

在我看来，能将可达到的界域加以扩大，也是大城市之所以相比于农村来说有全面吸引力的重要原因。虽然我们通常会从经济的角度来解释说之所以如此是因为大城市有更好的工作与就业机会，但尤其是对于中产阶级来说，落后农村并不真的有很多缺点。农村地区很多工作岗位（例如医疗卫生）是很欢迎人才的，房租和基本物价也非常便宜，而且没有什么噪音与环境污染问题。所以单从经济的角度来解释是远远不够的。尤其是对于年轻人来说，大城市之所以有难以抵挡的吸引力，是因为在那里，各种剧院、博物馆、音乐厅、俱乐部、电影院、购物中心、健身房的世界触手可及，这些

198

---

[1] "第一步，假设社会基本结构分配了某些基本财，亦即分配了某些我们预设任何理性的人都会想要的东西。不论一个人理性的生活规划是什么，这些财物通常都会有用处。为了简单起见，我们假定社会所分配的主要基本财是权力、自由、机会、收入、健康（之后我们在第三部分还会再重探讨'自尊'这一项基本财。"（John Rawls, *Eine Theorie der Gerechtigkeit*, Frankfurt/M.1975, S. 112f.)（译按：这一段引言出自罗尔斯的《正义论》，我在这里根据英文原文译出，出处为：John Rawls, *A Theory of Justice*, revised edition, Cambridge/Massachusetts 1999, p. 54. 不过罗萨在这里引自《正义论》的德译本，而这段话中，"亦即分配了某些我们预设任何理性的人都会想要的东西"这一句在德译本里被翻译成"亦即分配了只要是理性的人都会认为多多益善的各种东西"。所以罗萨在此处才会提到"多多益善的基本财"。)

[2] Pierre Bourdieu, »Ökonomisches Kapital, kulturelles Kapital, soziales Kapital«, in: Reinhard Kreckel (Hg.), *Soziale Ungleichheiten* (= Soziale Welt, Sonderband 2), Göttingen 1983, S. 183—198.

[3] 对此的详细探讨，可见：Rosa, *Resonanz*, S. 37—52.

东西农村是没有的。简单来说，人们对世界的作用范围——如同齐美尔注意到的——在大城市中可以扩大无数倍。一方面，人们在大城市**内部**一定程度上可以遇见全世界的观念、文化产品、来自五湖四海的人，但在村镇或小城市顶多就只有披萨店或熟食快餐店。另一方面，大城市拥有国际机场、大使馆、领事馆，这些基础建设和文化设施可以让我们快速且毫无阻碍地到达最遥远的地方。

还有，最后，如果我们去考察现代科技发展的推动力，那么会发现掌控和扩大作用范围在其中也依然是非常重要的动机。就如同望远镜可以延伸宇宙的可见领域一样，显微镜扩大了物质微观世界的可见领域，内诊镜也增加了我们对身体内部的穿透力与可控性。运输业的加速发展同样是一段世界作用范围扩大史，不论是从整个科技发展史（从步行、到驿站马车、再到喷气式飞机）来看，还是从单一运输科技来看都是如此。当我们获得人生第一台自行车时，就已经可以扩展一些个人的世界作用范围；当我们拿到驾照、购入汽车时，作用范围就更大了。最后，当我们坐上飞机旅游时，作用范围更是爆炸性地扩展开来。

这些日常的作用范围（或是文化方面的标准作用范围）不是光靠科技发展状态或光靠经济可能状态来决定的，而是在这两者的共同作用下产生的。唯有当科技方面（和政治方面）提供了可能性且经济方面人们也行有余力时，周末坐飞机出国旅游一事才能被纳入文化方面的作用范围中。在这层意义上，对许多"北半球"的人来说，机票价格下降、旅游业的扩展，更是使得物理—地理意义上的对世界的作用范围急速地提升了起来。以此而言，新冠疫情限制了许多人的出行，可说是史无前例地让人们**对世界的作用范围大幅缩限了**，也让可受掌控的界域相当戏剧性地萎缩了。

在疫情情况下，世界的物理面向在很多方面都变得不受掌控了，但它在数字化的道路上却依然是我们可以触及的。没错，在（社会活动和文化内容的）数字方面的可受掌控程度持续攀升，使得数字方面的可受掌控和物理方面的可受掌控长久以来的脱钩在今天变得更严重了。可以说，在我看来，就主体的注意力能量与欲望能量方面，智能手机那几乎遍及当代社会形态所有阶层的吸引力与制约力，正是来自它能够将人类历史上一直以来有限的社会、文化与媒体的可及界域和经济支付范围加以扩大。只要有智能手机，我们几乎可以说就能**只手**掌控整个世界。只要手指在屏幕上点个几下，我们就可以联系上、看到（几乎）所有朋友、亲戚、熟人并和他们说话，我们就可以直接获得整个数字化的世界的知识、所有的音乐与电影、世界上所有地方最新事件的图片。事实上，现代社会形态正是以这种方式实现了一种**全能的力量**，这种力量不仅仅是属于集体的能力，而且也是一种主体的**实践能力**。但我觉得我们不能高估这种实践能力的重要性。"过去哪一个世纪的人们能料想到在社会劳动里蕴藏有这样的生产力呢？"马克思和恩格斯在 1848 年看到现代社会的经济—技术发展早期阶段中可受掌控的界域令人难以置信地扩展开来时，惊叹地问到这个问题。[1] 在面对 21 世纪早期的丰富性和可能性时，对现代社会形态的最佳说明想来也会发出这样一种惊叹。

200

---

[1] Karl Marx, Friedrich Engels, *Manifest der Kommunistischen Partei*, in: dies., *Ausgewählte Werke*, Moskau 1986, 34—63, hier S. 39.

第三章　去同步化与异化：
对现代性的诊断与批判

　　如果我前文的思考是有道理的，如果推动了社会学观察和理论建立的反思能量是从"这里有些事情不对劲！"的这一种感觉，乃至论断中获得其动力的话，那么在这样一种惊叹下（以及在通过前文的分析重构之后）要对现代社会形态提出最佳说明的主要问题就是：这样一种由**追求扩大对世界的作用范围**所推动、且不断将其**动态稳定**（与持续扩展）**的制度模式结构**再生产出来的社会形态的不对劲之处是什么？或换一种问法：这样一种形态，是以什么样的方式在晚期现代造成了越来越急迫、越来越剧烈的生态危机、社会危机、经济危机与心理危机？

　　若要回答这个问题并将**现代社会形态批判**给说清楚，首先最重要的事情就是我们要注意到制度面的提升逻辑与文化面的推动环节彼此之间是交织在一起的，并且我们必须去了解这两者是如何交织在一起的。我在前文已尝试厘清这件事了：一方面，现代社会的结构面的再生产模式需要主体不断地追求提升，并且需要有源源不绝

162

的推动主体的能量；另一方面，当主体渴望扩大对世界的作用范围时，结构面必须能满足这种文化方面的渴望（即便每个人的渴望程度可能都不一样）。诚然，资本主义的积累逻辑在很多地方和为某些阶层带来的首先是稀缺、贫困，因此也造成对世界作用范围的**缩减**（而且，毋庸置疑的，这种情况在今天依然存在着）。[1] 但随着全球生产力与每年生产出来的社会产品的剧烈增长，以及随着科技可能性的爆炸性发展，总体动力不再是一种零和游戏了。意思是，当一方扩大了对世界的作用范围时，并不会相应地让另一方失去了作用范围，完完全全不会。但就算是这样，人们依然还是热切渴望扩展可掌控的界域，也不断受到这种渴望的驱动，即便这种渴望至今都没有真的对遭受剥削与贫困之苦的人带来什么帮助。

　　我在这里想提出的重要观点是，制度结构与文化推动能量的共同作用会产生一种世界关系，这种世界关系标示了现代性的社会形态，并且在我看来这种世界关系完全可以被描述成一种**侵占关系**。结构逼迫我们要不断以增长、加速、创新等形式进行提升，文化则让我们渴望获得掌控和扩大作用范围，这两者都让我们将世界在所有表现层次（不论在周遭自然的宏观领域，在政治—社会世界的中观领域，还是在个体自我关系的微观领域）上都视为一个我们要去侵占、但又会反抗我们侵占的对象，所以我们必须去冲撞、对抗它。这个世界所表现出来的一切，或是说在屏幕上显示出来的一切，我们都必须要知道、确认、支配、征服、购买、利用。[2] 但是这种制度化的、我们已习以为常的世界关系的形式不论是在结构层次，还是在文化层次上，都导致了很成问题的后果，而且这些后果在晚期现代社会中已经变得

202

203

---

[1] Stephan Lessenich, *Neben uns die Sintflut. Die Externalisierungsgesellschaft und ihr Preis*, Berlin 2016.

[2] 参阅 Herbert Marcuse, *Triebstruktur und Gesellschaft. Ein philosophischer Beitrag zu Sigmund Freud*, Frankfurt/M. 1977, S. 111, 这里他诉诸了舍勒的思想。

越来越显著、越来越糟糕了。我的假设是,我们已经可以感觉到现代社会的持存条件在这两种形态层次上都已经遭到破坏了。

一、第三个基石:升级与去同步化

现代社会形态在**结构方面**最核心的问题在于动态稳定逻辑迫使结构不论在输入面向、还是输出面向,都必须不断进行升级式的提升。一个地区每年的经济增长率就算非常温和地只有 1.5%,远低于经济专家认为系统再生产所必要的 2%—4%[1],这个地区的国民生产总值在 50 年内也还是会增长 100% 以上(如果是 4%,那更是每 18 年就会直接翻了一倍)。但这个地区长期来看依然会产生动态**不稳定**,因为这个地区会越来越难获得进一步的增长和进一步的加速。如果要获得进一步的增长和加速,必须一直都要有越来越多的物理、心理、政治方面的资源来进行动员、增强、投注、整合、消耗。我们都已经看到,生态、经济、政治方面持续的**征服、加速与强化**对于系统的动态稳定来说是必不可少的[2]。所以我的一个简化的命题认为,这会造成一种经济—生态—政治—心理的四重危机,因为当社会结构不断被逼迫要进行提升时,不只是其自由空间和形塑可能性会萎缩掉,而且就连自然生态空间、民主政治、人类心理,乃至资本主义经济本身都会因为逐步过载与过度利用而产生危害与损害。[3]

204

---

[1] 可见例如:Beate Schirwitz,»Wirtschaftswachstum und Beschäftigung. Die Beschäftigungsschwelle«,in:*ifo Dresden berichtet* 12(2005),Heft 3,S. 34—37。

[2] "征服、加速与强化"是我和多勒(Klaus Dörre)、雷塞尼希(Stephan Lessenich)于 2011 年到 2020 年间在耶拿共同主持的德国科学基金会重大项目的名称。

[3] 关于政治后果,可参阅:Stephan Lessenich, *Die Neuerfindung des Sozialen. Der Sozialstaat im flexiblen Kapitalismus*,Bielefeld 2008;关于经济—生态方面的征服,见:Klaus Dörre,»Neue Landnahme? Der Kapitalismus in der ökologisch-ökonomischen Doppelkrise«,in:*Vorgänge* 49:3(2010),S. 80—91;关于心理方面的过载,可参阅:Vera King u. a.(Hg.),*Lost in Perfection. Zur Optimierung von Gesellschaft und Psyche*,(转下页)

这样一种唯有维持动态才能保持稳定的社会形态，在我看来是没有办法长期持续下去的，因为它需要与它相互补的另一个面向持续为它输入能量，但这个相互补的面向也会产生**过热**的现象，像是宏观和中观层面上的温室效应与变得越来越有攻击性的政治氛围 [1]，以及个体心理微观层面上的倦怠症的流行，这些都会让这种社会形态始终处于危害之中。我曾在很多地方都将这种现象描述为去**同步化效应**，所以在这里我仅会集中在此进行一些框架式的勾勒。[2]

我的思考出发点在于我认识到，不是所有的社会群体、领域、生活形式都有同等的动力或加速能力。这使得加速的系统和／或行动者会处于不同的时态区间，以不同的速度相遇，所以必须将彼此的进程加以同步化，这会让所有相遇的系统和／或行动者中较慢的一群人面临一种系统性的压力，不可避免地形成张力和去同步化效应。如果有两个系统，其时间是彼此相互决定的，而其中一个系统提升了自己的节奏，那么在一种以速度为优先且很仰赖动态化的形态中，另一个系统就会显得**过慢**了。这个因为没有加速而显得过慢的系统就会像是在刹车，阻碍了同步化。这样一种基本模式在几乎所有社会脉络中都存在。例如我们可以运用这个观点来解释社会阶层分化为什么变得越来越剧烈。经济资本、文化资本、社会资本对于社会特权阶层来说是很重要的加速资源，对于特权阶层的下一代来说也一样很重要，所以特权阶层的孩子从小就能从家庭中获得更

205

（接上页）Berlin 2021, 以及：Thomas Fuchs u. a. (Hg.), *Das überforderte Subjekt. Zeitdiagnosen einer beschleunigten Gesellschaft*, Berlin 2018。

[1] 我在这里主要援引英国政治学家布鲁特（Michael Bruter）在伦敦政治经济学院自2018年开始主持的欧洲研究委员会的项目"敌对的时代：了解27个民主国家中公民选举敌意的性质、动态、决定因素和后果"。

[2] Ulf Bohmann u. a., »Desynchronisation und Populismus. Ein zeitsoziologischer Versuch über die Demokratiekrise am Beispiel der Finanzmarktregulierung«, in：*Kölner Zeitschrift für Soziologie und Sozialpsychologie*, Sonderheft 58 (2018), S. 195—226；Hartmut Rosa, »Airports Built on Shifting Grounds? Social Acceleration and the Temporal Dimension of Law«, in：Luigi Corrias, Lyana Francot (Hg.), *Temporal Boundaries of Law and Politics. Time Out of Joint*, London 2018, S. 73—87；Rosa, »Escalation«, S. 288—293.

多优势,这种优势是那些较没有特权的社会环境中长大的小孩难以赶上的。因此,社会阶层之间的鸿沟不只会传递下去,而是我们甚至可以猜测这鸿沟还会一代比一代大。

不过,这种重要的、基本上无解的去同步化问题不只产生自不同社会阶层和不同生活形式之间(像是只能局限在特定区域的"某地方"和可以全球任行的"任何地方"之间[1])的共同作用,而是也会产生自不同社会制度领域及其环境的交界处。事实上我会说,21世纪晚期现代的四大危机都可以说是这样一种去同步化危机。从这种整体看待世界关系结构面向的观点来看,现代社会形态的社会制度都坐落于无所不包的生态系统(作为宏观领域)和由心理所构成的人类个体(作为微观领域)之间。各项社会事物(作为中观领域)持续的加速和动态化会对这两个系统领域造成越来越大的内在心理压力和外在环境压力。除此之外,就连社会中观领域本身当中也会有严重的去同步化问题,因为有些组织和机构总是会比另一些组织和机构有更强大的加速能力。去同步化危机是现代社会形态的结构问题,在所有四个层次上我们都会看得到:(1)在单一功能系统之内,像是在经济系统之内;(2)在数个社会功能领域之间,像是在经济、政治和护理工作之间;(3)在社会技术方面的再生产速度与加工速度,与周遭许多生态领域之间的关系当中;以及(4)在主体的身心过程与需求,和总体社会运作速度与改变速度之间的交界处上。我在下文将会尝试对这四个层次的危机进行诊断。

(一)对经济来说太快了:金融危机

2008—2009年间全球金融危机后果至今仍难以得到解决,而这

---

[1] David Goodhart, *The Road to Somewhere. Wie wir Arbeit, Familie und Gesellschaft neu denken müssen*, München 2020.

场危机在结构方面的肇因可以说也是因为金融市场的周转率和实体经济的生产和消费速度严重脱钩了。在金融市场上，人们可以利用分分秒秒中的市场波动从资本流通与货币流通中实现获利。全世界大部分的股市交易和金融交易都已经是通过电脑控制的算法来进行的，不再由人类行动者操作。而汽车、住房、衣物、书籍等物质产品，以及各种实体消费（其不在于获利，而是在于买卖[1]），很显然、且有部分无可避免是需要时间的。由于至少在"富裕的"社会中物质层面的生产（例如每年所生产出来的住房、汽车、衣物、食物、书籍等等）越来越难有大幅度的增长，而且这种增长会带来很多（生态方面的）副作用，所以这些社会开始转向金融产品，并且金融产品的发展和规模越来越大，并以接近光速的速度在循环。但金融经济和实体经济之间步调的脱钩会随即造成病态的"泡沫"，就像 2008 年的房市泡沫一样。那时候泡沫的破裂造成了重大经济后果，而这种破裂亦可以视为一种去同步化危机。所以就连许多经济学家都认为金融经济和实体经济这两个经济的次领域必须要重新同步化。但重新同步化要付出极大的代价。也许唯有让（金融）经济整个犹如违逆自身运作模式般地**减速**下来，以此作为代价，才能重新同步化。

（二）对政治来说太快了：民主危机

不同社会运作领域在时间方面的扞格，我们在现代社会的许多制度情境中都可以看到。例如教育和医疗看护**不是**随便说加速就能加速的领域，但却总是遭遇到经济效率和政治管理措施的压力。所以看护工作中的行动者常常会感觉到自己处于自身专业导向和经济

[1] Hartmut Rosa, »Über die Verwechslung von Kauf und Konsum. Paradoxien der spätmodernen Konsumkultur«, in: Ludger Heidbrink u. a. (Hg.), *Die Verantwortung des Konsumenten. Über das Verhältnis von Markt, Moral und Konsum*, Frankfurt/M., New York 2011, S. 115—132.

政治规定之间因不同的时间需求而产生的冲突中。[1]

我在 2005 年出版的《加速》和后来的研究中有一个核心论点：**民主政治制度**无可避免是一种**需要时间**的过程，它本质上就算借助了数字科技也无法真正加速起来。而且完全相反，它在晚期现代社会条件下还倾向于要**缓慢下来**。因为民主作为一种政治决策模式根本上并非只是收集（或多或少自发的）诸多私人意见以对一项事务进行表决，而是通过一种民意协商与决策过程而进行的**集体政治形态**。在这种过程中，首先必须提出可能的或合理的立场，接着进行讨论和互相权衡，如此才能在所有公民之间获得一种民主的基本共识，全体国民才能跨越所有差异得出一个共同的计划。政府的政治决策必须以此方式不断重新回应**民意**，因为民意是政治决策的正当性基础。[2] 但如果决策的**基础**在民主、伦理、宗教、政治等方面更讲求多元化、更讲求不要墨守成规，那么这样的基础就越不会是稳定的，因为越充满辩论，达到共识的门槛就会越高，如此一来民主过程就会愈发地缓慢下来。尤其当互动链在时间和空间方面延伸得很长，以及各种互动交织非常复杂和动态的情况下，决策的**结果**就会更慢产生。在晚期现代社会中，由于动态化过程，决策基础的建立和决策结果的产生两者都会有更显著的缓慢化趋势。[3]

于是，民主政治作为一个缓慢的领域，与数个不断加速的领

[1] Alfons Maurer, »Das Resonanzkonzept und die Altenhilfe. Zum Einsatz digitaler Technik in der Pflege«, in: Jean-Pierre Wils (Hg.), *Resonanz. Im interdisziplinären Gespräch mit Hartmut Rosa*, Baden-Baden 2018, S. 165—178.

[2] 对此，经常被提到的一个基本文献，可见：Jürgen Habermas, *Strukturwandel der Öffentlichkeit*, Neuauflage, Frankfurt/M. 1990。亦可见：Hartmut Rosa, »Demokratischer Begegnungsraum oder lebensweltliche Filterblase？Resonanztheoretische Überlegungen zum Strukturwandel der Öffentlichkeit im 21. Jahrhundert«, in: Martin Seeliger, Sebastian Sevignani (Hg.), *Ein neuer Strukturwandel der Öffentlichkeit？*, Baden-Baden 2021 (= Leviathan, Sonderband 37), S. 255—277。

[3] 关于这个论点的理论基础，可见：Rosa, *Beschleunigung*, S. 402—427；关于这类去同步化现象及其政策处理过程的经验分析，可见：Bohmann u. a., »Desynchronisation und Populismus«。

域——经济生产和金融贸易，文化变迁与媒体的热搜话题——之间产生了越来越严重的去同步化。英国脱欧公投，2016 年让特朗普当上美国总统的选举，在民主世界的许多地方右派民粹政党和政客的崛起（像是巴西的博索纳罗，菲律宾的杜特尔特），这些都被认为是**民主危机**而受到广泛讨论。在晚期现代社会中，现有的民主政治不再被认为是社会变迁的推手和塑造者，不再被认为能让生活情境朝往更好的方向迈进，而是被当作一种阻碍；民主政治大体上只能被动地反应，似乎只能在危机处于燃眉之急时充当"灭火器"而已。2020 年暴发的新冠疫情危机也证明了这种模式，几乎所有国家的政治决策行动很明显都是**反应**行动。但同时政治行动也表现出令人惊讶的天量效能，因为它让几乎所有的其他社会领域及其循环速度都极端地"减速"下来，像让交通停下来、关闭国界、禁止举办活动等等。很显然的，这类行动（这里还姑且不论 2008/2009 年金融危机政府施政决策恰恰就是**因为时间压力的关系**让本来应是民主行动的根本核心的议会权力被大幅缩减了）就其逻辑来说**与各社会领域的运作形态背道而驰**，也严重破坏了制度秩序。这样的后果当然也让第三个大型危机——生态危机——理所当然地浮现出来了。

210

（三）对大自然来说太快了：生态危机

卢曼认为，社会次系统是以自我生产的模式通过功能分化而形成的，我们应以此为基本命题去探讨现代社会形态的核心特质。他总是不厌其烦地强调，现代社会形态的运作链若越少受到政治行动的干预，就会越稳定、越有效率。但就连他这样的学者都开始也看到，现代社会的核心麻烦就在于社会不断在破坏作为自身持存基础的生态环境，并因此严重地摧毁了自身。[1] 这种在超过三十年前就

---

[1] Niklas Luhmann, *Ökologische Kommunikation*, Wiesbaden 1986.

被提出的忧虑，到了今天因为越来越严重的气候危机而更加被证实了。越来越剧烈的全球大气层暖化所反映出来的无非就是一种物理层面上分子的加速过程。大气层暖化，就像燃气或汽油加热，都意指其动能的提高，亦即分子运动速度的增加。我们可以把气候危机视为由社会层面上的社会科技—经济加速（尤其是造成碳排放的能源消耗）过程所造成的大气层（作为宏观领域）的加速。因科技加速和物质方面的动态化所造成的物理方面的暖化，最终会造成气候变迁的加速。我们可以将这种过程描写成一种去同步化，因为这种影响甚巨的气候改变首先会严重扰乱无数地理与生态系统，其次也会扰乱这些系统内在的时间模式，例如改变了洋流的循环速度与循环方向，或是增加了飓风的形成数量。

事实上我想宣称的是，几乎**所有**的当代生态危机都是一种去同步化的问题。人们经常讨论的物种灭绝，并不是因为我们**做出**了砍树或捕鱼的行为，而是因为我们砍伐雨林和捕捞海洋生物的**速度远远高于或快于**雨林或海洋生物再生产的速度。如果再相比我们消耗石油或其他矿产与这些自然资源再生产之间的速度，那么其速度的差异还会更加巨大。另外一方面，我们所谓的环境污染之所以是问题，也是因为我们有毒物质的生产与排放的速度快于大自然分解这些物质的速度。总的来说这些生态去同步化形式危害到的不是我们这个星球，也不是"大自然"，但绝对会危害到现代社会形态。（侵占性的）现代世界关系的问题，在由其所造成的生态危机中最为表露无遗了，没有之一。

（四）对心灵来说太快了：精神危机

如果说，生态的去同步化从**外部**或从**上方**危害了现代社会形态（虽然自然与社会的二分，不论从认识论的角度来看，还是从本体论的角度来看，都是很成问题的，即便社会形态就是基于这种二分而界定出自身的 [1]），那么承载能量的主体的可能的倦怠症，亦即主体心理动机资源的耗尽枯竭，就是**从内部**或**从下方**危害了现代社会形态。关于这种我们即将面临倦怠症危害的猜想，乃基于一种有经验证据支持的假设。这种假设认为不论是主体之间的过程，还是内在心理过程，这两者的主体动机能量的生产不是能任意加速的，而是有其特殊的自身时间，要是超过了这种自身时间就会造成心理机能障碍的后果。[2]

如果说，动态稳定的运作模式会造成物质、社会、文化等方面的社会再生产机制的不断加速，那么不论是主体的心理结构，还是主体的身体与人格 [3]，都不可能不受到影响。问题是，主体（例如在价值、知识、惯习从一个世代传承到下一个世代的文化再生产的自身时间方面）因去同步化而产生机能障碍之前，究竟能承受住多大的动态化。"去同步化，亦即被甩出共享时间或世界时间，是每个人都必须不断抵抗的潜在危害"，精神病学家兼哲学家福赫斯（Thomas Fuchs）在讨论主体承担的加速压力时如是说道。[4] 这也指出了晚期现代个体会尝试用各种方式来加速身心的自身时间，例如会使用像咖啡因、可卡因、苯丙胺等兴奋剂，或是摄取各种据说能让意识、身体、社会生活能"重新同步化"的药剂（例如利他林、牛磺酸、健脑片等等）。使此外，几乎所有形式的"人类增强"（human enhancement）——不论是将认为"不够好的"再"优化得更好"，还

213

---

[1] 这是拉图尔的主题，可参阅他那本轻薄但相当有启发性的著作《我们从未现代过》。

[2] Helga Nowotny，*Eigenzeit. Entstehung und Strukturierung eines Zeitgefühls*，Frankfurt/M. 1990.

[3] Richard Sennett，*Der flexible Mensch. Die Kultur des neuen Kapitalismus*，Berlin 1998；dazu jetzt auch Hartmut Rosa，»Charakter«，in：Stephan Lorenz（Hg.），*In Gesellschaft Richard Sennetts. Perspektiven auf ein Lebenswerk*，Bielefeld 2021，S. 39—53.

[4] Thomas Fuchs，»Chronopathologie der Überforderung. Zeitstrukturen und psychische Krankheit«，in：ders. u. a.（Hg.），*Das überforderte Subjekt*，S. 52—79，hier S. 54.

是用科技的方式"修复"人与机器的速度,如超人类主义者宣扬的那样——都旨在提升身体与精神的速度,因为身体与精神的速度在面对不断攀升的社会科技运作速度时显得太慢了。[1]

同时,也有一种说法提出了警告,告诉人们**病态的**去同步化形式(例如倦怠症或抑郁症)正极大规模地扩散开来了。[2] "在抑郁中,所有这些〔同步化的〕努力都失败了,个体陷于绝望中,主体之间的时间的脱钩变成了现实。"福赫斯如是说。[3] 当然,抑郁本身不能**定义为**去同步化。[4] 世界卫生组织也承认,抑郁症和倦怠症,与其他的压力反应疾病(例如饮食、睡眠、恐惧等方面的紊乱)一起成为世界上攀升速度最快的健康问题。[5]

倦怠症与抑郁症最引人注意的其中一项特质在于这两者都会将人带入**完全没有动力**的状态。当人们陷入倦怠症或抑郁症时,会感觉到时间完全静止下来,时间和 / 或自我仿佛都被"冻结住了",所有的意义与运动都被夺走了。[6] "抑郁的人深受主体体验时间过于缓慢与异化之苦。在严重的抑郁中,心理与生活的动力都已贫乏、窒碍到时间都停下来的地步。他们感到未来毫无希望,觉得自己正在走入一个不断受到威胁、避无可避的灾厄中",福赫斯在他的临床发

---

[1] 可见 Julian Savulescu, Nick Bostrom (Hg.), *Human Enhancement*, Oxford 2009, 以及亦可参阅:Robin Mackay, Armen Avanessian (Hg.), *Accelerate. The Accelerationist Reader*, Falmouth 2014。

[2] 可见 King u. a. (Hg.), *Lost in Perfection*, 以及:Fuchs u. a. (Hg.), *Das überforderte Subjekt*.《美国心理健康状况》也在心理疾病的发展与扩散方面提供了非常有启发性的报告。这份报告在 2020 年公布的调查指出,12—17 岁之间在过去几年曾遭受过抑郁症之苦的青少年,全国比例从 2012 年的 8.66% 到 2017 年上升到 13.01%(https://imph.org/state-mental-health-america-2020/),最后网页查阅日期:2020.8.1。

[3] Fuchs, »Chronopathologie der Überforderung«, S. 54.

[4] Ebd., S. 52, 55.

[5] 韦特恒(Hans-Ulrich Wittchen)和亚科比(Frank Jacobi)通过评估后指出,全德国有五百到六百万、全欧洲则达两千万(18—65 岁之间的)成年人患有抑郁症。可见他们的文章:»Epidemiologie«, in: Gabriela Stoppe u. a. (Hg.), *Volkskrankheit Depression?*, Heidelberg 2006, S. 15—37。

[6] Tom Bschor u. a. »Time Experience and Time Judgement in Major Depression, Mania and Healthy Subjects«, in: *Acta Psychiatrica Scandinavia* 109 (2004), S. 222—229.

现中如此总结，并且援引了一段抑郁症患者的话："其他的时钟还继续走着，我的内在时钟却已经停下来了。所有我必须做的事我都推进不下去了，我像是瘫痪了。所有的责任义务我都不想管了。我偷走了时间。"[1]

同样的，所以也有一些学者，像是艾伦柏格（Alain Ehrenberg），认为之所以人们会得抑郁症，是因为现代生活对速度的要求过高，导致人们的心理出现了去同步化的情况，并产生过大的压力。[2] 就如同生态的去同步化危机一样，心理危机也是由现代社会形态的持存条件逐渐造成的。就像生态危机是由现代社会在物理—物质方面贪得无厌的能源需求造成的一样，心理危机是由现代社会的系统—结构同样贪得无厌地榨取文化和主体的动机能量并造成了心理方面的机能障碍而导致的。正是在这里，结构的形态力量和文化的形态力量决定性地交错在一起，两者产生了相互作用，这个相互作用就是我接下来要介绍的基石。

二、第四个基石：异化与世界静默

在前面提到第二个基石的章节，我尝试清楚地指出，现代社会形态的文化动力在于允诺了人们能获得与掌控世界。我（在"最佳说明"的六重结构的意义上）对现代社会的"文化"批判式的诊断的核心在于，这种允诺和其所承诺的幸福是不会兑现的，甚至在晚期现代社会中它还会造成相反的后果。在科学、科技、经济和政治方面被掌控的世界，对主体来说会在两方面——亦即内在面与外在

---

[1] Fuchs, »Chronopathologie der Überforderung«, S. 52f.

[2] Alain Ehrenberg, *Das erschöpfte Selbst. Depression und Gesellschaft in der Gegenwart*, Frankfurt/M. 2008.

面——极端地**不受掌控**。现代社会形态最重要的矛盾之处就在这里。

世界（于外在面）的不受掌控，最显著地表现在晚期现代社会总想着实现在科技方面和社会方面对世界的控制与掌控，却似乎总矛盾地让人们感受到**如面对怪物般的无能为力**。这会让人们一方面有近似全能的感觉，但另一方面却又有极端无能为力和任凭摆布的感觉，人们在这两种感觉之间来回摆荡。我自己对此的一个比较典型的例子是通过引发核分裂并使用从中释放出的能量的科技能力发展过程。在此发展过程中，现代社会在掌控原料世界方面可说攀上了一个新的台阶，将作用范围深入到物质运动原理、物质的"核心"中，并展现出一种能**造就出世界**的特质。[1] 只不过，从文化历史的角度来看，这种新的掌控感没多久就让位给对核电厂爆炸或泄漏等放射性连锁反应的恐惧了。不论是个体还是集体，现代主体在面对放射性连锁反应时都是完全无能为力的。

有趣的是，在晚期现代社会与大自然的关系中，我们也可以不断重复看到同样的这种结构与同样矛盾的体验。像是在量子物理学、基因科学、生物化学、半导体化学、人工智能的发展，或是其他许许多多领域中，现代社会认识、控制、支配与利用大自然（包括大自然的力量与大自然的变化过程）的能力急遽攀升，这种急遽攀升的能力中便都蕴含着这种结构与这种矛盾的体验。同时，我从结构面向描述为生态去同步化的情况，也会造就一种我们现在在全世界各处都看得到的说法，即相信我们这样的社会形态对世界的掌控与触动，最终仍比不上我们对世界的危害与摧毁。掌控世界的计划，骤

217

---

[1] Hartmut Rosa, *Unverfügbarkeit*, Wien, Salzburg, 2018, Kap. IX; Hartmut Rosa, »Spirituelle Abhängigkeitserklärung. Die Idee des Mediopassiv als Ausgangspunkt einer radikalen Transformation«, in: Klaus Dörre u. a. (Hg.), *Große Transformation? Zur Zukunft moderner Gesellschaften* (= Sonderband des Berliner Journals für Soziologie), Wiesbaden 2019, S. 35—55.

然变成一种危害与毁灭世界的不受控制的实践。结果是，社会形式本身因此受到各种如飓风、永冻土融化、雪崩、海平面上升、热浪与旱灾等形式的摧毁的威胁。原本近似无所不能的感受，骤然就转变成严重的不受掌控感和极端的无能为力感。

　　而且这种矛盾绝不仅限于现代的自然关系。在我看来，它也是晚期现代的历史关系和政治关系的底色。"掌控世界"这项文化纲领，在根本上会建立起一种我所谓的关于自然和历史的"心灵独立解释"。意思是，我们会认为不论是大自然的局限还是历史的规定（例如传统、习俗、程序），原则上都不应该拥有能约束或限制住我们的力量。就像科技发展总是不断独立于大自然而进步一样，**人民自决**和民主等观念也暗含一种想象，即共同生活的所有各种法则——像经济、教育、法律、文化等等——都是政治上可以掌控的并且可以（通过民主来加以）形塑的，至于这些共同生活的法则究竟是从什么样的历史背景中形成的，一点都不重要，不会产生任何约束力。这种观念认为，所有的权力，所有的国家统治权力，都来自人民[1]，但这种观念也不过就是一种政治的全能承诺。与之相对的则是一种极端的无能为力感，尤其是当我们尝试有效改变日常生活情境时，亦即当我们在面对越来越复杂、强大、快速的金融市场，全球网络、社会与文化分化，为了想争取我们的持存而努力想改变社会不平等、经济不公正、气候暖化等问题时，更会如此。在我看来，政治掌控承诺与民主无力感之间的不对称造成了一种当代常以"民主危机"和"右派民粹主义"为关键词来进行讨论的现象。民粹主义者承诺会快速重新加以掌控不受掌控之事。"夺回控制权！"作为英国脱欧公投的口号，不是偶然喊出的。特朗普对于许多美国选民来说之所

218

---

　　[1]　可见德国基本法第 20 条第 2 款："所有国家权力来自人民。国家权力乃由人民经选举和投票，通过立法、行政和司法机关而施行。"

以这么有吸引力，也是因为他**说干就干**，让国家政治**不需要得到**主流政治共识就可以再次获得掌控。国际组织与国际协定、金融市场、国家法院与媒体，他通通不管，他甚至还直接颁布无视基本的功能分化逻辑的关税制度，并且建起美墨边境围墙。[1] 但矛盾的是，这些想快速重新获得政治掌控的尝试，却恰恰造成新的、晚期现代社会怪物般的政治不受掌控形式。一些高度复杂与高度交织的科层体系（例如欧盟）和极端的政治掌控行动（例如英国脱欧公投和特朗普的一意孤行）之间的碰撞表明了政治世界总是会在一夜之间再次回到极端的政治不受掌控和不受支配的状态。

219　　然而，晚期现代的主体也在越来越大的程度上可以在直接的日常生活中体会到面对世界时从近乎全能骤然转变为瘫痪无能的感受。例如对于参加高考的学生来说，世界似乎是开放的，在德国有19000 所大专院校可供选择；但在高度动态的社会中，面对这么多学校与茫然的人生发展道路时，学生们却会感到完全没有能力从中进行抉择。又例如在饮食方面，尽管（或因为）对于食品的成分和作用我们掌握了非常详细的信息，也有越来越多种类可供选择，但我们却越来越容易患上饮食紊乱的症状（而且这种饮食紊乱就是字面上的意思），因为尽管（或因为）我们能严格控制食品的情况，但却感觉到失去了对自然的代谢作用的控制。[2] 或在怀孕方面，尽管（或因为）有日新月异的科技设备提供了监控孕妇与胎儿身体变化过程的可能性，但孕妇对怀孕的恐惧却不减反增。准妈妈们感觉自己**缺乏自我效能**，因为她们一来必须依靠相应的仪器，二来也认知到

---

[1] Hanna Ketterer, Karina Becker (Hg.), *Was stimmt nicht mit der Demokratie? Eine Debatte mit Klaus Dörre, Nancy Fraser, Stephan Lessenich und Hartmut Rosa*, Berlin 2019.

[2]　这种现象在临床上可以用"健康食品痴迷症"来称呼。可参阅：Friederike Barthels u. a., »Die Düsseldorfer Orthorexie-Skala-Konstruktion und Evaluation eines Fragebogens zur Erfassung orthorektischen Ernährungsverhaltens«, in: *Klinische Psychologie und Psychotherapie* 44 (2015), S. 97—105。

她们自己并无法控制相应的身体变化过程。[1]

不过，日常实践中全能感与无能感交织的一个越来越经典的例子，可能当属智能科技的使用了。在智能家居和智能汽车的使用中，使用者只要手拿遥控设备，就可以感觉到自己近乎全能。按下一键，屋子或车子就变暖、变亮、变大声、变蓝色了；再按一次，就变凉、变暗、变小声、变红色了。然而一旦这些电子设备突然死机了，当设备语音或屏幕提示出现了"请稍后片刻"的时候，全能就会骤然变成极端的无能为力。灯不亮了，暖气不热了，音乐停不下来，门突然关了。与半受掌控的时候不同，在这个无法驾驭的世界中人们就算拿着槌子和钳子也没办法解决事情，而且常常就算用蛮力也无济于事。"请稍后片刻，请稍后片刻，请稍后片刻，请稍后……"没有什么情境会比这种**极端失去自我效能**的时候更让晚期现代社会中的主体大为光火了。这种时候人们什么都做不了，只能找寻专业援助。但就算专业人士常常也什么都做不了，只能将故障的设备寄回原厂。

这种情况可以（概括地）被描述为主体的经验视域中世界矛盾地**变得不受掌控**的外在面向。但还有一种不受掌控的**内在体验**，与不断攀升的外在不受掌控或对不受掌控的回应相互补地发展了起来。我在这里和在《共鸣》里描述为极端的世界静默的经验，可以用"异化"——即［用耶姬（Rahel Jaeggi）的说法来说］[2] "缺乏关系的关系"——来指称。被掌控的世界谜样般地退缩回去了，我们读不懂、听不到它，它变得荒凉与空虚；或是用共鸣理论的话来说，世界变得既**沉默**、也**不聆听**。当主体与世界相遇时基本且持续的**吸**

220

[1] 对此的详细讨论，可见：Rosa, *Unverfügbarkeit*, S. 71—75。

[2] Rahel Jaeggi, *Entfremdung. Zur Aktualität eines sozialphilosophischen Problems*, mit einem neuen Nachwort, Berlin 2016, S. 20—70; Hartmut Rosa, *Beschleunigung und Entfremdung. Entwurf einer kritischen Theorie spätmoderner Zeitlichkeit*, Berlin 2013.

纳转化失败了，这场相遇就会产生异化了。异化的原因可以是社会
不平等或资源的匮乏，但当一位爱好音乐的人面对音乐串流平台上
五千万首音乐却找不到一首能温暖自己内心的歌时，也会感觉到异
化。或是当某一届的高中毕业生面对漫长高考准备生涯后无数可能
的终点却没有能力进行选择时，也会有异化的感觉：

> 海德公园、首都、赫尔辛基、猫、骆驼、科莫多龙、加拉
> 帕戈斯龟、自然公园、休闲度假区、埃斯比特炉具［……］，莱
> 茵河大桥、国家、人民、冒险——这一切糊成一大坨。我绝望
> 地拉开窗户对着一排屋子大喊：是谁把圆的地球给压扁了？为
> 什么不再有山谷和深海？是谁把阿尔卑斯山给整平了？为什么
> 地球不再高低有致了？没人回答我。在这整个世界中，我该旅
> 行到哪里，都已无所谓。我只能盲目地拍击这个无所谓的地球。
> 时差。躺平吧，疲倦的浪人……我将我空无一物的脑袋流放在
> 塑料太平洋上。

葛雷伯（Rainald Grebe）在他第一部小说作品《全球鱼类》里
便描写了这样一种异化地存在于世的时刻。[1] 小说中的主角布鲁
(Thomas Blume) 的问题不在于他缺乏选取最佳目标的合理准则，他
的问题是他从这一大堆东西中"得不到回答"，当中没有一样东西可
以"呼唤"或刺激他。

如果（被掌控的）世界变得惨白而空虚、沉默与麻木、冰冷而
苍灰会让人们感受到异化的话，那么它也是让人（初步患上）抑郁
的典型情境。如同葛雷伯在书中所写的那样，布鲁的心理倾向有可

---

[1] Rainald Grebe, *Global Fish*, Frankfurt/M. 2006, S. 13.

能骤然转变成临床上的倦怠症，而且这种倦怠症的特征就是连罹患此症的主体也感觉到自己变得冰冷、麻木、沉默、空虚。倦怠症是一种身体心理学方面极端的异化症状，处于这种状态中的人原则上不再能吸纳转化世界了。这种状态非常重要的、足以用来诊断社会形态的地方在于，这种临床的倦怠症除了表现出主体的可刺激性变得极低之外，也同时是因为推动能量消失殆尽而造成的。倦怠症患者描述了他们再也没有能力爬楼梯或拿起咖啡杯，即便他们的身体本身完全是健康的、生理能量是充裕的。于此，我们可以将异化重新理解为一种**文化方面的形态紊乱**，亦即一种原本具有生产力的欲望能量全都干枯殆尽了的状态。

　　如果我的命题是正确的，如果社会形态的制度过程、甚至是现代社会的提升动力都有赖于文化方面的主体动机推动能量能被生产与释放出来的话，那么当下刻画了晚期现代文化**的对倦怠症的恐惧**就是一种危机的表现，而且这危机在**结构**的层面上也侵袭了晚期现代的社会形态。也就是说，晚期现代社会同时有**双重的**能量危机，一方面是外在的、生态的危机，另一方面是内在的危机。而我对内在危机的解释是现代性的允诺——承诺世界会变得可受掌控、变得迁就与顺从——逐渐变成空头支票，甚至造成完全相反的后果。于此，幻想的终结表现在两方面。一方面，世界不再是可受掌控的了，甚至越来越不受掌控和充满威胁。而另一方面，我们在世界变得可受掌控之处却又失去了世界，失去了世界对我们而言的**吸引力**，因为所有值得我们欲求的东西（欲望正是重要的正面推动能量）永远**都在根本上是不受掌控、但原则上又是可触动的东西**。[1] 如果我们

―――――――

[1]　不受掌控与阿多诺的非同一性理论有着相似之处（Theodor W. Adorno, *Negative Dialektik*, in: ders., *Gesammelte Schriften*, hg. von Rolf Tiedemann, Bd. 6: *Negative Dialektik. Jargon der Eigentlichkeit*, Frankfurt/M. 1970, S. 7—412）。我在我的小书《不受掌控》里对此已有所讨论。

所爱的事物已完全受到我们的支配与控制，我们就不再会爱这个事物了。我们以为世界已经完全被我们掌控了，而这个幻觉却又同时勾勒出一个死气沉沉、缺乏推动力、**没有**吸引力的世界，我们对这个世界的欲望也因此消失殆尽。但让我们的欲望消失殆尽的还有一个世界，一个不受掌控的事物变成怪物回来了的世界，一个**原则上不再可被触动**的世界。现代社会形态正因此处于斯库拉女海妖和卡律布狄斯大漩涡之间的航道上。

第四章　适应性的稳定与共鸣：
另外一种治疗性的、另类的视野之概述

社会学的社会理论可以且应该为解决社会形态的病症提供建议吗？我在前文已清楚说明过为什么社会理论中旨在回应人们感受到的危机情境的最佳说明，应该要尝试至少概述性地发展出一个超越现状且能克服危机情境的视野。但我们不能仅从社会工程学的角度对个别的功能问题提出回答，而是最好将社会形态作为一个整体，针对有问题且值得批判的形态状态勾勒出完全不一样的另外一种轮廓。在这个意义上，所有的建议都必须要包含另类的、**具有形态超越性的**环节。当然，我们在进行最佳说明的分析与诊断过程中，就已经包含了这种另类的环节。但除此之外，我们还必须再从中进行更进一步的发展，从形态的矛盾与张力中再发展出——或至少初步尝试提出——另外一种不同的、**内心世界的超越性**。传统的例如由阿多诺、马尔库塞、本雅明等人提出的批判理论[1]所面对的一个重

---

[1]　我这里特别想提及的是催生出法兰克福学派传统重要作品的那种既充满激情、又充满绝望的关怀，像是霍克海默和阿多诺的《启蒙的辩证法》、马尔库塞的《单向度的人》，以及本雅明的《拱廊计划》。

要挑战是，当人们越来越看不到、感受不到社会形态整体及其超越
的可能性时，批判理论如何坚持为另一种存在形式提供可能性（或
225 甚至是追求另外一种存在形式）。因此以下我想从整体来探查**另一种**
世界关系的可能性。我的做法是，我将根据从前文至此发展出来的
诠释建议来追问结构方面和文化方面的一种另类可能性。

一、第五个基石：超越提升律令——适应性稳定

　　基本上似乎很简单：如果动态稳定是问题——因为动态稳定
迫使人们持续进行升级式的，但没有尽头的提升任务，并造成了越
来越严重的去同步化——，那么另外一种稳定模式显然就会是解决
方案。然而我们不能因此就设想一种静态的稳定模式或再生产模
式，因为所有具有生命力的事物都是会改变的，也都是在变迁中再
生产的。将社会状态就这样"冻结住"或停止下来，就这样禁止增
长、创造、加速，并因此就这样禁止变革能量的形成 [1]，这种做法
既非我们所愿，也不可能持久。只要细想就会知道现代社会形态有
问题的地方不是其动态特质本身，而是现代社会形态内在的**强制升**
级，正是这种强制升级本身变成了一种坚硬无比的铁笼。[2] 所以我
们应设想的是，只要有**好的理由**——例如因为我们的需求从未静止
226 下来，环境条件不断改变，面临到威胁、稀缺等等之类的——就**有**
能力增长、加速，以及创新的一种结构安排和制度安排，而不是单
纯为了结构的再生产与制度现状的维持而不断强制进行提升。简单

---

　　[1] 按照列维-斯特劳斯（Lévi-Strauss, *Das wilde Denken*, S. 270—281）的说法，停止历
史变迁的社会是一种"冷"社会。我们在中世纪的行会组织中也可以看到一些反动态的时
刻。至于相反的"热"社会，可见：Lévi-Strauss, *Das wilde Denken*, S. 190f。
　　[2] Rosa, *Beschleunigung*, S. 434—440。

来说：如果情况是为了改变现状或应对已经改变了的环境条件，那么提升应该且必须是可能的，但提升不能是内生性的、不能变成一种命令要求。我将这另一种模式称为**适应性的稳定**。"适应性的稳定"并非意指现存的社会应该要适应各种挑战，而是意指我们应该针对各种挑战谱写出相应的**另外一种**形态。这种稳定模式（如我说过的）并不排除动态发展，也不否定动态发展的吸引力，尤其是当情况关乎满足社会需求的时候。所以适应稳定的目标不是**去增长**（Degrowth），而是**后增长**（Postwachstum）。一个社会是否要以经济增长、提高创新率、提升生产力为目标（毕竟在世界上很多地方问题不在于过度肥胖，而在于饥饿，所以经济增长、提高创新率、提升生产力在这些地方还是非常重要的）在概念上和这个社会是否需动态才能保持稳定并没有关系。

但这样一种另类的社会结构看起来会长得怎么样呢？这样一幅理论家在书桌前构筑出来的另一种社会形态的蓝图完全可能就只是一种凭空想象出来的、在政治上有高度危险性（这在历史上已有前车之鉴）的掌控幻想。所以我以下的初步思路会缩限在三方面，这三方面全部都针对前文讨论过的文化与结构的交界处，亦即针对"能量预算"和现代社会形态的世界关系。

227

（一）与自然之间的代谢转换关系

社会学的奠基者们基本上都已经同意，社会与自然之间代谢转换的种类与方式，亦即社会将桀骜不驯的自然进行加工的种类与方式，大大影响了社会的世界关系以及社会形态的制度结构。而这也意味着，一个社会会有什么样的形态，是由在社会学中被归类为"劳动"与"经济"这两个领域中的东西所决定的。早期社会学家的主要作品——韦伯的《经济与社会》和《新教伦理与资本主义精神》，马克思的《资本论》，涂尔干的《社会分工论》——几乎都是以此想法为基础的。[1] 同样毋庸置疑的是，现代主要的社会形态于此也都被描写成是一种**资本主义**社会。资本主义所有主要的运作类型都通过资本积累过程而着眼于动态化与提升。意思是，资本主义的运作本质上相当仰赖于一种逻辑，即认为我们必须不断开发此前尚未被商业化的生活领域。如我们已经看到的，提升的三种形式（亦即增长、加速、创新）全都是由资本积累有系统地造成的。如果一个地方暂时没有、或这地方有部分地区没有达成这三种提升形式中的其中一种（例如停止了增长），那么这个地方就得更超标地达成另外两种提升形式。

所以，一个后增长社会若没有基本的经济系统改革是无法成立的。但我们又该如何设想后增长社会呢? 我认为最关键的地方在于，我们必须在结构和文化上再次"追上"劳动和经济，意思是，我们必须把劳动和经济当作整个生活形式中的一个部分，而不是盲目地逼迫个体或集体不断进行经济提升。我们必须将经济"再嵌入"文化世界、政治世界、整个生活形式。若我们这么做了，资本主义的占有逻辑和开发逻辑就不再会被我们看作对结构来说必不可少的事，并且同时我们也不会排除掉（随领域而异的）社会经济**可能性**。波兰尼（Karl Polanyi）已经发展出一些这方面的观点，弗雷泽（Nancy Fraser）也有进一步的阐述。[2] 这种再嵌入得以让我们对增长、提升与创新的（毫无）吸引力进行批判性的评价，而不是盲目地臣服在

228

---

[1]　Max Weber, *Wirtschaft und Gesellschaft. Grundriss der verstehenden Soziologie* [1921], Tübingen 1972；ders., *Die protestantische Ethik und der Geist des Kapitalismus*；Karl Marx, *Das Kapital. Kritik der politischen Ökonomie* [1867], Bd. 1, in: *Marx-Engels-Werke* (MEW), Bd. 23, Berlin 1972；Emile Durkheim, *Über soziale Arbeitsteilung. Studie über die Organisation höherer Gesellschaften* [1893]. Frankfurt/M. 1988.

[2]　Karl Polanyi, *The Great Transformation. Politische und ökonomische Ursprünge von Gesellschaften und Wirtschaftssystemen*, Frankfurt/M. 1977；Nancy Fraser, »A Triple Movement? Parsing the Politics of Crisis After Polanyi«, in: Marian Burchardt, Gal Kirn (Hg.), *Beyond Neoliberalism*, London 2017, S. 29—42.

其淫威之下。

不乏学者建议我们从**制度上**去思考和实现这样一种再嵌入，但我们至今仍缺乏集体的信念力量和实际上的可行性。[1] 所有想将改革建议付诸实现的尝试似乎从一开始就会产生毫无前景和徒劳无功的感觉；（至少现在）我们似乎都仍缺乏能带来进一步转变的社会能量。与其去寻求这方面的建议 [2]，我自己在这里更倾向先将焦点放在去指出主流制度形态的重大"织疵"，于此我们也许可以解释为什么人们会缺乏付诸实现的勇气和想象，以及如何能克服或消除这种缺乏勇气和想象的情况，让转型得以可能。于此，我们有必要再次简短而根本地概览一下是什么造就了一个社会的转型。

我的出发点是，所有社会转型的基础是其与世界的关系。不论是个体还是集体，人类都是处于世界之中的，必须与世界步入关系中，也总已经与世界处于关系中了。用梅洛-庞蒂（Maurice Merleau-Ponty）的话来说，**存有**即是**向于世界的存有**（être-au-monde）。[3] 从分析的角度来看，世界关系的基本经济形式可以分为两个面向：生产面向，针对的是**加工**世界的类型与方式；消费面向，意指（个体）**化用**世界的类型与方式。在现代性的不论是制度现实还是文化感受中，这两个面向都是截然地断裂开来的，某种程度上世界坐落于生产（矿坑、工厂等等）和消费（百货公司、线上贸易等等）之间。我要探讨的织疵，就在于现代社会的经济制度和政治制度虽然实际上确立了生产关系，亦即确立了我们**加工**世界的形式，但在语义学方面，以及在注意力的引导、欲望与恐惧的力比多能量方面，却完

229

---

[1]　Erik Olin Wright, *Reale Utopien. Wege aus dem Kapitalismus*, Berlin 2017.

[2]　这方面的建议五花八门，比如从全球债务削减和类似的全球遗产税、对收入差距和财富积累设定基本上限，到对银行与金融机构进行国家化，甚至是对资本流动进行政治管理。

[3]　Maurice Merleau-Ponty, *Phänomenologie der Wahrnehmung*, Berlin 1966.

全是在消费面向上运作的。经济学家所构思的（并且尤其在新自由主义时代特别有政治影响力的）**市场**模式完全是从消费的角度来设想的。在这个模式中重点总是在于如何刺激消费，所有的产品和市场形态的目的都旨在诱发消费决定（亦即唤醒欲望，让人们想要购买或拥有产品、服务或创新物）。**顾客至上**在这里不仅仅是一句口号，而是构成市场的现实。知名的德国经济研究院专家弗斯特（Clemens Fuest）非常严肃地宣称，整个经济领域无非就是在消费者的控制之下进行服务。[1]

经济学家梦寐以求的理想市场是能以尽可能低的价格提供质量最高的产品。此外，就连政治，尤其是新兴自由主义晚期现代的政治，在尝试进行调节的过程中也完全遵照着这个逻辑，因为政治尝试要做的就是通过"诱导"进行消费调节。生态学也是，希望能提升电、汽油、机票的价格，通过补贴降低可再生能源的价格，或根本就应该将生态环境的"成本"纳入"价格"当中。这不仅适用于"终端消费者"的个人消费方面，而且（如果事关打造干净环保的经济的话）也适用于同样可被视为消费者的工厂企业，这些企业也应该通过政治以相同的方式通过消费诱导（提高/降低商品、人力、原物料、清洁、排放等等的价格）进行调节。在现代制度网络中，行动者会将对方设想、理解、看待**为理性的消费者**，政府在对生产过程的成果进行调节时也是如此。至于**进行劳动以及可被视为与劳动有关**的生产者，以及这些生产者在消费之前所做的事首先且尤其就是在对自然进行加工，并因此以此方式与自然产生关系，于此都

---

[1] "从经济学的观点来看，增长终究是诸多个体决策的表现。[……] 是人，人的愿望与决定，而非随便一种系统，造就了增长动力。[……] 企业必须生产出人们想要的东西。"（»Wie geht es nach der Krise weiter? Der Ökonom Clemens Fuest und der Soziologe Hartmut Rosa streiten über die Lehren aus Corona«, in: *Stern*, Nr. 32 vom 30. 7. 2020, S. 36—43, hier S. 40f. und S. 43.）

被视而不见了。劳动被理解为一种纯粹的工具关系。

于是在消费者和顾客方面被广泛制度化的伦理感受能力、美学感受能力与民主的感受能力，几乎全都不存在于劳动这一方面。最重要的现代主流价值，像自主性、本真性、（在公平的市场参与权方面的）民主公平性，都是在将主体视为消费者的各种制度中进一步实现的，但当主体作为生产者的时候这些却都不存在。我们该生产**什么**，该生产**多少**，该**如何**生产，在很大程度上是由社会形态的提升律令和市场的竞争法则所决定并由其推动执行的。[1]

然而并非偶然的是，从社会历史的角度来看，确立与定义一个社会的并不是这个社会的消费形式，而是其**生产方式**。人们不需要成为马克思主义者也会知道，我们会把社会形态定义为渔猎社会或采集社会，而不是定义为食兔、食鱼或食莓社会；我们会说农业社会、工业社会、信息社会，而不会说喝牛奶社会、自动驾驶社会、用电脑的社会。此外，主体（与所有消费社会或闲暇社会的预言相反）在个体层面上直到今天也依然镶嵌在社会的**对世界进行加工**的面向中，例如我们会身为一位建筑师、砌墙工、企业家、面包师、程序员。主体会将个人的世界关系主要诠释为是在对桀骜不驯的世界进行**加工**。当然，将世界关系二分成生产面向与消费面向总的来说有一种父权主义的倾向，因为这种二分方式无视世界关系的**再生产**面向，虽然再生产对于社会形态的世界关系来说是非常基本的。无论如何，不论是个体的，还是集体的协作情境，往往都忽视了生产领域的世界关系的制度结构形态。生产领域的世界关系的制度结构形态都被现代性的提升律令和由力比多推动的消费能量所决定与

232

---

[1] 这作为马克思在经济学哲学手稿里提到人类的五重异化的核心，不是偶然的。见：Karl Marx, *Ökonomisch-philosophische Manuskripte aus dem Jahre 1844* (Pariser Manuskripte), in: *Marx-Engels-Werke* (*MEW*), Ergänzungsband I, Berlin 1968, S. 465—588.

支配了。

　　虽然对世界进行加工的框架条件会受到集体和政治(例如劳资协议、工时法规、保护条款等等)的影响,但不论是生产方式、生产目标还是生产数量,在这些会深刻影响社会形态的作用中往往并没有得到反思与讨论。然而,正是我们对世界进行加工的类型与方式,正是我们参与进世界而与世界产生关系的类型与方式,对于"我们是谁"这件事来说非常重要。如果顾客是全能的皇帝,那么生产者就会变成**无能为力**的奴才了。注意:我在这里不是要鼓吹已经失败的计划经济模式必须回归,而是想提请大家注意,我们应该让世界关系的核心构成领域完全摆脱反身的、政治的、个体的掌控。这也就是为什么在贫富差距极大的地方,都是现代性的自主与自决的理念遭到破坏的地方。

　　关键的重点在于,消费决策是个体进行的,但生产关系只有集体才能塑造与改变。于此我们可以看到另一个现代社会的矛盾:系统性的、数量不断增加的、个体的、制度的**不受掌控**,包括生产目标、生产数量、生产方式以及生产性的世界关系,都被持续扩张的个体消费的掌控领域给抵消了。所以不令人意外的是,不论是经济学还是对经济学多有依赖的政治学都将方法论个体主义视为公理,以此公理为出发点。所以政治为社会订定的各种制度也都遵循着这个公理,让这些制度以顾客、客户、选民的个体消费愿望与行动决策为导向,将行动者设想为在进行"理性的选择"。至于何谓美好生活或正确生活的问题,都变成个人生活运作的问题,然后置于普遍的**美好事物的私人化**的背景下来回答。[1] 这导致的后果是,在**伦理消费**的理论和实践中,人们总是走采取个体消费决策的弯路,以此

---

[1]　MacIntyre,»Die Privatisierung des Guten«.

影响集体的生产形式与目标，将道德观点汇入形态塑造，并以此重新评断物质世界关系。正是在这样的脉络下，晚期现代的经济学几乎变成了统治学，社会学却变成了与之对立的科学。虽然劳动社会学和工业社会学这两门社会学的分支逐渐失去了重要地位，但这门学科总体来说依然深信生产领域，以及越来越大程度上也包括再生产领域的集体形态对于整个社会来说无比重要。经济学家典型地以**市场领域**作为个体消费决策的中心，以此出发来进行讨论，并且将方法论个体主义范式视为几乎是绝对的；但社会学家倾向于将**劳动领域**置于中心，对方法论整体主义较为偏好。[1] 长久以来处于这两者之间的再生产领域的基础重要性却被忽视了，即便社会学在这方面在过去三十年来有显著的补课。

234

现代性最具有支配性的自我诠释，在"民族自决就是生活形式的自主决定"这样的观念中达到高峰。但从上述观点来看，这种自我诠释只是一种幻觉。一来，自主和平等在劳动领域中并没有一席之地；劳工作为"世界加工者"在生产的方式、数量与目标方面没有发言权。早在 20 世纪 80 年代，泰勒（Charles Taylor）就已经注意到历史上对发展中的现代性有深刻影响的一种妥协，亦即"将异化劳动视为高度消费水平带来的回报而接受下来"。[2] 二来，若公民被视为构筑了生活形式的**国民**，那么这种公民的自主性和效益就必须让位给作为生产者、消费者和顾客的公民的效益。晚期现代社会的社会组织形式与生活方式在很大的程度上都把工业革命与数字革命的产品以及经济提升律令，当作是政治审议与决策的结果。

现代社会尝试不断地打造消费天堂；它认为自身的骄傲与成就

---

[1] 这个观点要归功于我和曼哈特（Henric Meinhardt）在 2020 年夏天多次在瑞士的恩加丁纳之路的徒步旅行中的激烈讨论。

[2] Charles Taylor, »Legitimationskrise？« in：ders., *Negative Freiheit？*, S. 235—294.

来自能在所有生活层面提供多到满溢出来的产品：[1] **最好的产品、实惠的价格**，甚至能满足最奇特与最个性化的需求，（面对如此极致的产品）我们还能期望些什么呢？但是消费天堂可能无非就是生产地狱（更不用说它对再生产领域和生态领域可能造成的问题），因为在经济学家所设想的理想市场中，只要产品的质量对社会来说有一丁点没有做到最好、价格对社会来说没有降到最低，企业在市场上的地位就会不保，这会让理性化、加速、最佳化等等压力被无穷放大。

主体在其所参与的世界关系中形成与建构自身，但主体发现自己在当代社会中却几乎仅被当作消费者和顾客。这样一种以此方式所构成的世界关系不仅生产出不断升温的大气层、荒芜的星球、堆积如山的垃圾，还生产出被榨干的生产者和再生产加工者。而且它还系统性地生产出前人就已诊断出来的异化，一种由生产、再生产与消费之间不论是在概念上还是在制度上都晦暗不明的关系所造成的异化。或是如同泰勒早在 1971 年就提到的：

> 当人们为了他们的孩子而创造出另外一种情境，因此与上千年的过去断绝开来的时候，人们会觉得自己是在通过劳动文明而开创未来。一个可被人接受的身份，需要一些前提条件；只要挨过苦日子，就可以获得这些条件——获得与（终将被超越、但亦会保存在传统记忆中的）过去的关系，与社会世界（一种由无数自由的、有创造力的人相互依赖而构成的世界）的关系，与地球（亦即一个等待塑造的原物料）的关系，与（将

---

[1] 事实上，这就是马克思的《资本论》的根本出发点。他在书中第一句就说了："资本主义生产方式占统治地位的社会的财富，表现为'庞大的商品堆积'，单个的商品表现为这种财富的元素形式。"（Marx, *Das Kapital*, S. 49. 译按：此处译文引自：马克思、恩格斯：《马克思恩格斯全集》第二十三卷，中共中央马克思恩格斯列宁斯大林著作编译局译，人民出版社 1972 年版，第 47 页。）

幻化成在衣食无忧的孩子们生活中永恒的纪念碑的）未来和自身死亡的关系，与绝对性（亦即自由、诚信、尊严的绝对价值）的关系。但终有一天孩子们将会无法继续迈向未来。这些努力都把孩子们关在私人的安全港湾中，孩子们无法接触和恢复与伟大现实的联系：因为他们的父母只有一个被否定的过去，生活完全只向着未来；社会世界非常遥远、没有轮廓。孩子们只能在朝向未来的巨大生产洪流中想办法占据一席之地才能勉强立足。但现在看来这似乎没有任何意义。人们感觉到与作为原物料的地球之间的关系变得空洞而疏离了，而且一旦失去了与地球的关系，要再恢复与地球的关系，会困难无比。意义之网对我们来说已经死气沉沉了，我们在这张网上与绝对性已经没有关系了。于是，过去、未来、地球、世界、绝对性，都以这样或那样的方式梗塞了。这必然会产生令人无比恐惧的身份危机。[1]

在我初探性的思考中，为了将当下的现代社会形态转变成新的、能采取上述所谓**适应性的**稳定的社会形态，我们必须将政治、法律、经济等方面的制度从根本上重新转向**生产与再生产**的世界关系，尤其必须弥合原子化的消费、缺乏自主性的生产、支离破碎的再生产这三者之间的断裂。要做到这件事，我们必须实现一种新的、**被包含进再生产领域的经济民主**形式 [2]，让现代社会承诺给我们的自由能延伸到对世界进行加工的面向，让市场与竞争虽然依然必须存在，但不会因此造成毫无节制的升级趋势。

---

[1] Charles Taylor, *Erklärung und Interpretation in den Wissenschaften vom Menschen*, S. 207f.

[2] Ellen Meiksins Wood, *Demokratie contra Kapitalismus. Beiträge zur Erneuerung des historischen Materialismus*, Köln, Karlsruhe 2010.

（二）拔掉插头：关掉负面的推动能量

我在一开始就已指出，制度和结构本身不会产生增长、加速
与创新；它们还需要主观方面的推动能量，意思是它们还必须仰赖
文化方面生产出相应的抱负与恐惧。此外，制度和结构也没办法从
自身就产生改变，它们还需要相应的转型能量，而这也同样必须由
文化来生产与达成。也就是说，如果我们想要问不断追求提升的社
会形态如何有结构转型的可能性，那么我们似乎可以将目光投向结
构与文化之间充满能量的交界处。我在前文已经指出，薪资劳动与
收入之间应有一种生产—消费的共鸣循环，但这种共鸣循环在晚期
现代社会被排除掉了，造成了人们**对社会性死亡的恐惧**，而这种恐
惧是晚期现代社会最可怕的"提升比赛"的最重要的推动要素之一
（如果不是**唯一**的话）。

在我看来，推动当下现代社会形态进行转型的一个重要的步骤
就是要将这样的恐惧给消灭掉，或至少大幅减少这样的恐惧，以此
将逼迫人们毫无节制地追求升级的能量插头给拔掉。例如主体可以
想清楚自己到底需要什么样的社会生存基础与物质生存基础，或是
不要强迫自己为无穷尽的竞争比赛与提升比赛进行辩护。用马尔库
塞的话来说，就是要"使生存竞争缓和下来"[1]。这种缓和，由于过
去 250 年来生产力史无前例的提升而原则上首次得以可能，但又因
为动态稳定造成的系统性的逼迫而遭到阻碍。人们不应该整天为社
会地位与物质基础而斗争，不应（在社会形态秩序中）承受永远无
可消除的社会本体层次的**不确定性**（提升逻辑就是基于这种不确定
性之上的），而是应该确保能被包容进社会中，以此获得本体层次的

---

[1] Herbert Marcuse, *Der eindimensionale Mensch*, Frankfurt/M. 1989, S. 11-38.

安全。能在个体层次上达到适应性的稳定的手段之一，就是**无条件**
的基本收入。[1] 如果能在深思熟虑后引入这样的制度，那么这种制
度同时可以在**滑坡**系统上建立起一个比较安定的立足基础。行动者
可以在生活运作和生存形式中追求**充足**，而不是追求**只能更多、永**
远不足。如果我们将利润生产与工资增长之间的辩证动力、害怕失
业与业绩增长之间的辩证动力所需的能量给阻断，社会形态的结构
逻辑势必会改变。无条件基本收入的观念可以用这种方式成为后增
长社会制度形态的主要观念与基石 [2]，如此一来现代性所许诺的生存
自由才能兑现。

（三）换上另一个插头：从制度上重新设置正面的推动能量

虽然上述设想可以成功让社会形态转形成一种适应性稳定的后
增长社会，但光是阻断负面的推动能量来源是不够的。如果没有为
正面的推动力提供一个文化源头以生产欲望能量，社会变迁的可能
性也是极低的。这种推动力在今天都只片面地集中在掌控领域的扩
展，只根植于（经济）增长和（选项与可能性的）增加，富裕、幸
福、生活质量也都片面地仅用这些领域来衡量。因此我们迫切需要
用不同的观点和不同的尺度来评估质量、成就，评估经济与劳动、
看护与教育、体育与文化等领域中的制度现实形态。

---

[1]　这种想法的根源可以追溯到摩尔（Thomas More）；到了 20 世纪，像是弗洛姆（Erich Fromm）亦是这种想法的支持者（»Psychologische Aspekte zur Frage eines garantierten Einkommens für alle«, in: ders., *Gesamtausgabe*, Bd. 5, hg. von Rainer Funk, München 1989，S. 309—316）。**近来也有很多关于这个议题的文章问世**。可参阅：Yannick Vanderborght, Philippe van Parijs, *Ein Grundeinkommen für alle？ Geschichte und Zukunft eines radikalen Vorschlags*, Frankfurt/M. 2005；Sascha Liebermann, *Aus dem Geist der Demokratie. Bedingungsloses Grundeinkommen*, Frankfurt/M.2015。（观念史方面的）重要文章则可见一本文集：Philip Kovce，Birger Priddat（Hg.），*Bedingungsloses Grundeinkommen. Grundlagentexte*, Berlin 2019。

[2]　关于这样一种基本收入在制度方面该如何制订、钱从哪里来等的重要讨论我在这里无法详细交代。而且关于这个问题，国内外已出版过无数相关著作。但我认为这个问题不能仅通过理论来预下决策，而是还必须进行民主辩论。这样一种制度绝对不是引进之后就完事了，而是必须根据适应性的试错原则不断要求与允许调整与修正。

若要有这样一种尺度,我们必须将生活质量与增长**在概念上脱钩开来**。同时,我的命题是,我们可以用我接下来要描绘的最后一块基石,共鸣概念,从制度上有效地实现这种脱钩。若以此概念为基石,那么关于看护机构、教育制度、农产企业等等,我们就不会再根据它们在多大程度上能用最小的输入以达到能量与经济资源方面的最大的输出来对它们进行考核与评价,而是会去看它们在看护者和被看护者之间、学生与学校里各学科所传授的世界图像之间、人类与自然之间是否允许建立起并且能够维持住**各种共鸣轴**。事实上,在所有这些领域中,或甚至可能是**所有**劳动世界与公共管理的制度中,人们总是**也**努力且明显在追求共鸣关系,**但构成当代社会形态的提升律令**却会不断以各种新的方式与共鸣关系相对立。例如当看护人员感觉到病患呆望着自己、自己却必须转头看时钟的时候;例如当老师会发现学生感兴趣的事不是自己课堂上教的内容的时候;例如当屠夫突然看到看到自己刀下的动物承受巨大的痛苦的时候;又或是例如当面包师感觉自己因为被逼要加速面包制作与降低成本,所以感觉到自己再也做不好工作的时候;当记者或是科学家觉得自己因为发表压力或资金压力所以只能发表很糟糕或很肤浅的作品的时候;当劳工局发现他们要服务的对象的需求和困难明显与管理法规相冲突的时候。这样的例子不胜枚举。以提升为原则的参数最佳化,以及共鸣的**在世存有**,两者有一种(让人感觉异化的)裂隙,而且这种情况常常会在基本性的**去同步化**形态中出现。并且在几乎所有的现代日常制度中,甚至在假期中,人们都可以感到并指出这种裂隙。如果我们想将制度改建成适应性稳定的、重新同步化的社会形态的话,那么这种裂隙可以是一个突破口或着眼点。[1] 这样一

240

---

[1] "裂隙,所有事物中的裂隙,都是光可以照入之处"(*Anthem*,Columbia Records 1992)——科恩(Leonard Cohen)著名且鼓舞人心的诗歌也许可以是引导即将(转下页)

种改建，不会把社会形态正面推动能量的插头给拔掉，而是换上另
一个插头，将文化的欲望能量转到另一个方向上，因为没有这样的
能量，变迁是不可能出现的。不论是什么方向，在这样另外一种成
功生活的文化概念中增长与生活质量——如上所述——都会是脱钩
的。以下我来对这样一个概念进行总结性的勾勒。

二、第六个基石：异化的反面——共鸣

我关于晚期现代社会形态的最佳说明的最后一个基石，是为文
化危机诊断给出一个至少有个基本框架的回答。我在前文已经逐渐
勾勒出我的回答了。我们已经看到，如果要给出回答，就必须对为
人们提供动机的文化驱力进行修改，亦即修改关于美好生活的主流
看法。有趣的是，当代文化危机反复出现的症状其实就表现在主动
与被动、全能与无力之间无法弥合的鸿沟。并且如前面的章节所述，
这种危机的症状也反映在既主动、但同时又感到被外力决定的生产，
与在趋势上既被动、但又感到自主的消费之间的断裂。世界关系的
参与形式与顺受形式之间的断裂，在韦伯研究资本主义精神的著作
最后经常被引用的句子里表现出来的文化悲观主义结论中，作为一
个主题而被表达得最为淋漓尽致。当中，韦伯对"机械化的化石"
感到忧心忡忡，因为现代文化发展正逐渐变成机械化的化石，并最
终以一种"病态的自尊自大"来粉饰这种趋势，**最终极的人**表现为
"没有精神的专业人士"（罗萨按：即生产者）与"没有心灵的享乐

（接上页）到来的社会形态革命的一个隐喻。**因为人类主体是一种仰赖共鸣的主体，因为**
在所有主体的日常生活中，共鸣联结和资本主义的强制提升之间出现矛盾，所以这种裂隙
也可以成为重要的反抗之处，因为行动者都可以知道或感觉到上述列举的一堆情况中不对
劲之处在哪里。

242 人"（罗萨按：即消费者），"这样一种什么都不是了的人却觉得自己已登上人类前所未有的阶段而沾沾自喜"。[1]

　　缺乏精神的生产者和缺乏心灵的消费者似乎也反映出两个基本问题面向，亦即主体和世界两方面的关系紊乱。一方面是进行劳动（或研究）的专业人士与其劳动（或研究）对象之间的关系紊乱，另一方面是进行消费的享乐人和被享用的客体之间的关系紊乱。作为"缺乏关系的关系"的异化就是由这两种病态表现形式造成的。但我们又该如何设想一种成功的关系、一种**有关系的关系**呢？

　　我认为，成功的（世界）关系意指，在个体的感受中，以及在社会层面上获得组织化与制度化、且最终成为一种惯习的世界关系中，主动与被动的环节、欲意的和顺受的环节，能以另一种特殊的方式，亦即**半被动**的方式，彼此得到协调。[2] 半被动概念源于语言学，首先意指一种介于主动式与被动式之间的语言表达模式。这种动词形式在现代西方语言中不存在，但在古希腊语、希伯来语或梵语以及其他许多语言中都有。[3] 这种动词形式允许我们表达一种参与或涉入事件或行动时主体既不是施为者，也不是承受者的情况，或甚至让我们可以不用从范畴上将主体和客体区分开来。在这种情

243 况中，人们不是全能或无力的，而是**有部分能力** [4]，能部分**参与**和部分**从事**，也就是说基本上是半**被动**或半**主动**的。半被动的观念涉及一种**在世存有**的形式，即：我们**既**主动、**也**被动——或是**既不**主动、**也不**被动，而是超越了这种区分，也许甚至超越了**状态**与**行动**之间

[1] Max Weber, *Die protestantische Ethik und der Geist des Kapitalismus*, S. 188f.

[2] 对此的详细讨论可参阅：Rosa, »Spirituelle Abhängigkeitserklärung«。

[3] 关于这方面详细且富有启发性的研究可见：Rolf Elberfeld, *Sprache und Sprachen. Eine philosophische Grundorientierung*, Freiburg, München 2011, S. 228—259。亦可见：Béatrice Han-Pile, »Hope, Powerlessness, and Agency«, in: *Midwest Studies in Philosophy*, 41 (2017), S. 175—201.

[4] Ruth C. Cohn, Alfred Farau, *Gelebte Geschichte der Psychotherapie: Zwei Perspektiven*, Stuttgart 2008, S. 359.

的区分。[1] 我在这里指的不是根据发送者—接收者模式而运作的互动与沟通中（主动）发送信号与（被动）接收信号的两个可以彼此区分开来的过程。相反的，我这里感兴趣的互动形式绝不是一种神秘的行动形式，而是几近日常的一种实践，这种实践将其主动的环节和被动的环节混合在一起，无法区分开来，所以我们几乎无法说它是主动的还是被动的。**听音乐**就是这类互动形式的一个很好的例子。就语法形式来说，听音乐是主动的行动，它是经我们有意识地决定（找出某首音乐，调好音量）之后才实现的事。但当我们闭上眼睛沉浸在音乐里时，我们就很难再说我们是主动的了：我们被音调与旋律攫获与触动了，但我们也是主动地欣赏与沉浸其中（如果我们非常沮丧、疲惫、消沉，我们内心不会这样地沉浸其中，而是**只被动地接受音乐**，并因此什么也体会不到）。爱情也是类似这样的混合形式：爱在语法形式上也是主动的，但究竟是**我们去爱**了，还是**爱降临在我们身上**？还是说，欲意与顺受的环节在这里没办法断然区分开来呢？

然而对于世界关系社会学来说更为重要的是表现出**相互**混合形式的互动形式。**跳舞**或**音乐演奏**是这方面典型的体验场域。跳舞的

---

[1] 很值得注意的是，德里达（Jacques Derrida）在他也许最有名的文章《延异》(La différance, dt.：»Die différance«, in：Jacques Derrida, *Randgänge der Philosophie*, Wien² 1999, S. 31—56）里直接参考了共鸣（！）概念而提出了与此相同的想法，并指出法文的"共鸣"（résonance）一词的后缀（-ance；德文的共鸣是 Resonanz，后缀则是 -anz）表达了同样的一种半被动性："根据古典概念的要求，人们可以说，'延异'（différance）指出了一种构成性的、过程性的、原初性的因果关系，指出了一种分裂与分化的过程。这种因果关系或过程的构成产物或结果，就是相异（différents）或差异（différences）。与作为动词不定式和主动语态的延异（différer）相比，作为名词的延异（différance）将该词作为不定式时的主动意涵给中性化了，就像'动'作为名词时本身不显示是哪一种动，不显示是主动还是被动。同样的，共鸣不是鸣声动作。我们要知道，法文的共鸣的后缀 ance 意指共鸣无法区分是主动还是被动。并且我们以下将会看到，为什么'延异'所标示的情况既不是主动、也不是被动的，而是一种中间的形式，或是它会让我们想起来去表达一种既没有顺受的主体也没有行动的主体、既没有顺受的客体也没有行动的客体的运作，一种既不从这类术语出发、也不考虑这类术语的运作，一种没有运作的运作。但哲学却可能已经将这种中间形式，将这样某程度上不及物的形式，分配进行动形式与顺受形式中，并在这种压迫下构筑自身了"[ebd., S. 37. 这里我要感谢蒙特利尔康考迪亚大学的弗利奇（Matthias Fritsch）让我注意到德里达著作的这个段落]。

人说，舞蹈中最成功的时刻就是舞者说不出到底是自己被舞蹈跳出来、还是自己跳出舞蹈的，亦即最成功的时刻就是舞蹈自己从关系中心发展出来，从跳与被跳之间发展出来。我们必须说，基本上**是舞蹈让舞者这样跳了出来**（并且转化了舞者），不论在过去还是现在都有诗如此说道。[1] 类似的经验在音乐家们的即兴创作（但也不只有即兴创作）那里也可以看到。在即兴创作时，其中一位音乐家会发出信号，其他音乐家则通常扮演另一个角色来会回应这个信号；但当所有音乐家都兴头来了的时候，大家就已经说不清这音乐创作是谁开了头、谁在回应了。音乐就浮现在彼此间，浮现在音乐之中，**是音乐演奏出了自己**。[2] 如果这听起来感觉太玄幻了，那么我们不妨换一个例子，想想一场热烈的讨论或成功的对话。讨论和对话有一种能变得很有生命力与改变参与者的力量，尤其是当讨论和对话里没有谁能说服得了谁的时候。当有一个新的想法从所有与谈人的思想中冒出来的时候，讨论的结果往往就不是谁获胜了，而是新的观点就这样形成了，某种程度上想出这个观点的就是谈话本身。

我建议，我们可以将异化的对立面设想成这类有关系的关系。若我们进一步分析检视这类关系的话，可以看到当中有四个我尝试总体上用共鸣概念来掌握和处理的环节：（1）刺→激（Af←ffizierung）或触动：我们仿佛受到一个人、一首音乐、一个想法、一幅图像的召唤和触动；（2）感→动（E→motion）的环节，亦即回应的、具有自我效能的向外运动；（3）**转化**的环节，意思是当我们与某个东西或某个人产生共鸣时，我们就不再是原先的我们了；（4）构成性的**不受掌控**的环节：共鸣无法被强求、无法利用手段被

---

[1] "噢，随着音乐摇摆！噢，绽放眼中光芒！我们怎么能将舞蹈与舞者区分开来呢？"叶芝（William Butler Yeats）那常被引用的诗《在学童之间》如此说道。

[2] Martin Pfleiderer, Hartmut Rosa, »Musik als Resonanzsphäre«, in: *Musik und Ästhetik* 24（2020），S. 5—36.

制造出来、也无法被积累或储存起来。

　　这四个环节的前两个环节也清楚表现出，共鸣关系有一种触动与被触动的双向作用，当中主体感觉既**联系上**了世界、也被世界**给联系上**了。这两个环节里的箭头象征着半被动即是一种双向运动，生命力、能量、新颖性都是从中形成的。第三个环节则意指共鸣事件的参与者会从中产生转变，也正是这种转变让我们感到自己是活着的，正如拉图尔不断强调的。[1] 但转变的前提是，所有参与者要感觉到彼此是不同的，而且在与不同的人的相遇中难免会有**张力**和**愤怒**；在触动中，总会有伤到人或被伤害的风险，所以在转化中也是有危险的。共鸣从来不是毫无风险的。

　　然而人类需要处在有着触动与吸纳转化的关系中，而且正是这种需求推动了人类。在拙作《共鸣》中我已经指出，对于共鸣的渴望正是人类行动最重要的能量来源，也许甚至比满足直接的生理需求更为重要。或是更仔细一点地说：生理需求必须通过共鸣才能得到满足。[2] 甚至也正是对于这种在世存有类型的渴望，为人们在受到结构的逼迫**之前**就提供了动机上的能量，让人们不断追求可受掌控的领域的扩大。它让人们觉得有希望能在**其他的地方**找到和发现能与我们产生共鸣的世界片段，让人们觉得还可以发现和占有这样的地方。但是这个掌控世界的计划却无可避免和对共鸣的渴望产生矛盾，因为共鸣得以发生的第四个环节就在于共鸣根本上是不受掌控的。共鸣既无法获得保证、也无法预料，既无法索取得到、也无

246

247

---

　　[1]　参阅：Bruno Latour, *Existenzweisen. Eine Anthropologie der Modernen*, Berlin 2014, S. 418—423；对此的详细讨论可见：Hartmut Rosa, »Einem Ruf antworten. Bruno Latours andere Soziologie der Weltbeziehung«；in: *Soziologische Revue* 39；4（2016），S. 552—560.

　　[2]　这个论点是以一项观察为根据的：新生哺乳动物的呼唤，既是呼唤要求喂养，**也是**呼唤要求共鸣。新生儿必须要扶养人对自己的哭声**做出回应**，才会感受到温暖、照顾、喂养、触动、亲密，以及自我效能。以此来看，遭受饥饿和感到寒冷都属于异化的基本形式，因为世界**不回应**自己了。正是因为如此，把共鸣看成美学方面的"奢侈需求"是范畴上的错误。见：Rosa, *Resonanz*, Kap. 1；ders., »Beethoven, The Sailor, the Boy and the Nazi«, in: *Journal of Political Power* 13（2020），S. 1—18。

人能赔偿得了。

在消费者这一端,驱动资本主义的做法,就是将对共鸣的渴望转向成对客体的欲望。在商业化的情境中,卖方总承诺共鸣是可被掌控的,我们几乎从广告文案中都可以看到这种现象。**购买一次阿尔卑斯山之旅,或订购一次豪华渡轮之旅,你就能够体验纯粹的大自然;购买这部车,你就可以体验到什么是能提供自我效能的世界关系;买下这包薯片,你就能收获真正的友谊,**诸如此类。然而,借助购买虽然可以掌控**客体,**但无法保证**体验。**事实上,对系统来说必不可少的消费持续扩张之所以得以持续下去,就是因为共鸣欲望总是遭遇失望,商品关系总是一种缺乏关系的关系,我们也因此总是被推动去在下一次的消费行动中寻找共鸣,因为共鸣欲望还没有止息,也无法止息。

但是**不受掌控**并不是说共鸣在上述的豪华渡轮之旅中**从来都不曾**出现过。它的意思更多是:共鸣既无法生产、也无法被排除,它只在我们对它有最基本的期待的地方出现。还有,不受掌控也暗指基本上共鸣的**结局是开放的。**当我们和某(或一堆)人、一个想法、一处风景、一个工作产生了共鸣,原则上我们无法预见也无法预言**这场共鸣会发生什么事。**我们无法知道我们的转变和被转变会以何种方式朝向何方。我相信这就是阿伦特(Hannah Arendt)在描述人类生存基本条件时提到的"诞生性"(Natalität):造就出新开始的能力来自结局开放的、共鸣的人类合作。[1]

因为参数最佳化的结局从来都不是开放的,因为时间压力和竞争完完全全就是共鸣杀手,因为只要害怕受伤害就会让自己封闭起来不再面对他人,所以社会行动中的共鸣导向和现代性的提升律令

[1] Hannah Arendt, *Vita activa oder Vom tätigen Leben*, München 1994.

之间就产生了非常尖锐的矛盾。我在我的书里已仔细讨论过此议题。基本上，不论是结构上逼迫人们进行，还是文化上促使人们想进行的掌控世界计划，都会让我们在面对世界时产生一种侵占性的支配、控管、控制态度，但这也导致我在前文所诊断过的异化危机。相反的，共鸣概念展示出来的是关于美好生活的另外一种构想。这种构想在现代社会形态及其抱负中就已经有了，但在其当下的制度与实践中却没有实现出来。我认为，在这种构想中我们遇到的实际上是一种**内在世界**的革命性**超越**时刻。要获得这种超越，首先我们必须改变我们的注意力与态度。我们应该从**聆听与回应**（至于聆听和回应会得到什么结果，我们应保持开放态度）的模式出发来打造一种相互包容、半被动的世界关系，而不是从基于目标意识的、片面主动的**控制和支配**的模式出发，否则行动主体在自我体验中最后只会成为被动的受害者。这两种出发模式总的来说是不一样的。

如果我们想从这种改换出发模式的想法中发展出一种具有文化影响性的关于美好生活的构想，以发展出一种转型能量，让社会形态的制度基础与结构基础实现能够媲美从封建社会变到现代社会这样的转型，那么我们需要在概念上从两方面进行扩展。第一，共鸣需区分出四种形式。若要人们觉得自己的生活是成功的，那么人们必须在以下四个方面建立和维持稳定的共鸣轴：（1）**社会**共鸣轴（soziale Resonanzachsen），亦即与他人有着回应性的关系；（2）**物质**共鸣轴（materiale Resonanzachsen），意指与材料—物的世界（例如我们所加工的对象，环绕在我们身边的家具，我们栽种的植物，我们演奏的乐器）有着回应性的关系；（3）**存在的**共鸣轴（existentiale Resonanzachsen），意思是，我们在面对世界整体或最终的实在（在我们的定义里，例如有：自然、生命、宇宙、历史）时能（通过宗教实践、艺术体验、自然体验）处于一种回应关系中；以及（4）最

249

后则是**自我轴**（Selbstachse），它允许我们**与我们自己**，与我们的身体、情绪、人生等等一切仿佛不受掌控的他者产生共鸣。

我们**是否**能成功地建立与维持这些共鸣轴，不取决于我们个人的看法或我们是否有很好的意志力，而是取决于我们身处其中的制度脉络和我们（必须）进行行动的实践脉络。因为制度和实践内在地与倾向态度密切相关，片面改变我们的态度不可能不会造成制度的功能失调，最终必定若不是摧毁了实践，就是摧毁了主体。共鸣主体需要一种共鸣的、回应性的制度结构，反过来说这两者缺一不可。在集体的层次上——这亦是前文提到的在概念上必须进行的第二方面的扩展——我们必须建立起一种体制，其制度化的世界关系不以掌控和提升，而是以半被动的聆听回应模式作为基础。因为这样一种体制不仅允许不受掌控，也重视生命力的召唤，所以它不会是一种侵占模式，也不会面临怪物的回归。

我们要如何设想这样一种体制呢？也许实际上从认识论的角度看我们不可能在现有的社会形态主流范式基础上设想出另一种更好的范式轮廓。但今天已经有一种社会世界是可以想象得到的了，即对于**不受掌控的他者**，不论是外在还是内在都不以侵占模式或掌控模式，而是以转化性的**聆听与回应**姿态来对待。**社会轴**上的共鸣在这里意指主体被当作公民来对待，**这些公民因为彼此有着差异，所以想说出某些事、愿意聆听、可以触动**，而不是只把主体当作竞争者或顾客，认为彼此是对立的或会相互阻碍。**物质面向**的共鸣则特别意指自然关系，认为自然的本质、力量、动力**既非**仅仅是某种可以掌控的东西，**也不是**我们只能臣服于其下的东西。与自然产生共鸣事实上是一种相互的转化，但不是以摧枯拉朽的全能或面对怪物般的无能为力作为对待模式来进行的，而是以相互转化的充满生命力的方式来进行的。而**存在的共鸣**可以通过政治合作建立起来，也就是说不是错误地认为只能在极端的历史独立性和绝对认同于对现存传统的屈服之间做出选择，而是与历史处于**聆听和回应**的关系。重新同步化于此便意指在过去与未来之间重新获得一种时间共鸣轴，以将当下还给生活、联结与能量。

表1　对现代社会的最佳说明——**图表概览**

	结构视角 （第三人称视角）	文化视角 （第一人称视角）
分析	动态稳定	扩大对世界的作用范围施加掌控
诊断	重新同步化	异化
"治疗"	适应性的稳定	共鸣

现代性与批判：面对面对谈

马丁·鲍尔：如果我对两位在这本书里的文本的理解是正确的话，255
那么我觉得两位的立场是殊途同归的。当问到对社会理论来说至关
重要的形式是什么的时候，两位都认为要将社会理论当作历史社会
学来进行研究，意思是要用历史社会学的框架来分析现代社会。我
们是否可以说，两位继承了在韦伯的著作中最显著地表现出来的那
种传统呢？

安德雷亚斯·莱克维茨：事实上我的确会把我自己归于这种传统。
我们必须将社会学和历史学紧密地联结起来。因为如果我们要推进
现代理论，我们必然需要从一项事实出发，即：现代本身是有一段
历史的。现代不是当下的，亦即它不是一个我们刚好生活于其中的
历史时刻；现代是一段在至少 250 年间起起伏伏的特殊时期。所以，
如果要去看现代的一贯性与重要性，就必须要从历史的层面去思考
现代社会是在什么时候变成社会学在建立理论时的研究对象的。这
对于我的一些著作——例如《混合的主体》——来说非常重要。但

也正是因为如此，我在面对"现代"这个概念时遇到了一些困难，因为人们常常不加区分地使用这个概念，认为**整个**现代（亦即把现代当作是同一的）有着某些特质，例如资本主义或功能分化。但人们在很多方面都必须"一点一点地"探讨现代。就算是对于晚期现代，也要将之当作现代的一个特殊版本来看待，将之与资产阶级现代或工业现代区分开来。因为从历史层面来看，很多现象有着很重要的意义，所以对不同的现代进行区分是很重要的。

哈特穆特·罗萨：我跟你的看法有很多共通之处，但也有很显著的差异。在你那边，历史层面得到了很深入的探讨、也很重要；但在我这边，对系统的兴趣是更强烈的。我不会明确地优先从历史的角度来进行研究。当然，当我们将当代社会理解为一种独特的形式时，无疑会相应地认为社会的形成过程是很重要的。我们必须理解社会的历史生成，描述其系谱。

但是每次当人们在使用"现代"这个概念时，都已经是从不同的理论背景出发的了。虽然我同意安德雷亚斯和一些从历史的角度来进行研究的社会学家——例如瓦格纳（Peter Wagner）——的看法，即现代社会在历史中可以区分出不同的阶段。这是毋庸置疑的。但我认为除了去看当中的差异之外，也应该去解释让这个阶段都能被称为现代的东西是什么。所以我会去指认贯穿了整个现代的原则，亦即我的命题是：真正的现代贯穿着一种提升逻辑。这种提升逻辑造成了不同的文化变革。这种诊断是我们两个人的分歧之处，虽然我们共同的兴趣是尽可能详细地去对现代进行把握。

马丁·鲍尔：嗯，你们两位都在各自的社会学中分析了社会的历史形成过程与系谱。莱克维茨强调现代的历史，认为现代跨越了两百

多年的时间间隔，并且注意到这种过程随着发展也产生了反作用力。　257
社会学要观察过程是很难的，我们在分析上该如何着手呢？

哈特穆特·罗萨： 如果社会学认为自己要么是一种纯粹的秩序科学，
要么是一种严谨的结构分析，仅指出社会事物的结构类型就心满意
足了，那么对社会学来说观察过程当然会是一件很困难的事。例如
在我看来，系统理论就相对直接地用"前现代社会"和"现代社会"
这一组二元论来进行探讨，然后宣称只要出现功能分化，那么一切
就是现代的，根本上不会再有变化了。但我会把现代结构的基本原
则当作一种过程来看。像加速，唯有通过历史比较，我们才能观察
到它是一种构筑出结构的过程；而加速从一开始就是过程性的。加
速的核心特征让我得出一个命题，即动态稳定就是从结构上将现代
加以标示出来的东西。这样的定义就已经会让人们将现代理解为过
程性的了。

　　但是对我来说，要尝试理解现代社会，就必须发展出一种社会
能量概念，而社会科学至今都缺乏这样一种概念。例如，当人们就
阶级结构来进行分析时，虽然这样的分析当然很重要，但由于缺乏
一种能对改变给予解释的动态原理（而且这个动态原理本身也是会
不断改变的），因此使得人们在进行分析时仿佛是在面对没有生命的
物质似的。所以我特别强调，不论是在结构层面上进行界定，还是
在文化层面上进行分析，都必须考量到基本的过程面向。此外，也
因为我们都借助叙事来进行研究，所以在方法程序上让我们两人的
理论取向会蕴含一种基本的过程性。叙事当然会构筑出一种过程形
式，亦即构筑出一种时间性的视角。　258

安德雷亚斯·莱克维茨： 对我来说，指出不同版本的现代——亦即

从资产阶级现代到工业现代、再到晚期现代——当中各自不同的结构原则，是很重要的。这些现代的共通之处就是它们都有相同的张力领域：都在探究偶然性的开启与偶然性的封闭问题，理性化逻辑与文化化逻辑之间的关系，以及应对进步与失去的方式。这就是典型的现代。但不同版本的现代各自会造就不同的"混合关系"。例如我们在晚期现代可以看到独异性逻辑大幅扩张开来。

但于此我们可以提出一个问题，我将之称为"福柯问题"（Foucault-Problem）：我们要怎么理解从一个社会形式到下一个社会形式之间的转变？福柯用《词与物》提出的模型详述在历史上曾出现过哪些认识论断裂，在一个知识型之后如何接续着另一个知识型。如果我们参照他的模型，那么我们该如何呈现不同现代形态的接替顺序？我有个非常一般性的假设，亦即一个版本的现代会在某个时间点出现了一定程度上的衰败，让人们感到有所不足或充满矛盾，因此激起了批判运动或创新趋势，从而引发了基本上的转型。但我没有认为这种转型只有一种单一普适的机制，而是认为导致转型的事实上是历史偶然因素。举个例子：如果我们问，为什么独特性逻辑在晚期现代会扩张开来，有哪些原因造成这种逻辑，那么我们可以在 20 世纪 70—80 年代的转变阶段找到三个特殊因素。第一个因素是资本主义经济的转变，亦即朝向文化资本主义的内在转型。这种文化资本主义服从于自身的扩张逻辑，也因此在这当中总不断会有新的市场被拓展出来。第二个因素是数字化，第三个则涉及一种促使新中产阶级的形成的社会结构转型。这三个因素是在彼此不相关的情况下形成的，但有趣的是却会彼此强化。所以我从来不说只有一种机制能解释人们如何从 A 走向了 B。在 20 世纪 70 年代，这三个因素同时在发生作用，不过我并不排除还有其他因素很重要。而在 20 世纪初，从资产阶级现代转向工业现代时，情况又不一样了。所以我的研究是将社会学的结构分析与历史解释结合起来。若想了解社会变迁，我们必须更具体地考察这些历史转变阶段。

哈特穆特·罗萨： 从这里可以看到我们两个是有差异的，而且我可以马上指出这个差异表现在我们不同的分析方式上，虽然这两种分析方式各有自己的道理。你说，人们必须考虑到历史偶然性，因为事情的发生是无法从宏观结构推论出来的。但我的分析显然不是这样，因为我认为这种转捩点就是从结构产生的。在《加速》里，我曾系统性地呈现过转型是如何在社会变迁过程步调的差异中表现出来的。我的想法是，我们首先面对的时期，是一个社会变迁要经过很多世代才会真的完成的时期，亦即社会变迁是很慢的，不同世代都生活在同一个历史世界中。在这种情况下，各世代本身即是创新的担纲者，带动时期变化的是世代变迁速度，如同你在讨论工业现代时指出的那样。而在我的理解中，晚期现代的新颖之处则在于，改变的速度再次加快了，文化变迁每过一个世代就出现一次。这改变了文化的自我认知与世界认知。由于加速，或是更详细地说，动态稳定逻辑，被我视为现代的结构原则，因此我——和你不一样——对变革的解释并不回溯到任何一种由此结构原则本身而来的偶然性。

260

安德雷亚斯·莱克维茨： 虽然马丁·鲍尔说我们两个的理论都有韦伯的风格，但在我耳朵听来你的说法更像涂尔干。涂尔干对于社会分工的构想乃基于一个社会内在机制上，不像在韦伯的社会过程分析中历史主义的风格从一开始就非常浓厚。

哈特穆特·罗萨： 但我现在可是韦伯高等研究院的院长喔［笑］。不过，说正经的，不论是内在机制，还是外在机制，都不是我的主题。我在思考的是这些变革的发生时刻，并且我是从文化的角度来研究的，将这种变革时刻称为经验差异。我探讨的是，个体或集体的感知是如何随着社会变迁的步调而改变的。而关于这个问题，我则是从不同的在世存有的方式来把握的：如果人们生活的世界，是一个能很合理地期待在三个礼拜之后就会变成另一个样子的世界，那么这会产生什么样的文化经验？

马丁·鲍尔： 罗萨教授，在您这里，动态稳定原则造就了我们命名为"现代"的过程的同一性。不然这样的整体其实会裂开成各种不同的经验世界。所以是这种由提升逻辑造就的因果关系，在分析上保证了有一种**同一性**的现代吗？

哈特穆特·罗萨： 是现代**的**同一性还是**在现代中的**同一性？

马丁·鲍尔： 现代的同一性，我们所研究的这个现象的同一性。蒯因（Willard Van Orman Quine）在提到"本体论的承诺"时说过："没有整体是没有同一性的"，人们必须基于本体论的承诺，才能提出某些陈述而建立起一套理论。所以我的问题是，什么样的同一性，能将现代定义为一种时期。因为如我们已听到的，莱克维茨和您不一样，他不认为现代具有一个持续了两百多年的同一性原则。

哈特穆特·罗萨： 事实上我认为现代是一种唯有维持动态才能保持稳定的形式，也就是它系统性地仰赖于增长、加速、创新，因而才能维持其结构。但我没有认为可以用同样的界定方式来描绘现代在文化方面的自我理解。这种界定方式顶多更可能得出某些自我诠释、更不太可能得出其他自我诠释，让人们在现代社会中思考关于自我的文化议题时，会因此呈现出某些家族相似性或选择的亲近性（当然这种说法是很韦伯式的），并探问不同的生活运作形式。我会发展出什么样的关于成功生活的想象，以及我是否会（比如）为我自己规划一个常态生平，将成家立业当作最重要的任务、将相对来说稳定的个人同一性当作目标，虽然都与社会变迁步调息息相关，但也不单纯是由这种结构原则所决定的。由于我所继承的思想不太是涂尔干，而主要是泰勒，所以我会认为关于自我的理解与诠释不能由像动态稳定这种体制所形塑或被这种体制渗透，不能联结上某种以掌控世界为目标的世界关系。这种世界关系本身更多是现代性的结构逻辑的基础、而非其后果。

262

安德雷亚斯·莱克维茨：对于"现代性的同一性"这种看法，我是极为小心的。"现代"在最近对社会学来说并不像以前（例如 20 世纪 80 年代关于现代与后现代的大型讨论）那样是一个理所当然的话题。以此而言，"现代"这个概念从根本上是很需要进一步讨论的，而且显然在讨论的时候绝不能对现代有过度的迷恋。我偏好以实用主义的方式来运用概念，选出一些现代的特质作为基础，并将这些特质整合起来作为工具。我说过，我的出发点不是单一现代性的结构原则，而是我更多会去看各种堪为现代社会特质的充满张力的领域，并且在我的研究中将这些特质当作分析现代性的工具来运用。最首要、也是最重要的张力领域，是秩序建立与批判之间的辩证，亦即偶然性的开放与偶然性的封闭之间的辩证。理性化与文化化这两个相反的趋势，以及普遍化与独异化这两个相反的趋势，则是第二个张力领域。现代社会可以既非常极端地标准化、具体化、"齐一化"，却又非常极端地以独特性为导向。最后，现代社会充满张力的

213

地方,也在于既追求进步,亦即偏爱创新,却又暗地里不断借鉴已逝去的东西和历史遗产。正是因为有这些特质作为分析现代社会的工具,所以我们可以用这些如此特殊的构成要素当作放大镜来检视不同阶段的现代。那么,晚期现代的运作方式,与资产阶级现代有什么不一样呢?还有,与工业现代有什么不一样呢?这就是我提出且想回答的问题。

诚然,我在研究里会使用"现代"这个概念,会说在三个张力领域里我们都能看到很极端的现代,亦即前所未有地看到一个既以偶然为导向,却同时又很理性化与独异性,且以未来为导向的社会。但同时我也尝试将艾森斯塔特在全球层面观察到的"多元现代性"包含进我的讨论中,并且将之赋予时间性。因为我认为不同的现代性不只存在于空间中,也存在于时间中。

马丁·鲍尔:所以您坚信"现代"在现实中是一种时期或社会形式,对吗?

安德雷亚斯·莱克维茨:原则上对。不过社会学家在与进行历史研究的科学家进行交流时有时候会有点天真,因为社会学家有时会说这个现象或那个现象在现代中是全新的事。例如中世纪学者会反驳社会学家说,个体性在中世纪就已经有了。或是古代历史学家会反驳社会学家说,偶然性的开放在古代——例如在某种民主参与的形式中——就已经出现了。所以社会学的立场若更弹性点会更保险,意思是若能从"渐进的过程"出发来进行探讨会更保险一些。这里,"时态的混合"这个概念是有帮助的。如果有一个人说"现代"是在一个历史断裂中出现在世界上、是前所未见的,那么这个人肯定是错的。现代是缓慢形成的,是一步步发展的。某种关于个体性的观念在现代开始之前怎么就会不存在呢？但上述三个张力领域的所谓极端且高度发展的形式，我们可以有很好的理由在探讨现代时特别着重强调。

哈特穆特·罗萨：的确，当历史学家和社会学家在进行辩论时，很多历史学家会倾向于认为"明确的非连续性"是很值得商榷的。历史学家的基本论调是其实没有什么事是从根本上就改变了的，太阳底下并没有新鲜事。但我必须说我实在很不喜欢这种说法。当然可怜的历史学家也很不喜欢我们，因为我们这些社会学的现代理论家老是在说现代的事是全新的、前所未闻的。所以当你提到跨学科交流方面的事情时，我是同意的。

但这里我有个疑问。"多重现代性"之间毋庸置疑有重要的地理上的与历史上的差异，我们必须考虑到各种不同。但如果我们最后就只去谈这些不同，或是更准确地说：都只去谈**差异**，那就会显得"这些现代"的多样性当中（或背后）没有任何同一性。可是如果这些现代都没有共通点，那"现代"这个概念也就会崩解掉了。我知道你想说我们可以用不同端点间的张力来对现代以及现代的各种设定下定义。这包括偶然性的开启与偶然性的封闭之间的张力、独异化与普遍化之间的张力、理性化与文化化之间的张力。或是还有一个可以用来定义的特质，亦即现代性对进步的期待，这种期待造成了求新与守旧之间的冲突。但你的这些说法让我会去想，这四个张力难道不是到处都存在的吗？难道不是每个社会秩序都会伴随着偶然性的封闭，并且相反的所有生命本身都必然会出现偶然性的开启时刻吗？当我们在讨论一般性与特殊性之间有什么关系、未来和过去有什么关系的问题时，难道不都会习惯使用超时间的区分范畴吗？这种张力原则难道不是普世的、超历史的吗？

264

265

安德雷亚斯·莱克维茨： 你这里正好重新提到了我们刚刚在讨论历史学家的立场时提到的"变动"，以及历史学家说的太阳底下没有新鲜事。但我不同意这种说法，因为我对一种哲学人类学化的偶然观不感兴趣。若从哲学人类学的观点来看待偶然，那么会觉得只要人类出现了，就会有行动自由，亦即就会有让事情变得不一样的能力，并且认为这是人类天生就具备的能力。

但只有在现代才出现一种观念，即社会整个都是偶然的，而且所有领域的社会事物根本上是可形塑与可转变的，甚至是需要形塑的。只有在现代社会，社会事物才会有这样一种转型的情况，并且会根据由进步观念而来的指导方针来进行操控。在几千年前的狩猎采集社会中，社会从来不会有如此剧烈的转型，除非受到外在的影响，像是气候变迁、大瘟疫之类的。也因为这些社会实际上不太会有什么变迁，因此列维-斯特劳斯（Claude Lévi-Strauss）将之称为"冷社会"。极端偶然的时刻只出现在现代。现代的前提，就是人们会感觉整个社会事物都是可形塑、且需要形塑的。每一种社会秩序，不论是经济、政治、国家、宗教、科学，还是生活运作本身，现在都呈现为偶然、且最终是不固定的。但在偶然性的开放之后，却又会再出现极端的封闭性，亦即形成了秩序，并且总的来看有部分具有极权主义的特质。就连对极权主义的偏爱也是很现代的，此前没有。

哈特穆特·罗萨： 我们对于这个观点的看法现在看起来并没有太大分歧。你说，偶然性的开启内因化是现代社会的特征。的确，我也会说，现代社会的运作本来就是开放的。但这里我们还必须解释、或首先必须确定一件事：这样一种造就偶然性的开启情况是怎么来的。我的论点是，现代社会的结构特质是动态稳定化，而且这迫使原先存在的、且运作顺畅的社会及其秩序，不得不进行不断的变换。

安德雷亚斯·莱克维茨：现代性的中心思想是变革。以前的社会不会这么极端，顶多就只有小型的变迁过程。但现代社会的内在变动却相反地在于开启偶然性，因为事物都显得需要不断进行优化。我觉得，这种关于可形塑性与进步的文化观念，在未来会变成偶然性导向的重要背景要素。寇瑟列克（Reinhart Koselleck）在他的历史语义研究中非常漂亮地探讨了这件事。而且，不论是理性化过程，还是文化化过程，在现代社会当中都以偶然状态与进步导向为前提。以此而言，上述三个张力状态与此是息息相关的。

而在探讨一般性逻辑与特殊性逻辑之间的张力时，我也很强调现代的特殊导向。当然人们一开始可能会说，我们某种程度上根据康德的认识论可以看到一般事物和特殊事物在任何文化秩序当中都会发生作用。人都会运用一般概念，并且都会经感官来理解特殊事物。这是毋庸置疑的。但现代社会在普遍化与特殊化方面都有一种很特殊的极端性。它在这里会凝结成社会秩序，产生片面且极端的齐平化与标准化。这种做法在以前的社会看来是极为不正常的。反过来，现代社会又倾向于一种极端的特殊化过程，倾向于要主体、事物、地点、事件、共同体都有一种与众不同的独异化。夸张一点说，这是现代中理性主义与浪漫主义之间持续了很久的冲突。

哈特穆特·罗萨：我们的分析到这里可以说在一个要点上是一致的，即偶然性的开启与偶然性的封闭这两端都不断加遽提升。但我认为，特殊化的提升与一般化的提升是同时发生的，是一枚硬币的两面。以性别秩序为例。一旦性别不再是非男即女的，我们在社会面向马

267

上就会遇到一种偶然性的开启。我相信这是毋庸置疑的。然而这种开放性也会随之伴随一种新的偶然性的封闭。我们必须重新协商与约定出一种新秩序,并且再次将秩序给稳定下来。语言和行动中的性别公正性都要求之前人们接受的许多事物都不再能被接受、不再处于秩序中。开放与封闭是同时的,一来一往是同时的。而在我的假设里,这跟我们想掌控偶然性的企图密切相关。当我规划到北极圈旅游时,导游理论上要保证我能看到极光。人们会想预约一个确定的体验,想要有一个能得到保证的预定,虽然能不能看到极光显然是高度偶然的。若说这只牵涉偶然性的封闭,显然不对。所以实际上这种旅游活动应该都有个赔偿条款,让我如果没有看到极光的话可以向某人进行投诉与索求赔偿。

安德雷亚斯·莱克维茨:我懂你的意思,但这是另外一回事。我这里要谈的不太是开放性与封闭性之间的关系,而是历史方面的问题。例如几十年来在政治的新自由主义支配下,我们仿佛再也没有其他可能性,新自由主义已占据霸权地位,也就是说思想偶然性已经被封闭了。但后来思想空间又再次打开,人们又看到另外一种可能性。反过来说,昨天的另外一种可能性也可能是今天的霸权。"68年五月风暴"开启了偶然性,中产社会的生活形式似乎不再拥有强制力,而且还被强烈批判。但一段时间后,某些反文化的元素,例如认为"人应该要追求自我发展"的这种理念,本身就变得非常主流,而且似乎是理所当然的。换言之,开放性与封闭性之间的变动构成了一种历史辩证。在一个时间段中,某种秩序模式会让人觉得"没有另外一种可能性"了。在这段时间里没有人可以想象其他种可能性。当中存在一种社会想象力的边界。相反的,在历史中的冲突情境里,人们会看到偶然性——用我的话来说——被开启了,开启偶然性的有像是批判运动，又或是创新活动。这种偶然性的开启可能并不会带来什么后续效应，但如果它成功地构成了或长或短的新社会秩序的话，那当然就会很有趣了。

哈特穆特·罗萨： 这里你是不是把"在开放性与封闭性之间来回摆动"，与"开放性与封闭性之间的辩证"（我们也可以将之视为一种提升过程）这两个观念混在一起了？

安德雷亚斯·莱克维茨： 不是，我没有来回摆动的意思。来回摆动对我来说完全是非历史性的，因为我们可以假设偶然性的开启和偶然性的封闭可以在同一个时段当中发生。我的出发点更多是一种辩证过程中的序列。例如我在《混合的主体》中，就主体文化方面进行了考察。一种社会形式的出现会伴随自身的矛盾与缺陷，它会形成相应的另外一种秩序以消除不足，然后之后某天自身又会再次出现矛盾。这是一种出现问题与解决问题之间的辩证运动，或是也可以说这当中包含了问题逻辑与回答逻辑。但我这里没有要追随黑格尔或马克思的那种历史哲学。他们认为，历史某种程度上是一种解放过程，总有一天会抵达一种毫无矛盾的终点。但我认为历史更多是一种没有最终结局的辩证。人们完全可以相信有一种生态性质的、持久的形式可以解决晚期现代的问题，但解决之后必然又会出现新的矛盾，然后我们就会再进入到下一轮比赛。当然，对于现代社会的制度秩序和生活形式之内的偶然性的开放来说，"进步"是一种很重要的说法，但社会学分析不能不假思索地跟着认为历史的进程必然都会是一种进步。

哈特穆特·罗萨： 我也这么认为。

马丁·鲍尔： 莱克维茨教授，您对现代的不同形式的描述是以一种结构性的叙事为基础的。您呈现出一个从资产阶级现代、经过工业现代、到晚期现代的顺序，但却明确刻意不进行更高层次的因果解释。罗萨教授，您则在解释方面明显有更强烈的宣称，亦即认为现代历史与现代社会总的来说可以用动态稳定机制来解释。

270

哈特穆特·罗萨： 对，而且这里提到的机制是有两个面向的。这种不可化约的二元论在我的分析工作中很重要，因为这让我的理论和马克思或涂尔干的理论不一样。他们都想通过结构面向来解释文化面向，但我想和这种做法保持距离，所以我说的是"形态"，我根本上同时需要这两个面向。我的意思是，将现代仅定义成一种经由提升（亦即经由增长、加速、创新）而来的（且这种提升有扩大趋势的）社会形式，是不够的。这种定义方式有两个问题。一方面，在这种定义中，社会本身仿佛是静态的，这使得这种定义无法解释现代社会在历史中的改变，无法解释我们刚刚讨论过的现代的不同阶段。另一方面，这种定义欠缺能量原则。我最近经常说，制度或结构本身不会创新或加速，制度或结构的创新或加速还需要主体和主体的推动能量，而推动能量遵循的是另外一种文化逻辑。这种逻辑只能用诠释学的方式来进行揭示。我是通过结构机制和文化推动环节的共同作用来界定出一种形态的。结构机制和文化推动环节之间有选择的亲近性，但这两者并不是简单的相互决定，而是彼此间是有张力的。

马丁·鲍尔： 对于现代社会的发展来说，文化有多大的因果作用力呢？

哈特穆特·罗萨：这个问题很难回答，因为我一直想避免一种纯粹的文化主义式的诠释，就像我也一直想避免提出一套仅将文化当作附属现象或"上层建筑"的现代社会形态理论一样。之所以我有这样的抱负，是因为我继承了泰勒的思想。对于像泰勒这样的哲学家和社会理论家来说，自我诠释是很基础性的东西，但同时他又——很聪明地——预先避免落入过度的认知主义。基础性的自我诠释对于历史进程或社会演化来说非常重要，但它不必然有着很理性的态度，它的命题内容也不必然很有说服力。我这么说的意思是，世界关系既是情感性的，也是认知性的，它在情感、认知和身体这三者的化合反应中涉及了很多事，它可不只涉及我们一般理解为世界图像的那种东西而已。这样一种世界关系也会不断建立起自我关系，并且诠释性的环节（因此也是文化性的环节）亦是这种世界关联的构成要素，它允许人们进行自我理解。但另外一方面，世界关系当然也会受到制度结构的影响、或是在制度结构中被再生产出来，并且有部分是受到压迫的。在"世界关系"这个概念里，我尝试将结构环节与文化环节结合起来。而这样的世界关系，我认为是有因果作用力的。

271

安德雷亚斯·莱克维茨：但你这样的分析不就从一开始便处于一种社会学的现代化理论中了？从帕森斯那里发扬光大的现代化理论总是假设**整个**现代有一种一以贯之且不断提升的结构原则，例如功能分化和价值普遍化。现代仿佛有一个固定的结构，并且同时遵循着发展逻辑。我一直对这种古典的现代化理论抱持怀疑态度。我感觉你的取向是一种负面的现代化理论：现代有一种结构核心和发展逻辑，但它会让我们走向灭亡。动态稳定的基本原则某种程度上包含

221

着自动毁灭的潜在可能性。

哈特穆特·罗萨: 我懂你的意思,因为当人们把我视为加速理论家时,就会出现这种评论。但是我的分析和现代化理论之间有两个很重要的差异。其中有一个你刚刚也提到了,即规范面向。现代化对我来说不是正面的,我没有将现代化过程描述为一种进步史。我的焦点更多正好放在阴暗面,关注的是现代化会变成一种解构性的压迫体制。所以非现代的社会关系对我来说从来不是一种缺陷或退步,而是另外一种可能性,并且当我们在找寻解救方案时,这种另类可能性可以是很重要的。第二个差异在于,在我这里,现代化不是必然的,也不是不可倒退的,而是事实上仅是一种历史偶然过程。像帕森斯那样的进化共性观认为历史上的重大发现是不可逆转的,因为发现对进化来说是好事;但我从来都不相信所有社会迟早都会要么走向现代要么走向衰亡。在本世纪之交,主流观点都还有一种"追赶式的现代化"的信念,认为"落后的"东方社会必须不断追赶。这种信念同样基于一种观念之上,即认为所谓的西方社会,因其政治民主、市场经济、法治、大众消费等特征,所以堪为所有历史发展的标杆。甚至有极端的观点认为西方社会已经抵达历史的终点了……

安德雷亚斯·莱克维茨: ……而你想抛弃这种观点。

哈特穆特·罗萨: 对!我的观点跟这种现代化理论完全不一样,这是范畴上的差异。虽然我说,社会事物的本质或社会的本质会显示出社会将会发展得如何、社会会朝什么方向发展,或是虽然我坚持必须通过历史现象的考察来进行研究;但我们的未来或社会接下来的发展绝对不是受其过去或当下所决定的。

马丁·鲍尔： 就算我们可以假设罗萨教授的世界关系社会学重新界定了一条隐含着现代化理论的传统轴线，但不论是在罗萨的社会学，还是在莱克维茨教授的社会学，我都没有看到社会学传统意义上的秩序科学。"是什么让社会秩序得以可能"这个问题都不是你们的社会学讨论的出发点。

安德雷亚斯·莱克维茨： 如果要看社会学可以做什么的话，我会把"秩序科学"这个概念稍微用另一种方式来看待。为此我们必须将社会事物理论和社会体理论区分开来。这是社会学理论的两个不同类别。社会事物理论旨在提出基本语汇，解释什么是社会事物，如何将社会事物进行比较对照，解释人们是否应探讨行动或规范，是否要观察沟通、互动或实践，或是否要将"权力"当作一个社会学的基本概念来使用。相反的，社会体理论则是在具体的历史脉络当中把社会当作问题，例如对传统社会与现代社会之间的差异进行说明。

　　如果我们将社会事物理论和社会体理论区分开来的话，那么我认为关于社会秩序可能性条件的问题本质上是一种社会事物理论的问题。社会学的传统就是将社会事物理论等同于社会秩序理论。这个传统无疑是从帕森斯开始的。帕森斯认为，20世纪之交的古典学者都将"社会秩序如何可能"视作一个非常重要的问题。帕森斯当时是从霍布斯提出的一个谜题出发的：所有个体根本上都是自利的，但为什么社会事物在这种情况下会出现呢？帕森斯的答案是：因为有规范。但不要忘了，他对这个问题所提出的大胆回答，其基本论点是认为人们会害怕无政府状态，人们会害怕个体的自利主义会带来混乱。

274

但我觉得我们今天已经不再会提出这种问题了。20 世纪 70 年代以后,社会事物理论的各种新的取向已经改变了提问方式。就我而言,这个改变的重要之处在于这些理论看到了社会事物的时间性。像卢曼的系统理论,其系统被设想为一个能量链。从德里达的后结构主义那里也可以看到(特别是他的关键词,延异),或是从吉登斯的实践理论当中也可以看到这条道路。从哲学史来看,这后面都隐藏着胡塞尔所谓的"意识的时间化"。如此一来,问题不再是"社会秩序如何可能",而是"社会再生产与社会变迁是如何进行的"。这个问题要问的不再是利己主义是如何被克服的,而是从时间点 A 到时间点 B,某些事情是如何会不断重复且持续的。而且有些事情并没有重复,而是出现新的事情。某种程度上这是新的社会事物张力领域:重复与创新。所以我在构想社会事物理论时,完全不牵涉到古典的秩序范畴。

马丁·鲍尔: 这是不是德莉茨(Heike Delitz)的著作《柏格森效果》想教会我们的那种青年世代的社会学家提问方式?在您的呈现当中,社会事物完全被当作一种过程、一种向未来开放的生成过程来把握的,而且要描述这种过程,柏格森(Henri Bergson)和尤其是他之后的德勒兹(Gilles Deleuze)提供了必要的概念工具……

安德雷亚斯·莱克维茨: ……对,没错,在他们那里也可以看到这种过程思维。

马丁·鲍尔: 也就是说,您将之前的秩序科学转化成具有变动性的社会生活的理论,而这尤其需要柏格森的概念(像"绵延"),才能看到社会事物的时间性,并且同时又可以避免采用根本上源于牛顿力学的自然科学的时间观念。莱克维茨教授，您之所以会这么做，是因为您将社会事物理论与社会体理论区分开来了。我感觉社会事物理论像是在发挥社会学的"预备考试"的功能，意思是它预先决定了两个基本问题：一方面它在社会事物本体论方面定义了什么是社会事物，另一方面它在社会事物认识论方面确定了我们可以用哪一些概念组来观察生成性的、时间性的社会事物。但如果我没有读错罗萨教授的书的话，这种将系统性的社会事物理论与历史化的社会体理论区分开来的做法，在罗萨教授这儿并不存在。不过在这里，我想到黑格尔哲学可能提供另一个很有启发性的想法。黑格尔将社会事物加以时间化，在他之前没人这么做；但是他又将所有描述社会事物的概念再配上历史指标，所以他的历史化的社会体理论也可以用于回答所有在莱克维茨教授的分类中属于社会事物理论的那些问题。莱克维茨教授，您是不是也可以采用黑格尔的做法，遵循他的纲领，在社会体理论中讨论社会事物本体论与社会事物认识论呢？亦即社会体理论是不是也可以指出，社会事物的生成本身如何会产生出一些概念和方法，让社会事物的生成本身变成社会学的现代性理论的特殊探讨对象？

安德雷亚斯·莱克维茨：是可以这样子，但这种历史化的做法在当下刚好是很难的一件事。在最近这几十年间，社会事物理论都刻意不去探讨自己是怎么在历史中形成与演变的。不论是理性选择理论，还是系统理论或实践理论，都是这样。而且社会学教科书也都同样不去探讨社会事物理论本身的历史由来与变迁。所以社会学在方法论上一直都存在着整体主义与个体主义之间的抽象二元对立。但社会事物理论的各种概念的由来及其历史脉络，当然很值得探讨。我们不应该忘了，理性选择理论最初源于资产阶级的契约思想，亦即

276

理性选择理论最初是从霍布斯和洛克那里来的。人们之所以会设想，并且在理论上假设有这样一种追求效益最大化的行动者，是与人们当下所身处的社会文化背景有直接关系的。而帕森斯的结构功能论，提到了稳定的规范系统与价值系统；这种理论则"适用"于组织化的工业现代。同样的，后结构主义或行动者网络理论，谈到社会事物的液态化，就适用于晚期现代社会。或是实践理论也可以是适用于晚期现代社会的。

马丁·鲍尔：但罗萨教授您并不谈这个问题，是吗？您的世界关系社会学是不是跟莱克维茨教授所偏爱的那种受实践理论启发的社会事物理论不一样，并没有要专门探讨（社会事物的）本体论问题？

哈特穆特·罗萨：我的根本思想渊源可能实际上是新黑格尔主义的。这应该不难理解，因为我的立足点是批判理论，而批判理论跟黑格尔哲学一样，其出发点都是认为真理或理论是有时间内核（Zeitkern）的。没有理论可以超脱于自身所处的关系或情境，也没有理论可以超脱于它与在历史中生成的（它按照特定方法论所观察到的）对象之间的联系。但最终我会想诉诸泰勒或像德雷福斯（Hubert Dreyfus）这样的社会人类学家，在从根本上强调，**我们会一路诠释下去**。质言之，没有一种范畴或概念机制，可以先于诠释者的行动而存在。严格来讲我的看法甚至会更极端一些，因为我拥护一种完全的关系本体论。社会实体现在和未来是什么，各种社会实体彼此之间有什么样的纠葛，它们的纠葛是以何种方式转变的——在我看来这全都是一种过程。所有社会事物都具有关系性，并且都是在过程中构成的。基本上，我认为先有关系，然后关系才产生某些表现为社会事物的东西。或者至少关系与社会事物是同时出现。相反的，敌对论的社会事物本体论，尤其是当下我们可以视作在光谱上处于左派那一端的话语［虽然我们也可以在另一端看到这种话语，例如施米特（Carl Schmitt）和他的支持者］，会预设我们这些社会主体总是相互敌对的或好斗的。但我们不应预设社会行动者本质上都在追求效益最大化。所以我会从历史的角度去追问这样的预设，并消解此预设。社会行动者彼此是怎么产生关系的（例如是合作的、对立的、或竞争的），这不是哲学人类学或本体论的问题，而是这种产生关系的方式本身就是让世界关系在历史中不断变动的一种要素。

安德雷亚斯·莱克维茨： 说到自我历史化，世界关系社会学本身不就是因为特定的现代生活运作方式和现代社会生活所面对的特殊困难，所以才会被提出的吗？

278

哈特穆特·罗萨： 是啦，某种程度上来说当然是这样啦。如果一两百年后，甚至是五百年后，还有人对我们两个人的思想形式感兴趣，那这个人当然不能忽视我们的思想之所以会形成的特殊历史情境。但我还是会再一次用泰勒的话来说，人总是必然会不断尝试回答"身为人或身为一个行动着的存在究竟意味着什么"这个问题，并且尝试解释人在给定的特殊条件下以这或那的方式来行动究竟意味着什么。人，用梅洛-庞蒂（Maurice Merleau-Ponty）的话来说，总是处于世界当中的，或总是朝向世界的，并且人也必须诠释自己与诠释世界。通过诠释，人会发展出与世界的关系和与自己的关系。我们是自我诠释的动物，而且我们的自我诠释从来不是纯粹任意进行的。它具有集体的面向，有历史偶然性，而且也总是会运用泰勒所谓的"强评价"。同时，如果没有将某些东西赋予更深层的意涵，自

227

我诠释不可能进行的。正是因为如此，所以任何一种世界关系都会有文化的面向。我们也会因为这样一种评价而与世界产生情感上的关系。"诠释是必要的"以及"诠释也蕴含着评价"这两个现象我不认为是历史性的，而是普世皆然的。行动着的人不论何时何地都是会进行自我诠释的存在，人会运用一张强评价地图来为自己找寻方向。更直截了当地说，这是我的两个超历史的命题。这样一张地图会在结构方面和文化方面以各种特殊的方式形成出来，并构成既随历史而异，也会在历史各阶段被加以制度化的世界关系。在这样的层面上，我相信世界关系社会学不仅仅是一种晚期现代理论而已。

马丁·鲍尔：当罗萨教授在他的社会学中用泰勒和黑格尔的思想彰显出人是一种自我诠释的生物时，有一种很强烈的反自然主义态度，反对技术科学文明化的趋势。技术科学文明化的趋势……怎么说呢？……它背后的形上学都在企图排除掉"不科学的"诠释与伴随着诠释而来的评价，好让我们可以用纯物理学主义的方式描述所有世界现实。对了，我感觉莱克维茨教授在讨论一种实践社会学时，言词中也带有这样一种反自然主义的看法。莱克维茨教授，我这样说对吗？当您在赞扬实践社会学的社会事物理论时，是不是也认为我们不能用自然主义的态度来简化时下的行动理论与主体理论？

安德雷亚斯·莱克维茨：没错。我和哈特穆特都有一种文化理论的取向。而且这种文化理论的或诠释的取向对实践理论来说也很重要。从哲学史来看，实践理论背后尤其有晚期维特根斯坦（Ludwig Wittgenstein）所谓的作为生活形式的语言游戏概念。此外它也涉及海德格尔（Martin Heidegger）的《存在与时间》。社会学没有这样一种实践理论，但在布迪厄和吉登斯那里有系统性的开端，此外沙茨

279

基（Theodore Schatzki）也对此进行了很有趣的社会哲学式的系统化工作。从我自己的生命历程来看，这对我也很重要，因为就是由于实践理论，所以20世纪90年代中期我才会去剑桥大学拜入吉登斯门下进行学习。我一开始将实践理论当作另一种版本的诠释取向或文化理论取向，这也是我的博士论文的主题。但是后来我之所以被实践理论吸引，则是出于另外的原因。社会理论的某些古典二元论都和实践理论有着很幽微的关系，像是结构与能动性之间的二元论，以及文化主义和唯物主义之间的二元论。实践必然会有身体性的基础，所有的知识——用泰勒的话来说——都是"具身性的知识"。同时，身体也都会与人造物交织在一起。没有身体和人造物这两种物质性，实践是不可想象的。20世纪90年代末，我在伯克利听了拉图尔的演讲，"发现"了拉图尔，那时我清楚了解到我们可以从人造物方面在根本上"扩建"实践理论。沙茨基也是这么做的。

280

最后我还发现，我们可以把实践理论当作工具，用它来探讨物质与研究具体现象。实践理论有某种去本质化的内涵，因为它将表面上固定不变的本质消解成**"做出"**的过程，将社会事物某种程度上消解成一种产制过程。当我在写《混合的主体》这本书时，特别有一种"哇！"的体验。让我觉得从社会学的角度来看很有趣的，不是主体本身，而是**"做出主体"**——亦即作为身体与物质的主体在（例如经济的或家庭的）实践中进行产制与自我产制——这件事。

马丁·鲍尔：但为什么我们可以说实践是社会性的？为什么我们可以说实践是一个纯粹的社会学议题？还有，实践理论如何可以作为一个联结上社会体理论的桥梁？

安德雷亚斯·莱克维茨：实践不是只单纯涉及行为主义意义下的行

为方式。规律的行为要得以可能，得要行动者吸收了知识，亦即在某些事物的影响下具有主动性；这即是布迪厄所谓的惯习。我们必须探讨这种共享的知识秩序。这就是为什么实践是社会性的。

281　　当然这里我们可以问，关于行为，我们要怎么从社会事物理论和社会体理论来进行思考。我的基本立场是，我们唯有借助于社会事物理论的基本概念才能为社会体理论提供贡献，但是社会事物理论本身无法推导出社会体理论。如果社会出现了变迁，人们可以把社会事物理论当作工具来用，以对社会进行社会体理论式的描绘。这时候，社会事物理论是一种**敏锐化的工具**，可以让我们看见或看不见某些社会事物基本现象，并因此让某些社会体理论的假设得以可能或无法成立。如果没有社会事物理论提供给我们一些情感方面的概念，我们又怎么能分析出共鸣关系或独异性呢？一个人如果就只以普通的理性主义的词汇当作基础，是不会看到这种承载着情感或情绪方面的关系的。

　　但这是一种相对松散的耦合。哈特穆特认为社会事物理论与社会体理论之间有确实的对应关系，但我不这么认为。如果两者之间存在着强烈的耦合关系，那么社会事物理论作为工具的分析能力与分析可能性就会变弱、变低了。然而一个社会事物理论，例如理性选择理论、实践理论、新制度主义或行动者网络理论，是可以为极为不同的社会体理论或社会体分析提供基础的。例如我们可以用理性选择理论来建立资本主义理论或进行资本主义分析，但我们也可以用实践理论来支撑一个资本主义理论，即便基于不同社会事物理论而来的分析当然会有不同的发展方向。我完全可以想象也许有一位女性实践理论家，她和我有共同的社会事物理论假设，但我们对现代性的描述却截然不同。社会事物理论是一种分析工具，如果这
282　个工具是好的，那么这个工具可以有多样的用途。

哈特穆特·罗萨： 但是理性选择理论、系统理论，或结构主义理论，无论如何都会局限社会体理论的讨论视野。不过对我来说，重点是另一个问题。每一个理论都会标示出它的对象领域，这毋庸置疑，我同意你的说法。我也绝不反对实践理论是很有用的。的确，如果人们要理解社会事物，必须重视实践。但我没有只想谈怎么将物质面向和文化面向衔接起来而已，因为就我的理解，从实践理论来看，这两个面向本来就是不可区分开来的。而且若要说什么对实践来说很重要，我们完全可以列举出一大堆不同的要素。对我来说实践理论的问题在于它含括太多东西了，甚至我们多少可以说它什么都含括进来了，含括了身体和空间环节，时间环节、社会环节、知识环节、话语形构。如果我们要持续进行社会学的诊断研究，那么我们必须要有取舍标准和对不同面向进行区分。换言之，我们必须将物质面向和文化面向区分开来。但在我印象里实践理论恰恰没有做到这一点，反而它还需要援引其他理论。如果要发展一套社会体理论，我认为我们需要其他非常不同的工具。单单实践完全不足以当作发展社会体理论的素材或工具。

安德雷亚斯·莱克维茨： 我们当然无论如何都还需要其他非社会事物理论词汇的工具。在我看来社会体理论一般都不是从社会事物理论推导出来的。这跟"实践理论有没有用？"这个问题无关，而是原则上理论研究就不是这样进行的。原因很简单：因为社会事物理论是作为一种普遍有效的语汇而提出的，人们基本上可以将它用在随便一种社会和社会形式。某种程度上，概念本身不会只存在于特殊历史阶段，而是任何情况皆适用。惯习、利益、情感、制度、权力，这些东西自古有之、普世皆然。但社会体理论必然会关联上特定历

283

史,且在特定历史中具有偶然性的事物。意思是,它如果要形塑出某关于具体社会的概念,就必须对具体社会有所了解。如果人们在资本主义当中看到一个现代社会的核心特质,那么就必须关注特殊历史现象,才能形塑出"资本主义"这个概念,这种概念即是韦伯所谓的"历史个别事物"。这就是为什么人们若要建立社会体理论,必须处理历史经验素材,而不能从社会事物理论来进行推导。因为社会事物理论某种程度上只是在制图版上描绘出来的而已。例如在我这里,"做出一般性"和"做出独异性"这组区分,是从对现代现象进行观察与结构化所得出的,这不是我光去精读沙茨基或维特根斯坦的文献就能建立起来的。但实践理论在这里是很有用的,因为它让我可以用"做出"来取代本质。我们可以从像"做出性别""做出种族"等这些社会现象看到这件事。我这里对一般性与特殊性的兴趣,也与此类似。我会用"做出"来看待这些现象,例如关于独异性,我不只是提出假设而已,而是会去看这一类独特性是在什么样的评价或接受等实践中"产制"出来的。我认为这种做法可以让人们得出丰硕的成果。

哈特穆特·罗萨:我想接着这方面再问一个问题。如果我想理解社会的话,哪些"做出"是重要的?我们会不会最终就只一直在处理无数的"做出"然后陷入其中?就以你的文章中关于书写的实践为例好了。如果我想开始探讨有什么属于书写实践,那么我们会不会最后就只得出一大堆要素,像是桌子、灯、笔等等成千上万个东西?这还不包括所写下来的东西喔。哪些实践或实践面向对我作为社会理论家来说是真正重要的,是一件必须下定夺的事。在探讨实践的时候,你要怎么选择、怎么铺设道路呢?这种选择标准你在实践理论本身当中是无法获得的。我们无疑需要引入这样一种标准。

284

安德雷亚斯·莱克维茨：如同我已说过的，这些方面无法从社会事物理论本身得出来，它需要检视历史—经验上的材料。我所谓的现代性的三种张力也是如此。就连韦伯所讨论的形式理性，也不是仅从一般概念所推导出来的，而是必须去了解某些具体的历史现象，像是普鲁士的官僚体制或英国的工厂劳动。布迪厄讨论阶级的象征斗争时也是如此。布迪厄不是从他的"实践理论"中推导出象征斗争的。这个概念是在他不只研究阿尔及利亚，而是也讨论到法国时才提出的。所以我觉得这个对我的反驳没有道理。即便是经验研究，其作为出发点的研究问题本身也已经是从对素材的解释中提出的。我们来看另外一个例子。我最近有个假设：在现代社会中，我们与"失去"有着很矛盾的关系。我认为我们可以用"失去"这个概念来掌握一个很重要，但至今一直被忽略的社会特质。我观察（我一直很习惯在进行观察）到可以从人类行为学的角度将"失去"看成"做出失去"（doing loss）。意思是，"失去"不单纯只是心理上感觉到的，而是一种"失去实践"。但"失去"这种现象为何有一种特殊的、矛盾的重要性，不是社会事物理论能说明的，也不是实践理论能说明的。我必须让我自己身处在现代社会的现实当中，让我自己对某些脉络有着敏锐度。

285

哈特穆特·罗萨：的确，"失去"是一个很有趣的讨论主题。我们当然可以去探讨"做出失去"。但如果要用这个概念来推动社会理论，我还必须确定这个概念的哪些面向有重要性，它与其他的实践——例如"做出进步"——有什么关系，它对于社会在文化方面与在结构方面的发展总的来说有什么意义。

安德雷亚斯·莱克维茨: 顺便说一下,理性选择理论也是这样。我们当然可以假设有无数进行效益计算的行动者不断在进行抉择。但我们必须解释哪些抉择是重要的,对研究问题来说哪些抉择是我们必须特别挑出来进行详细探讨的。现象学社会学范式也是一例。它认为意义视域是多样的,但同样的,这个范式也必须指出哪些意义视域是重要的,才能为我们的研究问题提供令人满意的答案。若做到这件事,那么现象学社会学范式也可以是一个用于发展社会体理论的工具——虽然它不是我的工具,但很像我所谓的工具。

哈特穆特·罗萨: 不过,你现在提到的这些微观理论,也都有一个问题:我们如何从微观层次走到宏观层次?理性选择理论作为一种微观理论,很难真的提出一种社会体理论。现象学也一样,实际上我们很难提出一种像是"现象学社会体理论"的东西。

286

安德雷亚斯·莱克维茨: 是没错啦,但不好意思,哈特穆特,你可无法否认我做到这件事了喔。我提出了一套可以用于社会体理论的实践理论。

哈特穆特·罗萨: 是啦,你是做到了,而且做得很漂亮。我只是要说,社会体理论(包括你的理论)还是有实践理论无法涵盖到的一些事,因为这些事是从实践理论的角度来看所无法观察到的。例如你谈到了实践复合体、生活形式、制度秩序。这些东西要怎么用实践理论来确立与区分?此外你区分出社会事物的四种核心现象,即话语、情感、主体、生活形式/制度。你把这四个现象当作同属于实践元素,并且当作重要的元素而选出来讨论,但在我看来你并非基于实践理论而进行这样的选取。你的做法我原则上不认为有什么不对，我只是想说，你若只用实践理论工具，并没有办法做到你所谓的社会发展重构。

安德雷亚斯·莱克维茨： 我觉得我们这里讲的是三个不同的问题。第一，我在我的文章中选出话语、情感、主体、生活形式／制度，以此来论证这四种我们很熟悉、在我的研究中也正好很重要的现象，如何可以从实践理论的角度上提出新的观点。但这不是一个框架或最终列表。人们还可以再继续探讨社会世界的所有其他现象，像是人造物、感官知觉、图像、组织等等，这些都可以再用实践理论来重新表述。就"理论转换"这种做法来说，我的看法跟卢曼的系统理论很像。他将一般很常见的社会学现象，例如个体、互动、规范，用沟通理论的眼镜给出一个新的视角。也就是说，所有这些现象和概念一开始就已经存在了，但是我们用新的方式来观察它们。这种用特殊的眼镜来对所有这些多彩多姿的社会现象与文化现象进行"加工"的做法，也是实践理论要进行推动的。

287

第二，在我看来，我们不能将社会事物理论与社会体理论之间的争论，混淆成微观与宏观之争。一个好的社会事物理论可以同时涵盖微观现象与宏观现象，并且理想上可以消解二者之间鲜明的二元论。现象学社会学或理性选择理论是否如此，这是另外一个问题；但至少实践理论是这样子的。诚然，吉登斯的结构、规则、资源、时空关系等等概念，或是沙茨基的"社会地点"概念，是宏观层次上的表现；或是布迪厄谈到社会场域中的游戏规则或权力动力时也和吉登斯或沙茨基很像。但是，这些概念首先可以说是普世的、无历史性的社会事物理论宏观概念，可以很弹性地用于各种不同的社会。如果我们要提出一套探讨现代社会的理论，我们需要的不只是这些概念，我们还需要跃进西方现代社会的历史特殊性中，才能用这些概念提出随历史而异的概念。

不过，第三，我也会问我自己，为什么我们必须要能够从社会事物理论中提出一套社会体理论，为什么这两类理论必须紧密结合在一起。我猜想，这可能是因为一项社会学理论总是某个思想家的理论，或某部作品中提出的理论，理论与理论提出者或理论的来源文献是密不可分的；此外这也可能跟"理论是一套体系"这种观念有关。因为事实上，例如我们大家在前面提到的那些经典的社会学家，他们常常两种理论——即社会事物理论和社会体理论——都很有建树。当然不是所有经典的社会学家都是这样，例如舒茨（Alfred Schütz）的理论就不是社会体理论，而贝克（Ulrich Beck）的则不是社会事物理论。但大部分经典的社会学家是这样的。因此我们应该在这些著作中读出当中的体系逻辑，亦即读出来这些理论家怎么从社会事物理论中提出社会体理论，或相反。不过只有少数理论家的著作中这两种理论之间的关系会比较明显，例如德国的卢曼和哈贝马斯。如果我们去看一些提出理论工具的理论家，像福柯和拉图尔，可能我们没办法在当中找到这种体系逻辑。福柯对于话语和部署的兴趣（社会事物理论）让他提出了"规训社会"（社会体理论）吗？拉图尔的行动者网络理论让他提出了存在方式理论吗？我不认为。但如果我们将理论理解为工具，并由此出发，那么我们可以想出许多不同的概念结合可能性。

哈特穆特·罗萨：吉登斯和布迪厄的出发点是结构—能动的二元论问题。吉登斯说，如果我想认真探讨这个问题，我必须将两面向都包含进来。布迪厄则既提出了一套结构理论，亦即对不同资本的分配的分析，也提出了一套行动理论，亦即惯习。以此布迪厄将二元论的两个面向都清楚探讨到了。但这样一种系统性的理论架构，我

288

在你这里没有看到啊。

安德雷亚斯·莱克维茨：是，我自己没有要写出一套像吉登斯的《社会的构成》或布迪厄的《实践理论大纲》那样的宏大社会理论，我没有将之视为我的任务。我是实践理论领域的参与者，我做这方面的研究，也以某些方式强调这方面的理论。但人们没有必要不断发明出新轮子。我们已经有实践理论了，像是吉登斯和布迪厄就已经提出来了，而且对我来说这两位学者一直都是我的灵感来源。当然社会事物理论必须要有持续的发展和新的重点，尤其必须联系上社会体理论的问题来进行探讨。哈特穆特，我们到现在都一直只在讲我这里的实践理论，但我在你那边也并没有看到一个重点明确的社会事物理论啊。

哈特穆特·罗萨：抗议！我得反驳你的说法。我尝试同时从结构面和行动面——亦即弗雷泽所谓的"观点二元论"——来进行掌握。我这里牵涉到两种说明，这两种说明实际上要探讨的是结构理论的问题和行动理论的问题。我承认这是很复杂的任务。不过我们也许是有共识的，这个共识可以用"反自然主义"这个关键词来指涉。这不是说我们完全否认，或必须忽略自然科学的知识，而是我们都尝试将我们的行动也包含进给出最佳说明的任务中。

马丁·鲍尔：关于"社会事物理论与社会体理论之间的关系"的争论，我们也许就聊到这里为止。两位对此暂时都没有最终的定论。但两位都同意，社会事物理论可以界定出社会事物的构成元素是什么，以此提出某种的（社会）本体论的**说法**。两位可否谈一谈关于社会体理论的一些更一般化的方面。当社会体理论在探讨社会形态

289

237

的历史面向的问题时,需要带着批判的视角对社会的整体现象或个
别现象进行规范判断吗?

　　莱克维茨教授,您主张我们对此应有所节制。虽然您认为社会
体理论必须从历史的角度来看待现代社会,并刻意将资产阶级现代、
工业现代与晚期现代区分开来,但您的社会史叙事并不带有历史过
程方向。您的理论不带目的论,不认为不同的现代性有必然的顺序。
不同的现代之间没有一种占据绝对意义的目的方向,而更多是偶然
的变迁。

安德雷亚斯·莱克维茨: 但这跟您说的社会学的社会批判的问题没
有关系啊。

马丁·鲍尔: 在您这里是这样。但罗萨教授跟您不一样,在他的理
论中现代的发展是有方向性的,对于他的现代批判来说这个方向性
某种程度上是很重要的。

哈特穆特·罗萨: 对,是有方向,但我这个不是**历史的**目的论,
而是**形态的**目的论。在现有的现代形态中有一种我们可以看得出
来,实际上我也认为值得我们批判的方向。但我不谈"终极目的"
(Telos)。我没有要从事历史哲学研究。我要看的更多是一种过程逻
辑,我认为这种逻辑是我上述的形态的特征。

马丁·鲍尔: 您认为的现代社会的动态稳定结构是其中一项决定不
同历史过程因果顺序的机制,这种机制也让我们可以提出预测。

哈特穆特·罗萨: 对。

马丁·鲍尔：而您的现代性理论所给出的预测可能性，对您而言也意味着我们必须要有所介入，亦即终究必须为了人类的持存而需要直接进行介入。

哈特穆特·罗萨：对，可以这么说。

马丁·鲍尔：我希望能再弄清楚这当中的联结，因为这对于你们的社会理论构想来说是很根本的。亦即我想知道你们的现代性批判在你们的理论内部是如何立足的。

安德雷亚斯·莱克维茨：我们两人各自会拥护什么样的批判模式，跟我们怎么理解历史有关。我们首先应该要去看我们对于社会批判的理解有什么不同。当然我们有一个共同的前提，就是在我们的社会体理论观点中批判都扮演着必不可少的角色。我认为霍克海默的文章《传统理论与批判理论》有一个论点很有说服力，即科学必须连带反思自身在社会中的位置。我们不应认为可以采取一个中立的、一定程度上外在于社会的观察位置。但同时我自己并不与批判理论——尤其是法兰克福学派的一些拥护者所说的那种批判理论——站在同一边。

我在 20 世纪 90 年代还在当学生的时候就是如此了。那时候哈贝马斯和卢曼的理论取向在德国可以说占据了"霸主地位"。但我对这两种立场因为不同的理由而都不满意。不论哪种立场，我都无法、也不想采取。反而当时还很少被讨论的一些理论取向，例如布迪厄和福柯，更让我感兴趣。哈贝马斯的沟通理论即便很严谨，但我还是越来越觉得有问题。有问题的地方在于，沟通理论虽然是一种批判的社会理论,但它却以规范的形式登场。这是一个宏大的社会哲学,然而作为一个社会学分析的话,它却从一开始就被塞进了规范的紧身衣里。这让人们有陷入分析僵局的危险,因为这种理论等于是已经先知道要找寻沟通合理性的理念,然后再设想社会现实会削弱这种理念,而几乎不是先去看社会矛盾。这会使得人们很难参与新的社会现象,不论是新的生活形式还是令人惊讶的日新月异的数字化。我觉得对社会学来说,以新奇的心态面对与尝试理解这些新现象,而不要预先以规范的分析范畴作为出发点,是很重要的。

在我看来,采取批判的分析形式是需要的,但要少一些规范的定论。所以我对博东斯基在他的以批判为对象的社会学里提出的另外一种观点很感兴趣。他将自己与批判理论区别开来,严谨地通过经验研究来探讨当代社会实际上出现了哪些批判实践。博东斯基尝试研究以各种特殊方式开启了偶然性的批判运动。他的做法是很值得赞赏的,但有个问题,即这种批判社会学在经验上完全只聚焦在参与者的观点上,只研究何种行动者与行动团体实践出何种类型的批判。

相反的,我的目标是第三种选项,我借用福柯的说法将之称为批判分析。这指的是一种社会学分析模式,通过这种模式我们可以辨别那些本应偶然、却让我们以为理所当然的事情,让它显露出偶然的面貌,以此让某种程度上隐藏在行动者背后、在正式的描述中看不到的社会脉络变得可见。这样一种不进行评价,而是一定程度上让分析本身来说话的批判分析,我认为我们在很多地方都看得到。不只在福柯和布迪厄或文化研究那里,而是在马克思或某些早期法兰克福学派的学者那里都存在,虽然他们不太会用上"批判分析"这个概念。我举一个具体的例子。我那本讨论创造性的书就是在说:虽然创造性在今天被认为是一种社会要求,创造性的主体也被设想为一种理所当然的存在，但从历史来看，不论是创造性还是创造性的主体都是在特定的社会脉络与文化脉络中才发展出来的。创造性常常被预设为一种人类几近自然的特质，但在我看来我们必须从系谱学的角度来看社会是如何生产出创造性的。由于与对象保持了一段距离，因此批判分析可以揭示出创造性的话语和这种话语的社会影响其实如何是偶然的，但不需要对创造性或创造性的主体提出批判。

哈特穆特·罗萨：虽然我自认是批判理论家，但你对批判理论提出的反对意见，我有一部分是同意的。批判理论的问题事实上在于评价标准都已经先被定好了，然后才再借此推导出从批判理论来看人类遭遇了什么痛苦。批判理论会觉得自己知道社会生了什么病，认为要从理论上确认社会病征，要对相应的现象加以范畴化，然后就不再认真看待社会现实了。所以我在我的世界关系社会学想尝试采取另外一种做法。我作为出发点的问题不是规范性的，而是描述性的：实际上究竟发生了什么事？在现有的实践、特定的行动形式与结构形式中，形成了哪一种世界关系？主体想要什么样的世界关系，以及尝试避免什么样的世界关系？以此而言，我和你一样对描述有强烈的兴趣。

只是除此之外我还尝试尽可能认真地采取第一人称的角度。主体究竟希望与欲求什么？主体觉得什么样子是成功的、什么又是失败的？而对此问题的回答会关联上批判。我们可以有理由说：大家看啊！这就是我们自己觉得是错的、并且可能的话想要改变的东西！这种方法也让我们可以对批判的可能性与实践进行特殊的分析。原则上我会站在第一人称的立场、从第一人称的视角来看事情。我会这么做是因为我坚信，人们之所以会提出理论就是因为人们想提

294

出批判,因为人们感觉**这里有什么事不对劲了,有什么事走偏了**。一直以来我总不断重复地说:社会学理论(或其他理论可能也是)最终是从愤怒或忧虑中形成的。即便是卢曼的理论,也源于他感觉到某些在社会中循环的自我描述就是不对的。所以我觉得,任何一种分析旨趣都会伴随着一种批判旨趣。所以我也会说,批判的尺度不是来自外在的,也不能将外在的批判套用到现象上。"我告诉你们,你们必须这么做、必须这么觉得",我不会说这种话。我不会这样,因为事情是在实践中显露出来的,而我所尝试的就是对其进行描述。

马丁·鲍尔:但是社会学家要如何进入遭受痛苦的主体的视角呢?并且,从科学史的角度来说,就算某种情绪、某种主体的愤怒可以成为一个理论的"发现脉络"(context of discovery),您宣扬的第一人称的观点在我看来还是很唐突。这种第一人称观点的方法论准则难道不会与社会学启蒙所要求的客观性产生——委婉一点地说——一种张力关系吗?

哈特穆特·罗萨:是的,我希望以"我"或是"我们"的视角来做理论,而不是作为一位科学家然后整天摆着一副"我学富五车,我要启蒙世人"的姿态。老实说,我甚至有点讨厌这种启蒙的观念,除非所谓的启蒙就是优先自我启蒙。如我说过的,"最佳说明"这个概念对我来说非常重要。意思是,我想提供的是一种诠释构想,从现象学来看这种构想首先是从第一人称——我——出发的。这种将诠释构想引进科学的做法必然是对话式的,亦即每个人都提出一套自己的诠释方案,并且邀请彼此进行持续不断的对话。就我对自己的理解,我作为社会学家就是因为从事这样的诠释工作而获得薪资的。所以我会尝试涉及所有可以用于最佳说明的材料,像是社会科

295

学的经验研究数据，乃至文学或电影。我想解释和理解的是这些资料来源谈到了什么事，表述了哪一类的经验类型或世界关系类型。在收集了这些材料后，诠释者的野心必须要是以尽可能宽广与尽可能清晰的视野，为人们建议一套诠释方案，并且去问：各位，我们是不是真的喜欢、想追求这样的东西，并且正在遭受着那样的痛苦？讨论就是这样开启的。不是说我发表了什么实证知识然后向外宣导，而是我所提议的说明必须放在各种所涉及的意见的交换中接受检验。例如我就真的曾和巴西的拾荒者或流浪汉，或是与印度的大学生和中学生，进行过这样的讨论。当然我会说，这样一种对话非常复杂、旷日废时，但我认为社会科学就该这样运作。现象学最重要的一点在于，它超越了个别的和特殊的具体经验，揭露出其背后可以普遍化的结构核心。要这样做，就必须将内省与对话结合起来，而且对话参与者的内省当然也可以用以开启对话。

296

安德雷亚斯·莱克维茨：回到批判理论、回到你的共鸣的话题来。共鸣是不是成功与否的判断标准？我们是不是可以说，这种理论建立的技巧就像是哈贝马斯提出沟通合理性、霍耐特提出承认，然后你提出了共鸣？

哈特穆特·罗萨：是，可以这样说。

安德雷亚斯·莱克维茨：你非常强调要援用参与者的视角。我们也当然可以在经验的层面上问，参与者在互动和社会关系中是否真的感觉到了共鸣。但就我的理解，你在《共鸣》里同时采用了一种观察者的角度，以观察者的视角去问这是否真的是共鸣。也就是说，你其实也需要一个固定的标准以判断成功与否，否则你就会陷入主观视角的任意性。

哈特穆特·罗萨: 对,你这里讲到了一个很重要、也很棘手的点。但我直觉上还是强烈觉得这个问题是可以解决的。我可以从观察者的角度来认识到共鸣是否形成了吗? 还是我必须询问主体? 例如我们这场对谈吧。我想我们两人都可以感觉到这场对谈是否成功。这是对成功与否的判断的一个面向。当我很感谢这场意见交流为我带来了我之前没有想到的想法时,或是当我觉得"欸,这个人提出了一个很好的观点",或是当我感觉到"我的论点让你动摇了,让你无法再继续坚守自己原先的立场"时,我相信我们这场对谈就是有共鸣的。如果双方都共同感觉到彼此触动了对方并且一起参与了头脑风暴的话,那么对谈的双方会对这场对话有正面的感受。当然也不能排除有一种可能性,即只有我觉得这场对话有真正的共鸣,但事实上只有我不断在重复一些无聊的话题,只有我不断在老调重弹,然后你完全说不上话。我们可以架设一台摄影机拍摄这场对谈,清楚地指出和可信地证实这件事。录下来的视频可以反驳"我们的对谈很有共鸣"这件事。因为共鸣关系永远是两面的,一方面要有主体的经验面向,另一方面它也必须是客观的事件。这很显然地可以与异化理论进行结构类比。在异化理论那里,这种两面性一样很重要,亦即异化既是主观的体验,也是客观的社会关系。如果人们采用我在方法方面很强调的"观点二元论"的话,那么就会同时考量到这两个方面。简单来说,共鸣经验只能从第一人称的观点才能理解是什么样子的,但共鸣关系是否出现,原则上(也)必须采取第三人称的观点才能看到,或甚至进行测量。

安德雷亚斯·莱克维茨: 在我看来,共鸣概念对你来说满足了两个功能。一方面它是一个分析概念，同时另一方面也是你的批判理论的试金石。但这样一种双重功能难道不会让人陷入困难吗？批判理论家自己难道不也有感到很棘手的时候吗？让我们以戈培尔在柏林体育宫那恶名昭彰的演说为例。当时整场演说充满感染力，从很多方面我们都可以看到共鸣关系。我认为有一件事很重要，即我们必须认识到法西斯不是理性的活动，而是以感染力来运作的。但我们也很容易可以想象得到，戈培尔的听众恰恰会觉得这种感染力是正面的共鸣关系。如果"第一人称的视角"对共鸣关系批判理论而言如你所说是很重要的，那么我会觉得这种理论有很大的问题。

哈特穆特·罗萨：但我所谓的共鸣不单纯只是感染力……

安德雷亚斯·莱克维茨：当然，你将之称为共鸣。

哈特穆特·罗萨：……但是，安德雷亚斯，并没有人这么说。日常生活中不会有人说"我有共鸣了！"……

安德雷亚斯·莱克维茨：……但就像相机会确实捕捉到的那样，人们的眼睛是会发光的。

哈特穆特·罗萨：是，我同意你说的。纳粹的例子曾经让我感到非常棘手。当我刚开始发展共鸣理论时，在一次研讨会上有人跟我说："当我只听到'共鸣'时，我的背后感到一阵寒意，因为我随即仿佛看到了法西斯大众游行。"我一开始没想到这件事，所以随后马上修正我的理论。我援用了普雷斯纳（Helmuth Plessner）将感动与触动区分开来的做法，将共鸣与回音区分开来。我说要通过对话来进行

245

理论的持续发展,就是这个意思。

安德雷亚斯·莱克维茨: 是啊,所以你最终还是作为一位旁观者在某种程度上进行了修正,说他们那些参与者虽然觉得受到感染且觉得演说活动很伟大,但事实上在那当中根本没有真正的共鸣,只有表面上的共鸣。

哈特穆特·罗萨: 我说过,这取决于两种视角。我们现在这场对话就是一个例子,我们可以判断对话过程,对话过程中对话参与者的感受也可能是不一致的。纳粹的例子也是这样。就我对共鸣关系的特殊性质的理解以及所提出的论证来说,纳粹的例子里并没有共鸣关系。在我的定义里,共鸣是一种运动,这种运动不只有感染力的要素,而是要同时包含四种要素:感染力,自我效能感,吸纳转化,以及开放地面对结果,亦即不受掌控。在柏林体育宫的那个例子里,我会说四个要素中有三个要素都缺失了。面对任何情境时我们必须要问,这四个要素是否极端的不对称。人们可以说,我在当中**感受到了美好生活**,但我作为观察者必须提出反对并修正这种自我诠释。但是让我们看一下右派民粹主义者。他们做了什么?仇恨,攻击,愤怒。就算他们当中每一个人因为仇恨而让眼睛也发光了,但以他们第一人称的角度看也不会说他们感受到了美好生活。

安德雷亚斯·莱克维茨: 但我们在这里所面对的情境,难道不是首先经验地观察共鸣关系,然后第二步去分类出好与坏,而且是从伦理观点来进行分类的……

哈特穆特·罗萨: 不是,我得反对这种说法。不过我得承认,这是共鸣理论中最容易引起争论的地方。很多人跟我说，共鸣本身无法被定义为是好的或被定义成好事，而是应该将共鸣区分成正面的和负面的，并且需要再额外补充伦理的评断标准。但我不想这么做，即便我知道我这样子会有多么麻烦。对我来说，最重要的问题在于例如厌恶、愤怒、杀戮等等情感是否真的会感受到成功的共鸣。举个例子：我听了戈培尔的演讲，然后走出柏林体育宫时有股冲动想杀掉所有人，所有犹太人、残障者、同性恋者、俄罗斯人、共产党员。我的问题是，有这种态度的人真的会认真地说这样子是一种美好生活吗？老实说我自己觉得这是不可能的。

安德雷亚斯·莱克维茨：但是，共鸣关系和对于美好生活的看法不是两回事吗？在社会世界中常常有一种情况，即身在其中的人觉得自己的生活是成功的，但从社会哲学或伦理学的观点来看却觉得这是值得批判的。这两个层面显然是有落差的。但你在你理论的整个讨论中却回避了这两个层面的分歧。就像哈贝马斯在规范的沟通理性理论方面的企图一样，你们这种做法在我看来都没有特别注意到当中的矛盾。你们这些著作难道不是一方面希望促成一种清楚明确的情境，但另一方面却忽视了日常实践和生活世界体验中明明难以忽视的矛盾吗？有可能参与者觉得有成功的共鸣，你作为观察者从外面来看也同意这种感觉；但难道不也有可能参与者和观察者的意见是不一样的？

哈特穆特·罗萨：没错，"对成功的评估要有一致性"是一项基本的理论假设，或可以称作规范假设（normative Setzung）。我所理解的规范假设，是建议一项诠释必须自证有效，当然也必须可以被证伪。我们可以从我们谈到的两个方面来提出质疑：从第一人称的观点来

300

301

247

看，一个人可以坚信自己经历到的共鸣是不好的，所以这个人不寻求共鸣。但有趣的是几乎没有人会这样，就算心理学上的确当然有一种机制，让人们由于创伤经验（亦即受到触动意指受到伤害）而发展出一种回避行为。相反的我经常遭遇到的质疑是，有一种共鸣从伦理的角度视之是不好的。但在我看来，好与不好的标准恰恰就在于是否对共鸣是"麻木的"。例如，对我来说，种族主义或性别主义就是在面对某一类人的群体时有着结构性的共鸣麻木，不去聆听对方的声音。而像当今的动物伦理运动，我认为之所以如此盛行的原因就在于我们（如阿多诺很早以前就已经提到过的）在牲畜的眼中或在扫雷犬的呜咽中可以感受到共鸣的呼唤。

马丁·鲍尔：让我们回到一开始的问题，亦即现代社会理论是否必须是批判的，以及现代社会理论作为社会学该基于什么以提出批判的标准。显然，哈特穆特·罗萨的标准是成功的共鸣关系，而这首先可以从第一人称观点来进行研究。安德雷亚斯·莱克维茨则相反地基于一套他所谓的批判分析的程序。这套程序旨在从系谱学的观点将社会中本来看来理所当然的事变得不那么理所当然。如果"现代"这个标签如莱克维茨强调的是一种沿革，那么社会学家在面对理所当然的事情时就必须援用福柯的理论来问，"现代"是如何在历史中形成的，当中有哪些不同的力量在起作用而让它可能是一种沿革。

安德雷亚斯·莱克维茨：事实上，我所谓的批判分析，跟我关于现代性的社会学研究的社会体理论框架是紧密结合在一起的。批判分析处于"偶然性的开启"这个面向上。如果人们假设"现代"产生了偶然性的开启与偶然性的封闭之间的辩证的话，那么我会认

302

为人文科学，连同社会学与社会体理论，必须一同探讨偶然性的开启。当然，这种探讨是学科内部的实践，是在理论的层次上，通过系谱学的重构来揭示创造性的人为性，揭示独异性与其他社会现象及社会实体。以此而言，这种探讨无可避免会有或多或少的规范主义。即便我常声明我的理论是非规范性的，但批判分析当然不会连一点规范性都完全没有。重点在于人们已处于偶然性的开启面向上了——而这就是现代。

不过我不会说在社会实践中偶然性的封闭本身是不好的，必须将所有封闭的偶然性都打开。当然不是这样的。好或不好本身是政治问题或伦理问题。在理论、知识、认知的面向上，重点在于我们必须澄清每个分析对象的人为性，探讨造就了分析对象的结构与系谱，厘清分析对象运作中所隐含的规范化，分析仅在表面上具备普遍有效性的理性化观念。至于在科学外部的实践该怎么做，是另外一回事。这是政治话语的问题，虽然这个问题在知识上当然可以通过科学内部的实践来进行准备。有了批判分析作为基础，我们就可以知道该怎么做决定，因为我们已经通过社会学做好了准备、澄清了原先不清楚的脉络。例如，如果我们想判断社会的独异性逻辑是否不好或有害，那么很重要的一点是要先去理解这种逻辑的游戏规则是什么。因为通常行动者是在没有意识到社会的独异化逻辑的情况下觉得某事物"确实是"独一无二的。但澄清当中的逻辑，完全不意味着我们一定要得出"我们的制度或生活形式不该想着独异化"的结论。也可能我们最终下的判断是"很好，我们现在知道这个逻辑是怎么运作的了，而且这个逻辑没什么毛病"。批判分析的重点在于反思实践。社会学并不示范要做什么事或要开启什么偶然性。对文化资本主义机制进行批判分析，不意味着就一定要人们觉得这种机制该被废止掉。批判分析的重点更多在于通过分析开启可能性。

303

或是指出介入的可能性。至于这对于这个社会来说是否有用、是否有意义，是另外一个问题。

哈特穆特·罗萨：但你也说，这种开启可能性、拓展可能视域的渴望，本身是一种现代的现象……

安德雷亚斯·莱克维茨：……对……

哈特穆特·罗萨：……所以你不还是在现代社会当中采取了更为赞成某个观点的立场吗？

安德雷亚斯·莱克维茨：我是在理论的层次上采取立场的。如果是从政治的层次上进行思考的话，我当然会说"我们必须造就某种制度性的秩序，满足某个标准"。但作为社会学家，我更多是在科学领域和知识领域当中游走的，并且我旨在通过分析的工作呈现人为性。这不是说我完全没有任何规范性的表述。人们也可以跨出分析的边界，走进政治评价。但人们必须意识到，跨出去之后所进行的讨论就是另外一回事了。如果独异化逻辑某种程度上走得太远，让人们认为只有独异性才算数，并将一般性完全给排挤掉的话，那么我才可能会在政治上掉头，说：这种情况下我们应该**做出一般性**。但这种尝试已经是一种政治性的介入了，虽然当然不是不行，但不是必须得如此。其他的行动者从同样的诊断可能会得出不同的后果。

哈特穆特·罗萨：你将科学分析与政治立场区分开来，指出科学与政治话语是不同的领域。很多人也都这么做，因为很有道理。但我则相反地尝试给出一种说明，在说明中我将政治和规范结合在一起……

安德雷亚斯·莱克维茨：……这是典型的批判理论传统，对于批判理论传统来说这两者是相互构成的。

哈特穆特·罗萨：根本上来说没错。我的分析强调对总体现代形态进行批判，而且是对其**两方面**进行批判，一方面是结构逻辑，另一方面是文化视域。如我宣称的，现代性的结构和文化都走向了一个我所批判的方向。如果人们将批判视为一种社会学式的采取立场的做法，而且事实上社会学也认为该这么做的话，那么这种做法就必须要有一种——更准确地说——超越形态的视角。但就我的阅读来看，你不是这样的。用泰勒的话来说，我自认是现代蔑视者，或至少是现代批判者；但我相信你不是这样的，你说你是在现代性的视域之内——亦即在偶然性的开启这方面——进行探讨的。

305

安德雷亚斯·莱克维茨：对，我是在现代的矛盾中游移的。当我表明立场，呼吁人们应怀疑整个现代的走向时，我的这种立场就会倾向反对主流逻辑——但这就是典型的现代逻辑。现代的逻辑就是用批判的偶然性的开启回应偶然性的封闭。如果人们都发现独异化逻辑已经发展得太过度了，那么人们就会开始要求一般性逻辑。如果我们现在身处 20 世纪 60 年代，亦即工业现代化的发展高峰，那么我们的批判就必然会倾向另一个方向，亦即会希望引入差异、支持独异化。或是我们可能会高呼"请更感性一点！"但我怀疑，晚期现代文化可能已经太过强调感性了。我的这项判断可能也标示了我们之间的另一个差异。我可能更加赞成要冷淡一点、去情感化。但如果我身处 20 世纪 60 年代，一个太过冷淡的时代，我一定会站在另一个立场上，会更支持情感化。这样看来，我所理解的批判分析所针对的是一个"不断移动中的目标"。因为历史总是不断在改变，因此批判也必须不断改变。

哈特穆特·罗萨： 当我在看你的三组对立——亦即理性化 vs. 文化化，普遍化 vs. 独异化，偶然性的封闭 vs. 偶然性的开启——的时候，我感觉你的"不断移动中的目标"在前两组对立上认为平衡是必要的，但在偶然性方面你却明显更倾向于开放性。但你不认为我们在某些情况下也需要偶然性的封闭吗？我想到的是例如劳动保护法、租户权益保障法等法规。尤其是新自由主义，在无数舞台上总是只打着偶然性的开放旗帜。

安德雷亚斯·莱克维茨： 的确，但他们的做法也同时会造成封闭性……

哈特穆特·罗萨： 从另外一面来看是这样没错啦，但是……

安德雷亚斯·莱克维茨： ……市场化是一件新的紧身衣。在开放态度、必要的动态化、适当的放松管制中，坚硬的结构都会被打破，使得偶然性的开放取而代之，但这随后会导致市场的无处不在。例如认为租户权益保障法这类的事物会封闭了偶然性的想法，其实更多是新自由主义的偏见。与新自由主义的想法相反的是，租户权益保障法其实也可以开启偶然性，例如它让人们可以想象另一种基础建设的可能性。

哈特穆特·罗萨： 这里的问题是，我们究竟该从哪个角度出发对偶

252

然性进行规范判断。很可能所有"正在移动中"的事物都包含两者，所有决定都会伴随着偶然性的封闭。

安德雷亚斯·莱克维茨：我们刚刚就已经提到这个角度了。从纯逻辑的方面来看人们的确可以说所有决定都会伴随着偶然性的封闭，但从历史的方面来看更开放的阶段和更封闭的阶段还是可以被区分开来的。现代性的其中一项特质，就是对已存在的事物进行不断的修正。今天也是这样，任何事都不被允许一如往昔。有问题的限制、不公正、异化趋势，都必须被排除掉。这会在某些要点上开启偶然性趋势。但这种开启是一体两面的，在一段时间之后它就会变成一种新的封闭了。曾经的解放，在某个时候总会变成某种压迫或有问题的事物，而批判分析必须对这种辩证保持敏锐度。

307

哈特穆特·罗萨：我相信你在这里需要行动者视角。这里我再次看到我们两人的共通点与差异。你讲的是偶然性的开启与偶然性的封闭，我讲的是可受掌控与不受掌控。我认为，现代性的运动——这也是你根本上感兴趣的议题之一——旨在扩展可受掌控的视域，这种视域亦是主体可行动的领域。偶然性是从第三人称视角来看的事情。偶然性是提升了、还是降低了，要从外在的角度进行观察。然而不论是现代发展、还是你的诊断，重点都在于主观的视角。从主观的视角来看，问题不在于偶然性的提升或降低，而在于自己可掌控的范围大不大。

安德雷亚斯·莱克维茨：这对我来说完全是另一个问题。我的重点首先根本不在于偶然性的提升或降低，而在于封闭过程，以及这种封闭过程如何与霸权化策略关联在一起。

马丁·鲍尔：但您如此支持现代的革命原则，难道不是让您的批判分析的系谱概念含有一种强烈的自由主义宣称吗？

安德雷亚斯·莱克维茨：我没有在强烈宣称什么事。

马丁·鲍尔：是啦，莱克维茨教授，还好您不像我口气那么强烈……

安德雷亚斯·莱克维茨：［笑］我会倾向于说我这是一种最低限度的规范主义。"强烈宣称"在我听来太过攻击性了。

马丁·鲍尔：但我是否依然可以认为您"优雅地"持有一种自由主义的立场呢？

安德雷亚斯·莱克维茨："自由主义"不是一个简单的概念。美国也有所谓的"自由主义者"，而我完全不是这种人。但自由主义是一种偏好开启新可能性的立场，不论是在制度方面，还是在生活形式方面。

哈特穆特·罗萨：原则上我对这种立场是很有好感的。我会说在情感上我和你都是站在福柯这一边的。我的知识学习历程是在批判理论的环境中进行的。我以前觉得福柯对规范问题不感兴趣，也未曾提出过规范准则。但后来我才领悟到，福柯所谓的逾越，亦即人们可以在超出边界瞬间突然开启未曾想过的可能性，不仅关乎自由，而且也关乎我所谓的"成功"的经验面向。

安德雷亚斯·莱克维茨： 福柯在这方面的想法是比较隐讳的。我所谓的最低限度的规范主义无疑和现代的自由概念息息相关。这是一种在罗蒂的著作《偶然，反讽与团结》意义上的偶然意识中的自由。

马丁·鲍尔： 我觉得很有启发的是，您的社会体理论有很鲜明的偶然性意识，让您因而提出了一种批判分析类型，并认为社会学启蒙比具体情境的介入更为重要……

安德雷亚斯·莱克维茨： 没错……

309

马丁·鲍尔： 您旨在回应某种历史情境，并且可能会反对任何想进行具体情境介入的尝试……

安德雷亚斯·莱克维茨： ……对。或是说，之所以介入是具体情境的，就是因为同样的做法在其他地方和／或不同的时间点可能会变成另外一种值得批判的事。

哈特穆特·罗萨： 我完全懂你的说法，事实上我在面对我自己的理论时也总是会犹豫不定，怀疑自己的想法是否会太偏颇，自己的观念是否太过神圣，对于总体共鸣世界的看法是否太过乌托邦。这种偏颇也让我时不时遭到批评，因为这种偏颇很容易受到政治的滥用。只要奇迹还没有发生——我知道救世主终会降临并审判一切——我作为社会学家就当然不会假设我们可以期待有一个完全共鸣的世界。相反的，我基于概念上的理由认为这是不可能的。也许这也是我们另一个共通点？无论如何，在我看来，社会科学、整个人文科学的任务，就在于具体且根据情境分析异化的时刻，分析共鸣如何遭受阻碍。我完全不会老是脱离现实地抱怨"以前的一切都比现在好"。压迫的情境一直都存在着，共鸣遭到阻挠的情况一直都存在着，尤其是在家父长制的和独裁式的统治情境中更是如此。而今天阻碍共鸣的是另外的情况和不同的场景。所以，就像你认为的那样，"对批判需介入的场合进行重新表述"是一项持续的且必须不断更新的任务。共鸣关系批判不是凭空出现的。

安德雷亚斯·莱克维茨：但你已经用上一种攻击性的、规范性的尺度了。而我谈的批判分析是另外一回事，它不会这么做。

马丁·鲍尔：在罗萨教授这里，法兰克福学派所谓的韦伯式的新马克思主义——顺带一提，这也可以追溯到早期的卢卡奇（Georg Lukács）——是清晰可见的。包括罗萨教授的现代性理论中强调的"铁笼"概念，霍克海默、阿多诺、马尔库塞等人的读者们也不会感到陌生。不过您通过泰勒的哲学思想为批判理论开辟了一个至今未曾被涉足的新的观察领域。您换了另一种表达方式认为最关键的一件事在于介入必须不断根据具体情况而定，而莱克维茨教授同样认为社会学必须不断考虑到具体情况。

哈特穆特·罗萨：我相信这是我们的共识。

310

图书在版编目(CIP)数据

晚期现代社会的危机:社会理论能做什么? /(德)
安德雷亚斯·莱克维茨(Andreas Reckwitz),(德)哈
特穆特·罗萨(Hartmut Rosa)著;郑作彧译. —上海:
上海人民出版社,2024
ISBN 978 - 7 - 208 - 18414 - 5

Ⅰ.①晚…　Ⅱ.①安… ②哈… ③郑…　Ⅲ.①社会学
-研究　Ⅳ.①C91

中国国家版本馆 CIP 数据核字(2023)第 129338 号

责任编辑　于力平
封扉设计　人马艺术设计·储平

晚期现代社会的危机

——社会理论能做什么?

[德]安德雷亚斯·莱克维茨　著
[德]哈 特 穆 特 · 罗 萨
郑作彧 译

出　　版　上海人民出版社
　　　　　(201101　上海市闵行区号景路 159 弄 C 座)
发　　行　上海人民出版社发行中心
印　　刷　上海商务联西印刷有限公司
开　　本　635×965　1/16
印　　张　18
插　　页　2
字　　数　211,000
版　　次　2024 年 1 月第 1 版
印　　次　2024 年 1 月第 1 次印刷
ISBN 978 - 7 - 208 - 18414 - 5/C·693
定　　价　78.00 元

Spätmoderne in der Krise: Was leistet die Gesellschaftstheorie?

by Andreas Reckwitz, Hartmut Rosa

Suhrkamp Verlag Berlin 2021. All rights reserved by and controlled

through Suhrkamp Verlag Berlin.

Chinese (Simplified Characters only) Trade Paperback

Copyright © 2024 by Shanghai People's Publishing House

MINERVA

· 密涅瓦 ·

《论宽容》　　　　　　　　［英］洛克 著　　　　　　　　张祖辽 译
《做自己的哲学家：斯多葛人生智慧的 12 堂课》
　　　　　　　　　　　　［美］沃德·法恩斯沃思 著　　　朱嘉玉 译

社会观察

《新异化的诞生：社会加速批判理论大纲》
　　　　　　　　　　　　［德］哈特穆特·罗萨 著　　　郑作彧 译
《不受掌控》　　　　　　　［德］哈特穆特·罗萨 著
　　　　　　　　　　　　郑作彧　马　欣 译
《部落时代：个体主义在后现代社会的衰落》
　　　　　　　　　　　　［法］米歇尔·马费索利 著　　　许轶冰 译
《鲍德里亚访谈录：1968—2008》
　　　　　　　　　　　　［法］让·鲍德里亚 著　　　成家桢 译
《替罪羊》　　　　　　　　［法］勒内·基拉尔 著　　　冯寿农 译
《吃的哲学》　　　　　　　［荷兰］安玛丽·摩尔 著　　　冯小旦 译
《经济人类学——法兰西学院课程（1992—1993）》
　　　　　　　　　　　　［法］皮埃尔·布迪厄 著　　　张　璐 译
《局外人——越轨的社会学研究》
　　　　　　　　　　　　［美］霍华德·贝克尔 著　　　张默雪 译
《如何思考全球数字资本主义？——当代社会批判理论下的哲学反思》
　　　　　　　　　　　　　　　　　　　　　　　　蓝　江 著
《晚期现代社会的危机——社会理论能做什么？》
　　　　　　　　　　　　［德］安德雷亚斯·莱克维茨
　　　　　　　　　　　　［德］哈特穆特·罗萨 著　　　郑作彧 译